PSYCHOLOGIE CLINIQUE DU SUJET ÂGÉ

Cours
Travaux thématiques
Cas cliniques

LYDIA FERNANDEZ

ÉDITIONS
PERSPECTIVES
DES OUVRAGES POUR COMPRENDRE,
APPRENDRE, PROGRESSER.

PSYCHOLOGIE CLINIQUE DU SUJET ÂGÉ

DÉDICACE

Aux professeurs Raymond Fourasté, Henri Sztulman, Jean Louis Pedinielli. Ils ont éveillé ma joie d'apprendre, de connaître, d'enseigner et de chercher en psychologie clinique et en psychopathologie.

Au cercle des collègues vertueux (*The Famous Circle*), ils se reconnaîtront, qui ne sont ni en plastique, ni en carton. Et tant mieux, car ils sont si précieux que je n'ai pas envie de les recycler.

Et à quelques autres, tout aussi importants.

PSYCHOLOGIE CLINIQUE DU SUJET ÂGÉ

TABLE DES MATIÈRES

REMERCIEMENTS

À mes étudiants passés, présents et futurs. Jamais aveugles, sourds ou indifférents.

INTRODUCTION

La psychologie clinique du vieillissement s'intéresse au vieillissement normal et pathologique. Elle étudie les spécificités du sujet vieillissant ainsi que celles de son environnement personnel, familial et social.

Cet ouvrage est une sorte de manuel-outil présentant quatorze travaux ou cours sur des thèmes illustrés par des vignettes ou des cas cliniques.

Les différents thèmes ou problématiques abordés illustrent la pratique du psychologue avec différents outils (entretiens, échelles, questionnaires, les tests projectifs de dessin, etc.) dans le champ de la psychologie clinique du vieillissement.

Le livre s'adresse aux psychologues praticiens exerçant dans le champ de la gérontologie, aux professionnels travaillant dans des lieux cliniques accueillant des personnes âgées. Mais aussi aux enseignants-chercheurs investiguant dans ce domaine et aux étudiants en psychologie à partir de la licence intéressés par les personnes âgées et leur vécu normal ou pathologique de l'avancée en âge.

Santé, vieillissement réussi, bien être, récits de vie, identité, féminité, estime de soi, image du corps, coping, émotions, troubles émotionnels, troubles anxieux et dépressifs, amputation, incontinence, accident vasculaire cérébral, maladie d'Alzheimer, etc. sont abordés confrontant le psychologue clinicien à des patients âgés présentant des pathologies liées au vieillissement rencontrées au cours d'hospitalisation ou de consultations diverses.

SANTÉ, VIEILLISSEMENT RÉUSSI ET BIEN-ÊTRE

1. **Préserver sa santé**
2. **La santé physique**
3. **La santé psychique**
4. **La santé psychosociale**
5. **Le regard des autres**
6. **Le vieillissement réussi**
7. **Le bonheur de vieillir**
8. **Le bien être psychologique**
Bibliographie

1. Préserver sa santé

Préserver la santé et améliorer la qualité de vie chez les personnes âgées (PA) devient de nos jours une nécessité et un problème de santé publique du fait de l'augmentation de l'espérance de vie qui a doublé dans les pays industrialisés au cours du XXe siècle.

Pour répondre à cet objectif, il convient d'éduquer les populations le plus tôt possible sur les facteurs prédictifs de longévité et de vie saine.

L'espérance de vie à la naissance atteint 79,5 ans pour les hommes et 85,4 ans pour les femmes en 2018 en France métropolitaine, selon l'INSEE.

L'augmentation de l'espérance de vie conduit naturellement à s'interroger sur la qualité de ces années supplémentaires. C'est sur la base de cette interrogation qu'a été développé le concept d'*espérance de vie sans incapacité*, c'est-à-dire sans prendre en compte les années vécues en institution ou vécues avec une incapacité d'exercer son activité principale (ou une restriction d'activité).

De très nombreux facteurs contribuent à l'allongement de la vie. Sur longue période, les conditions de vie s'améliorent, le travail est moins pénible physiquement et le nombre d'heures de travail baisse. Plus qualifiés, les individus sont de plus en plus attentifs à leur santé et à leur corps en particulier (hygiène, alimentation, activité physique, etc.). L'accès aux soins progresse. Les progrès qui ont le plus accru l'espérance de vie ont surtout été réalisés en faveur des personnes les plus âgées, autour de 80 ans pour les femmes et 70 ans pour les hommes, principalement par une amélioration des traitements des cancers et des maladies de l'appareil respiratoire.

L'espérance de vie sans incapacité sévère tend, en revanche, à croître dans l'ensemble des pays. Selon l'OMS, l'espérance de vie en bonne santé dans le monde pourrait augmenter de cinq à dix ans si les gouvernements et les individus associaient leurs efforts pour lutter contre les principaux facteurs de risque qui sont bien identifiés (notamment les maladies cardiovasculaires).

En France, on sait que le régime méditerranéen, caractérisé par une consommation importante de céréales, de légumes et de fruits frais et variés, qui comporte peu de viande rouge et très peu de lait et de beurre, mais des fromages ou des yogourts et du poisson. Les lipides y sont ajoutés sous forme d'huile d'olive et enfin, du vin rouge est consommé modérément et au cours des repas, est associé à un risque très faible de maladies cardiovasculaires.

Toutes les caractéristiques du régime semblent participer à cette prévention :

• la forte consommation de fruits et de légumes, riches en fibres, en vitamines et en microconstituants protecteurs antioxydants ;

• la faible consommation de graisses saturées, en raison du peu de viandes, de charcuteries et de produits laitiers :

• l'huile d'olive riche en acide oléique ;

• certains poissons et végétaux, vecteurs d'acides gras mono-insaturés ;

• la consommation modérée de vin rouge.

La santé peut être affectée en dehors des maladies par des transitions critiques telles que le changement d'emploi, le départ à la retraite. Une approche globale est donc nécessaire pour améliorer la santé avec des politiques sociales réduisant le taux d'échec scolaire, l'insécurité, le chômage et améliorant l'habitat et favorisant une bonne hygiène de vie (l'alimentation en fait aussi partie).

Pour faire face aux problèmes posés par l'évolution démographique, une politique du « bien vieillir »[1] a été mise en place avec un plan national permettant une prévention ciblée et une vie active adaptée pour maintenir au plus haut niveau les performances et ainsi prévenir ou retarder l'apparition de pathologies ou d'incapacités.

Il faut noter la part importante de la vie sociale qui influe sur le bon vieillissement. Les sociétés qui permettent à leurs citoyens de jouer un rôle utile dans la vie sociale, économique et culturelle sont dans une meilleure situation sanitaire que celles qui se caractérisent par insécurité, exclusion et pauvreté.

Une bonne intégration sociale est également associée à une vie plus longue : les chômeurs, en perdant leur travail, se voient privés non seulement d'une source de revenu, mais aussi, et peut-être d'abord, de relations. Leur espérance de vie s'en ressent quand on les compare à ceux qui, travaillant, disposent d'un revenu et d'un niveau d'éducation identique.

Les conditions nécessaires pour vivre vieux et bien portant sont une diététique attentive, des exercices physiques adaptés, mais aussi un engagement social actif,

---

[1] https://travail-emploi.gouv.fr/IMG/pdf/presentation_plan-3.pdf

une spiritualité ouverte, une sexualité épanouie et assumée… (Georget-Tessier, 2014).

2. La santé physique

Sur le plan médical, l'âge entraîne trois phénomènes majeurs :
– *la sénescence physiologique* : elle est un processus dynamique touchant tous les systèmes à tous les niveaux, de la molécule d'ADN à l'ensemble de l'organisme. Il est le fruit d'une évolution qui est programmée par de nombreux gènes. Il est difficile d'estimer le rôle, dans cette transformation de la condition humaine, de l'amélioration de la nutrition, de l'hygiène, des victoires de la médecine sur les maladies infectieuses puis sur les maladies cardiovasculaires et dans une moindre mesure, sur le cancer. Certes, l'augmentation du confort et du niveau de vie a joué un rôle important, mais il suffit de comparer la longévité des classes sociales les plus favorisées (l'aristocratie) entre la fin du XVIIe siècle et aujourd'hui pour s'apercevoir que la plus grande partie de cet accroissement de la longévité a été lié au progrès des connaissances.

On connaît mal les facteurs génétiques qui, dans les différentes espèces, interviennent pour déterminer la longévité. Il est vraisemblable qu'ils impliquent de nombreux gènes. Par ailleurs, chez les personnes âgées, une proportion importante de cellules voit leur génome lésé. À 70 ans, on estime qu'il s'est accumulé dans les cellules souches environ 30 000 mutations d'origine métabolique.

On a récemment introduit la notion de *capital santé* selon laquelle chaque tissu posséderait initialement la capacité de faire face à un certain nombre d'agressions dont chacune laisserait des séquelles irréversibles. Ainsi, pour *la peau*, toute exposition au soleil et ses rayons ultra-violets, quel que soit l'âge où elle survient, amoindrirait ce capital et contribuerait au vieillissement de la peau et à la baisse de sa capacité à se réparer, à cicatriser. L'usure irréversible du capital santé de la peau refléterait le nombre d'agressions que celle-ci a subi et, en particulier, du nombre d'heures d'irradiation : la flétrissure de la peau, les rides, en serait l'expression.

Le *système immunitaire* a pour fonction de lutter contre les agressions, en particulier les infections bactériennes et virales. Chez les personnes âgées, il fonctionne moins bien, comme le montre l'augmentation de la fréquence et de la sévérité des infections.

L'atteinte du système locomoteur est une des composantes essentielles du processus de vieillissement. Elle entraîne une moindre résistance à la fatigue, une diminution de la masse et de la force musculaire, des arthroses, des troubles de la marche, associés fréquemment à une perte de l'équilibre, d'où des chutes plus fréquentes et plus graves, causant des fractures, d'autant que l'ostéoporose fragilise les os. Chez 30 % des personnes âgées, le décès est la conséquence immédiate ou lointaine d'une chute. On serait tenté de demander aux personnes âgées de limiter leur activité ; or, au contraire, l'exercice physique régulier, notamment la marche, est indispensable à leur santé physique. De plus, celles-ci, pour rester autonomes, doivent être capables de marcher. Des interventions chirurgicales, des prothèses sont parfois nécessaires pour y parvenir. Il faut traiter tous les facteurs qui rendent la marche douloureuse ou difficile.

La *dentition* doit également être surveillée, parce que, quand elle est en mauvais état, une alimentation correcte est impossible. Or la *nutrition* joue un rôle capital dans la santé de la personne âgée, avec deux risques opposés : l'obésité et la dénutrition. Le vieillissement n'est pas une cause de malnutrition, mais il entraîne des dysrégulations de l'appétit, du goût et de l'odorat, qui entraînent une mauvaise nutrition et une non-augmentation de la ration alimentaire quand les besoins sont accrus. Or, la malnutrition est une des causes de la diminution des défenses immunitaires. Elle cause aussi une asthénie, une anorexie de dépression, qui s'associent en un véritable cercle vicieux. Les carences alimentaires sont ainsi facteurs de mortalité, de perte d'autonomie ainsi que d'altération de la qualité de vie, d'autant plus que les réserves nutritionnelles baissent progressivement avec l'âge. L'âge entraîne aussi des dysrégulations métaboliques, responsables de moins bons rendements, ce qui entraîne une petite augmentation des besoins, ceux-ci pouvant s'accroître notablement en cas de pathologie. Inversement, la baisse de l'activité physique, si elle n'est pas accompagnée par une baisse de l'apport calorique, favorise l'obésité, cause elle-même de nombreuses affections. La surveillance de l'état nutritionnel est donc capitale et il faut apprendre à la personne âgée à se nourrir.

– *les déficiences sensorielles* : La baisse de la vision et de l'ouïe par exemple constituent des aspects importants du vieillissement. Leur correction et celle des troubles locomoteurs sont essentielles pour permettre à la personne âgée de rester autonome. Il faut donc, à partir de 75 ans, les rechercher systématiquement, et notamment contrôler la vue et l'ouïe, ne serait-ce que pour s'assurer que ces personnes restent capables de conduire. De plus, certaines affections s'opèrent (cataractes), tandis que, pour d'autres (surdité), des prothèses sont efficaces.

– *l'augmentation rapide de la fréquence de plusieurs maladies avec l'âge* :

La fréquence de plusieurs maladies augmente rapidement avec l'âge, notamment celle des maladies dégénératives et métaboliques :

-   -les *cancers* (cancer du sein chez la femme, de la prostate chez l'homme, du colon),
-   -les *maladies cardiovasculaires* : La fréquence et la gravité des maladies cardiovasculaires augmentent également avec l'âge. L'hypertension

artérielle est à la fois un facteur de fatigue pour le cœur et d'accident pour les vaisseaux cérébraux. La mesure systématique de la tension artérielle, au moins une fois par an, est indispensable. Celle-ci a tendance à augmenter avec l'âge et il faut lutter contre cette évolution, certes par des médicaments quand ceux-ci sont nécessaires — ils sont nombreux et actifs — mais surtout par une bonne hygiène de vie : la suppression du tabagisme, la lutte contre l'obésité, une alimentation plus pauvre en graisses, en sel, en alcool.

- *les affections bactériennes et virales* deviennent de plus en plus fréquentes et graves à cause de la baisse des défenses immunitaires. Il faut vacciner systématiquement à partir de 65 ans contre la grippe et, éventuellement, contre le pneumocoque, éviter les aliments exposés à des contaminations bactériennes (fromages au lait cru, rillettes, aliments conservés à une température insuffisamment basse, etc.). En cas d'infection, il faut soigner vite et énergiquement pour éviter le phénomène d'avalanche, fréquent chez les personnes âgées, chez qui une affection relativement bénigne peut se compliquer à cause de la fragilité de tous les tissus et entraîner d'autres troubles pathologiques de plus en plus graves.

- *le diabète* : il faut le rechercher systématiquement, surtout chez les personnes dont le poids est supérieur à la normale et qui ont au cours de leur existence consommé beaucoup de sucre

- *la perte de la mémoire, impuissance ou frigidité, mauvaise qualité du sommeil, mauvais fonctionnement des sphincters*, etc. sans altérer l'espérance de vie, nuisent à sa qualité. Il faut rechercher ces symptômes et éventuellement les corriger sans multiplier le nombre de médicaments symptomatiques et surtout rassurer, en insistant sur les règles d'hygiène.

Ceci justifie deux types de mesures : d'une part, des bilans médicaux périodiques pour dépister les affections, afin de les soigner précocement ; d'autre part, une stratégie de prévention pour réduire les effets pathogènes ou retarder leur apparition.

Plus l'organisme est fragile, plus le nombre de journées d'hospitalisation augmente. Le nombre moyen de journées d'hospitalisation augmente graduellement, avec une courte stabilisation aux environs de 75 ans ; on constate ensuite une augmentation rapide, car les maladies sont plus fréquentes et guérissent moins bien.

Les Français ne sont pas égaux devant la vieillesse. On passe des déficiences physiques aux incapacités, puis à la désinsertion sociale.

3. La santé psychique

La conséquence la plus redoutable de l'âge est le vieillissement psychique, le ralentissement de la mémoire, une moindre agilité intellectuelle, la peur de ce qui est nouveau et une tendance à la dépression et à l'anxiété.

Nos connaissances sur la psychologie des personnes âgées, leur capacité cognitive, doivent être approfondies.

La baisse des capacités intellectuelles semble liée à des phénomènes de trois ordres :

– *le vieillissement normal*, dont l'expression la plus classique est la perte de la mémoire des faits récents, souvent à une moindre capacité d'attention, une fatigabilité psychique plus grande, qui explique une moins bonne activité intellectuelle en fin de journée ;
– *les troubles vasculaires*, qui entraînent un moins bon apport en oxygène et autres métabolites de certaines régions du cerveau et prédisposent à des accidents graves ; pour lutter contre ces risques, il faut éviter toutes les causes d'altérations des vaisseaux, en particulier le tabac et l'hypertension ;
– les démences séniles, en particulier l'Alzheimer, dont l'incidence croît rapidement avec l'âge et passe de 1 % avant 70 ans à 15 % à 85 ans ; nous ne savons ni prévenir ni traiter ces troubles psychiques.

Il semble inversement que le maintien d'une activité intellectuelle ait un effet favorable. L'exercice paraît utile pour le cerveau comme pour le muscle. Le rythme du vieillissement intellectuel semble dépendre du capital intellectuel initial.
Les fonctions intellectuelles baissent moins vite aujourd'hui qu'au début du siècle, comme d'ailleurs les capacités physiques se dégradent plus tardivement.
L'évolution du mode de vie a pu aussi favoriser la conservation des capacités intellectuelles. La leçon qu'il faut en tirer est que le vieillissement intellectuel n'est ni constant ni inéluctable avec l'âge. Ceux qui lisent, travaillent, conservent une activité intellectuelle paraissent mieux préserver leur intellect.
Il faut donc apprendre à la population à vieillir le plus lentement et le mieux possible, ce qui implique sans doute un vieillissement actif.
L'université du troisième âge, adaptée au niveau intellectuel et social des différents groupes de Français, a un rôle fondamental à jouer, rôle que ne peuvent pas remplir les activités ludiques des clubs de troisième âge.

Quatre technologies ont déjà amélioré le confort des personnes âgées :

- *la télévision*, qui leur fournit des distractions dans leur chambre et leur permet, grâce aux visages familiers des présentateurs, d'avoir l'impression de vivre au milieu de connaissances (attention à l'addiction à la télévision chez les personnes âgées !) ;

- *le téléphone*, avec lequel ils gardent le contact avec famille et amis et qui, grâce à l'apparition du mobile, peut rester constamment à portée de leur main ;
- *le réfrigérateur*, qui améliore la qualité de l'alimentation et facilite la vie quotidienne en évitant les courses de chaque jour, et enfin l'automobile, moyen irremplaçable de déplacement confortable.
- *Internet* permettra de voir ses parents, de converser avec eux, de maintenir un lien avec la société via les réseaux sociaux, voire de travailler à domicile quand les déplacements seront devenus pénibles. *Les télécommunications et la télématique* permettront aussi de consulter son médecin, puisque le pouls, la tensi*on artérielle, l'électrocardiogramme peuvent être mesurés à distance. La* téléalarme peut réduire les dangers de la solitude, protéger contre les risques de vol et d'agression ; la télésurveillance apportera une plus grande sécurité.

Les déplacements dans les villes posent aux personnes âgées des problèmes, car les transports en commun sont souvent inconfortables : il suffit de prendre l'autobus ou le métro pour constater que les personnes valides, plus rapides, s'emparent des places assises, tandis que celles se déplaçant difficilement restent souvent debout, car même quand elles disposent de places réservées, d'ailleurs souvent mal « signalisées », elles n'osent pas les réclamer. L'insécurité (rues et trains de banlieue) entretient une inquiétude. Dans le métro, les interminables escaliers constituent un obstacle infranchissable pour les vieillards.
Dans ce contexte, la voiture est une sauvegarde : la sienne, tant que l'on peut encore conduire (priver une personne âgée de son permis de conduire lui porte un coup sévère), et celle de ses proches ensuite, qui est généralement le dernier lien avec l'extérieur.
Comme l'effort des autres sera toujours insuffisant, il faut apprendre au vieillard à s'occuper de lui, à prendre soin de sa santé et de celle de son conjoint ; il faut lui rappeler que sa santé, physique et mentale, dépend, dans une large mesure, de son propre comportement.

Il faut préparer sa vieillesse. La retraite se prépare dès l'âge de 30 ans sur le plan financier, 40 ans sur le plan social, 50 ans sur celui du mode de vie. C'est à 50 ans, ou même plus jeune, qu'on doit commencer à prévenir la sénescence en supprimant le tabac, l'alcool, l'obésité, dont la suralimentation et la sédentarité sont les causes. Il faut préparer psychologiquement l'adulte au vieillissement. Il est hypocrite de fuir l'idée du vieillissement et d'agir comme si l'on croyait pouvoir rester éternellement jeune ; il faut au contraire enseigner à faire face à l'inéluctabilité de son destin tout en restant positif.

4. La santé psychosociale

Le facteur essentiel dans le vieillissement est l'attitude intellectuelle qui est fonction du niveau d'éducation et de sociabilité. L'esprit de la personne âgée, comme celui de tout être, est dominé par le besoin d'être considéré, apprécié, de se sentir utile, digne de vivre, sentiment qui aide à faire face aux angoisses existentielles. Le rôle social de la personne âgée, son intégration dans la société, le sentiment de son utilité ont une influence directe sur la santé mentale et sociale de la personne âgée et dépendent de l'attitude de la société. Or celle-ci est influencée par de nombreuses considérations : la politique de gestion des ressources humaines dans les entreprises, le taux de chômage, la politique familiale et sociale, etc.

Dans une société où les liens sociaux sont fondés sur le travail, la retraite signifie souvent exclusion et rejet.

Sur le plan médical, si la diminution graduelle de l'action professionnelle avec l'âge est souhaitable (par exemple le passage du plein temps à un mi-temps), le processus de sénescence se fait à des rythmes très variables selon les sujets. Rien ne justifie une limite d'âge uniforme, qui tombe comme un couperet. De plus, cette institutionnalisation de l'âge de la retraite pose des problèmes individuels et sociaux.

L'existence d'un âge officiel donnant droit à une retraite à taux plein, accrédite l'idée que passé cet âge l'individu n'est plus capable de travailler correctement et doit être exclu du circuit : le retraité est celui que l'on souhaite ne plus voir travailler, parce que l'on considère qu'il en est incapable, ou qu'il occupe indûment une place qui devrait revenir à un plus jeune. On passe facilement de cette image à l'idée qu'il est à la charge des autres, voire un parasite.

Sur le plan social, l'inactivité de près de la moitié de la population adulte pose en France des problèmes, non seulement économiques, mais humains. Le travail est l'axe de l'existence, ce qui lui donne un sens social et moral et facilite les contacts sociaux. Or, depuis quelques décennies, l'activité professionnelle est souvent ressentie comme une contrainte temporaire, mal tolérée et dont on veut se débarrasser dès que possible. Demander l'abaissement de l'âge de la retraite fortifie ce sentiment.

Pour d'autres, inversement, la retraite est un traumatisme psychologique qu'ils ont du mal à supporter ; comment trouver d'autres activités capables de leur donner une raison d'être, alors que la société les évince ?

À côté de l'amélioration des conditions de vie, il faut pour redonner de la dignité aux personnes âgées, mettre en exergue les services qu'elles peuvent rendre à leur famille et à la société, leur faire prendre conscience de leur utilité. Toute activité valorise la personne âgée à ses propres yeux et à celui des autres ; c'est l'indice d'une capacité à se projeter dans l'avenir, un moyen de vieillir dans de meilleures conditions, en se prouvant à soi-même ce dont on est encore capable. Il faut donc trouver un équilibre entre la fatigue provoquée par cet effort et la satisfaction que donne le sentiment de son utilité, du travail, fût-il bénévole.

Le vieillissement pathologique a souvent une origine sociale. Vieillir, c'est voir disparaître les autres, c'est éprouver un sentiment croissant de solitude, d'isolement, se ressentir comme l'un des quelques arbres restés debout après la tempête. C'est aussi se sentir le dos au mur. La qualité de la vie de la personne âgée dépend donc de la façon dont elle est considérée, aidée par ses proches (son conjoint, son entourage), de ses relations avec les autres, de sa sociabilité.

Pour améliorer son existence, il faudrait lutter contre la solitude, la réintégrer dans la société. Il faut lui offrir des structures de bénévolat appropriées à son âge et lui donner la possibilité de se cultiver ; cependant, le plus éminent des rôles, à tout âge, et, quelle que soit la condition sociale, est l'éducation et la surveillance des enfants.

L'éducation des enfants, la pédagogie devraient être des disciplines des universités du troisième âge.

Il y a aussi l'assistance au conjoint. Les données statistiques enseignent que, quand on vieillit en couple, on vieillit mieux. Beaucoup de personnes âgées sont capables d'apprendre les petits soins qui augmentent le confort et parfois sauvent une vie : prendre le pouls, faire un pansement, une piqûre sous-cutanée ou intramusculaire, prendre la tension artérielle, etc. En résumé, la personne âgée a besoin, comme tout être vivant, de considération, de dignité. Il ne veut pas être à la charge des autres, il ne veut pas être enfermé dans un ghetto, il veut rester dans le monde, s'y sentir utile, y jouer un rôle, mais il ne peut y parvenir que s'il est aidé dans cet effort ; il faut rechercher comment l'y aider.

5.   Le regard des autres

On perçoit son âge à travers les yeux des autres. La façon dont la société regarde la personne âgée détermine le jugement que celle-ci porte sur elle. On se sent dévalorisé par son âge, vieux, quand les autres vous considèrent comme tel et vous rejettent pour cette raison. De ce point de vue, la situation, en France, n'est pas satisfaisante, parce que l'augmentation du nombre des personnes âgées y provoque un phénomène de rejet.
On y observe un seuil de tolérance vis-à-vis des personnes âgées et de véritables comportements discriminatoires. La solitude, le sentiment d'exclusion ont des conséquences tragiques, dont témoigne la fréquence, particulièrement élevée en France, des suicides chez les personnes de plus de 75 ans.

Le « jeunisme » de la société contemporaine fait que chacun veut avoir l'air d'être jeune, se comporter comme les jeunes, de les comprendre ; cette mode entraîne une réticence devant les gens âgés. Il y a beaucoup de pédiatres en France et peu d'enfants, mais peu de gériatres pour beaucoup de personnes âgées. S'occuper des personnes âgées n'est pas valorisant. Il est donc nécessaire de changer le regard des jeunes, et plus généralement de la population, sur la personne âgée, puisque le regard de celle-ci sur elle-même, son comportement et ses relations avec son entourage en dépendent.

Heureusement, ces réticences, quoique répandues, ont peu d'impact à l'intérieur des familles. Mais là se pose un nouveau problème : la cohabitation de quatre générations. La famille traditionnelle regroupait les parents, les enfants et les petits-enfants. Il faut maintenant y ajouter les arrière-petits-enfants, que l'on voit de plus en plus fréquemment apparaître dans les avis de décès, et avec qui les relations sont différentes, car ils n'ont plus pour leurs arrière-grands-parents l'indulgence, la connivence, qu'avaient les petits-enfants.

Tout se tient : conserver une activité physique et intellectuelle après 70 ans n'est possible que si l'on a confiance en soi. Il faut croire en soi pour lutter contre la dépression, l'angoisse, la fatigue ; or, seule une tâche à laquelle on accorde de l'importance fait oublier la menace de la décrépitude et de la mort. Il faut avoir la volonté de respecter son corps et de soigner son apparence. La coquetterie n'est pas une attitude dérisoire ou blâmable, elle correspond à un besoin profond. Les produits cosmétiques jouent un rôle utile dans la lutte contre le vieillissement en donnant aux femmes du plaisir et du courage quand elles se regardent dans un miroir.

La personne âgée a des devoirs envers la société, mais aussi des droits. La discrimination conduit à l'exclusion et n'est pas acceptable sur le plan éthique. La plus longue durée de la retraite, sous la double influence de l'abaissement de l'âge de la retraite et de l'allongement de la vie, ouvre un domaine de revendication qu'il faut tenter d'orienter vers des actions constructives. Le retraité peut légitimement demander à la société de l'aider à vieillir dans la dignité, de lutter contre le sentiment d'abandon, mais aussi de lui indiquer comment il peut encore être utile, quand il le souhaite.

De plus, il faut renforcer, chez les personnes âgées, le *coping*, c'est-à-dire la capacité à faire face, la résilience, dont la nécessité s'accroît avec l'âge. Enfin, il faut rassurer. La vieillesse n'est pas un naufrage, car on peut encore rendre service.

6. Le vieillissement réussi

Il est la conjonction de nombreux facteurs et éléments : adaptation mature et aux changements, utilisation de ses « forces », engagement dans la communauté, maintien des relations interpersonnelles chaleureuses, exercice de la créativité, capacité de jouir des « petits bonheurs » de la vie et poursuites de buts personnels signifiants (Lecomte, 2014).

Si ces conditions s'accompagnent de la capacité de constituer une histoire de vie cohérente et donner un sens à sa vie, donc connaître un vieillissement réussi. Encore faudrait-il une santé normale, des conditions de vie favorables, c'est-à-dire une société dans laquelle la personne âgée se sentirait acceptée et utile.

7. Le bonheur de vieillir

Le mouvement de la psychologie positive promet une meilleure qualité de vie et un bien-être subjectif accru pour les personnes de tout âge. Les tenants de cette approche reconnaissent les problèmes pouvant être associés au vieillissement, mais mettent l'accent sur la possibilité d'un développement personnel et de son sentiment de bonheur au cours du troisième et quatrième âge.

La vieillesse n'est-elle pas, pour bon nombre de personnes, une « ennemie », une « déchéance » (Flaubert), un « naufrage » (Chateaubriand) ou une période « sans dents, sans yeux, sans goût, sans rien » (Shakespeare). Pourtant, nombreux sont les exemples de vieillesse heureuse et productive : à plus de 80 ans, Sophocle écrit ses dernières pièces, Picasso manie le pinceau (assis, mais avec ardeur), Cousteau parcourt les mers et Piaget, dans une conférence au Congrès international de psychologie, à Paris (1976), parle de ses projets de recherche en cours et à venir comme un jeune chercheur dynamique.
Ces exemples font surgir une double perception de la vieillesse : la vieillesse fragile, vulnérable et malade (modèle du déclin) versus la vieillesse créative, active et heureuse (paradigme du développement).

Au-delà des regards apocalyptiques ou dithyrambiques, il convient d'accepter ce que Lefrançois (2004) appelle le « paradoxe de la vieillesse » : une expérience plurivalente et dynamique, comportant des pertes et des gains.
Cette façon de voir n'est pas purement théorique ; elle a des implications pratiques profondes, voire vitales. En effet, une perception négative de sa propre vieillesse risque de devenir une « prophétie autoréalisante » (*self-fulfilling prophecy*) tandis qu'une vision positive tend à prolonger la vie. De plus, l'expérience d'émotions positives confère de la vie aux années et des années à la vie.

Encadré 1 : Bonheur et qualité de vie.
Danner et al. (2001) ont démontré les effets bénéfiques des émotions positives sur la longévité. Cette recherche, plus connue sous le nom de Nun Study, était basée sur l'examen minutieux d'autobiographies rédigées par 180 nonnes catholiques (âgées en moyenne de 22 ans), au moment précis de leur entrée dans les ordres, en vue d'exposer et d'expliciter les raisons de leur engagement religieux (sorte de

> « lettres de motivation »). À style de vie quasi identique (activités semblables, habitudes alimentaires comparables, etc.), les nonnes éprouvant principalement (d'après leurs écrits) des émotions positives lors de leur entrée au couvent ont vécu plus longtemps : 90 % des plus joyeuses ont atteint 85 ans, contre 34 % des moins joyeuses.

Le bonheur de bien veiller c'est :
- Exercer ses forces personnelles

« Les meilleurs thérapeutes ne se limitent pas à réparer les dommages ; ils aident les gens à identifier et à développer leurs forces et leurs vertus » (Seligman et Peterson, 2003).

Seligman et al. (2004) ont identifié 24 « forces personnelles » regroupées sous six grandes « vertus » (Peterson et Seligman, 2004). Ces forces se veulent universelles, spécifiques et mesurables à l'aide d'un instrument approprié (Values in Action, VIA) visible sur le site : www.authentichappiness.org.

Selon l'approche de la psychologie positive, la mise en action de nos forces personnelles — en particulier, celles qui nous caractérisent le plus — est source de progrès et de bonheur. Comme l'enfant qui adore marcher et courir à la suite de ses premiers pas, nous prenons plaisir à exercer nos capacités, nos habiletés, nos talents, nos forces et ce, tout au long de la vie.

- Poursuivre des buts personnels signifiants

Si nous donnons vie à nos buts, nous donnons du sens à notre vie.

L'abondante littérature sur les buts personnels fait état de corrélations significatives entre la poursuite des buts qui nous tiennent à cœur et l'expérience d'un bien-être subjectif en partie garant d'un bon vieillissement.

Les recherches démontrent que les buts personnels favorisent le bien-être subjectif aux différentes périodes de la vie. Et c'est à chacune des étapes de la démarche que cette influence positive se fait sentir (Dubé et al., 2005).

D'abord, l'« élaboration » ou le choix du but permet de concrétiser la motivation, de focaliser l'énergie, de soutenir l'autorégulation du comportement et d'affermir le fonctionnement optimal de la personnalité. La « planification » du but, pour sa part, comprend la recherche des moyens, la spécification des étapes, la prévision des obstacles et des stratégies pour les affronter, ainsi que la recherche d'aide, si nécessaire. Ces activités diminuent l'anxiété et font progresser vers le but. La « poursuite » du but est également porteuse de bien-être subjectif. Elle exige flexibilité et gestion efficace des ressources (internes et externes) et suppose que les buts poursuivis soient en concordance avec les besoins psychologiques fondamentaux.

Que la « réalisation » du but ou l'atteinte de l'objectif provoque des émotions positives est un fait reconnu. Le sentiment d'efficacité personnelle et l'estime de soi sont de surcroît augmentés par la réussite d'une entreprise. Il apparaît donc que chacune des étapes de la démarche conduisant au but contribue au bien-être subjectif et à la qualité de vie à la retraite.

L'intervention de gestion des buts personnels (10 sessions de 2 h par semaine) en petits groupes de 6 à 8 personnes. Les rencontres portent sur l'élaboration, la planification, la poursuite et la réalisation d'un but. Elles sont précédées par deux séances préliminaires de présentation du programme, créer un esprit de groupe et discuter sur les conditions de la retraite et le vécu des participants. Les rencontres sont animées par des personnes formées à l'intervention (étudiant, retraité, etc.). L'intervention est précédée d'un prétest et d'un post-test cinq mois plus tard. Des questionnaires sont rajoutés pour évaluer le bien être subjectif (vécu à la retraite, bonheur, sens à la vie, sérénité, détresse psychologique). À cela s'ajoute la mesure de processus de réalisation de but.

Encadré 2 : madame une femme désemparée retrouve la personne dynamique qu'elle était.

Madame M, veuve, 63 ans (quatre enfants et huit petits-enfants) se décrit comme enjouée, de bonne humeur et comme une personne « qui va de l'avant ». Elle adorait son travail, mais les frustrations vécues lors de changements importants effectués dans le monde hospitalier l'ont amenée à prendre, il y a cinq ans, une retraite anticipée. C'est une femme démunie et découragée qui s'est présentée aux ateliers sur la « gestion des buts personnels ». Elle a réalisé rapidement qu'elle devait faire le double deuil de son mari défunt et de son travail passé en vue de pouvoir reprendre sa vie en main.

<u>Suivons les étapes de sa démarche.</u>

Après l'inventaire de ses buts personnels et la sélection de ses priorités, madame M choisit un objectif précis et concret : « m'intégrer dans un nouveau groupe d'amis ». Elle veut que les choses changent « au plus vite ! ». Elle ne veut pas attendre passivement, mais prendre les devants et elle est soutenue en cela par ses proches et les membres du groupe.

La « planification » se fait avec attention. Elle concrétise son objectif en précisant qu'elle ira aux déjeuners des retraités, s'impliquera dans des activités altruistes et prendra l'initiative de téléphoner aux autres au lieu d'attendre leurs coups de fil.

La technique du langage intérieur, suggérée par le guide du participant, l'aide grandement à se motiver. Le groupe la soutient. De plus, elle entreprend une psychothérapie.

Lors de la phase de la « poursuite » du but, madame M progresse dans la réalisation de son objectif de rencontrer des amis et dans l'entreprise plus large de retrouver la femme qu'elle était.

Des échanges avec d'autres participants, qui connaissent aussi l'isolement, intensifient le soutien mutuel.

Lors de l'« évaluation », madame M considère qu'elle a atteint son objectif à hauteur de 75 % et en est pleinement satisfaite. Elle se propose de continuer le travail. Elle nous déclare que « la démarche m'a permis de décortiquer les deux deuils que je vis ». Elle sent qu'elle retrouve progressivement la femme d'autrefois et en est fort heureuse.

Il apparaît que madame M s'est engagée pleinement dans la démarche, qu'elle a obtenu des bénéfices notables et qu'elle continuera sa psychothérapie. Elle a appris des stratégies favorisant la réalisation de ses objectifs et elle a amélioré substantiellement son bien-être subjectif.

8. Le bien être psychologique

Le bien être est l'expérience subjective de l'individu. Cette conception positive ne se limite pas à l'absence de symptômes, mais suppose l'adaptation aux pertes inhérentes au vieillissement l'adoption de nouveaux rôles et l'optimisation des capacités disponibles (Bouffard et al., 1996).

Joulain et al., (2010) montrent que, quel que soit l'âge et à tout âge, il existe un impact positif des activités de temps libre sur la dépression, les activités physiques sont primordiales, de même que les activités impliquant un engagement social. Au-delà des spécificités des activités, c'est l'aspect fondamental des échanges interpersonnels pour le bien-être qui est réaffirmé.

Parler de vieillissement et de bien-être interroge notamment les déterminants d'un maintien d'une bonne santé physique et mentale et d'une bonne adaptation. La nouvelle étape de vie, celle d'après l'âge de retraite, prend de plus en plus d'ampleur et les personnes disposent souvent d'un temps libre conséquent à occuper. Parallèlement, on note une croissance des attentes des individus quant à la qualité de ce temps, croissance liée aussi bien aux meilleurs niveaux de santé et d'instruction qu'aux évolutions idéologiques et aux médiatisations ambiantes, faisant des loisirs par exemple un enjeu sociétal.

Le loisir correspond à un ensemble d'occupations auxquelles l'individu peut s'adonner de plein gré, soit pour se reposer, soit pour se divertir, soit pour développer son information ou sa formation désintéressée, sa participation sociale volontaire ou sa libre capacité créatrice après s'être dégagé de ses obligations professionnelles, familiales et sociales.
Les caractéristiques des loisirs sont :
• <u>libératoire</u> : par rapport aux obligations scolaires, familiales, politiques, religieuses, professionnelles ;

• <u>gratuit</u> : dans le sens désintéressé, non engagé, non lié à une fin matérielle ou sociale (si le loisir est utilitaire, il devient un « semi-loisir ») ;
• <u>hédoniste</u> : en lien avec la recherche de la joie, du bonheur, du plaisir ;
• personnel : répondant à des besoins de l'individu, concernant aussi bien le besoin de récupération, de libération de l'ennui quotidien, de réalisation personnelle (libre dépassement de soi, pouvoir créateur).

Cependant, ne parler de loisirs qu'en termes d'activités gratuites équivaut à rejeter hors du loisir toutes les formes de bricolage et de jardinage, mais aussi de paris collectifs, de hasard, etc.
De même, de nombreuses activités de loisirs sont directement productives (matériellement ou intellectuellement) et certains loisirs n'amènent pas nécessairement joie et bonheur, mais encore si les loisirs peuvent reposer et délasser, d'autres sont plus fatigants (certains sports, sorties, longues séances télé, etc.).
La multiplicité des fonctions semble une caractéristique forte de ces activités, un même loisir ou activité pouvant recouvrir différentes fonctions et inversement une fonction pouvant être remplie par différents types de loisirs. Par exemple, faire partie d'une association peut permettre de réaliser des choses soi-même, plus ou moins manuellement, mais encore donne la possibilité d'échanger, de discuter, mais aussi d'être reconnu.
Ces fonctions, plus ou moins manifestes ou premières, peuvent être essentiellement réparatrices, d'intégration sociale, d'épanouissement, d'utilité, etc., comme elles peuvent se rencontrer simultanément chez une même personne.

Si de nombreuses personnes vieillissent bien, sans de graves ennuis de santé, ce n'est pas le cas de toutes. Les recherches soulignent qu'un certain nombre de personnes âgées vivent difficilement cette période avec un accroissement de divers problèmes (maux physiques, maladie d'Alzheimer, dépressions, etc.).

Or plusieurs recherches nous renseignent sur les effets bénéfiques des activités de loisirs chez les personnes vieillissantes, sur le bien-être général, physique, mental et social (Sanders, Verghese, 2007). Les loisirs y sont montrés comme pouvant diminuer le risque de maladie, en contribuant au maintien cognitif (Sanders, Verghese, 2007), qui serait lié à une moindre tendance à la dépression chez les âgés. Inversement, les situations d'isolement ont été montrées comme souvent néfastes au bien-être psychologique, d'une part à travers un manque de reconnaissance de l'estime de soi notamment (Pitaud, Redonet, 2002) et, d'autre part, comme limitant le vécu d'expériences de loisirs. Ainsi, il semble que les activités de temps libre jouent un rôle bénéfique, à travers leurs diverses fonctions d'épanouissement, de développement des connaissances, de maintien des relations sociales et non pas seulement de repos ou de divertissement, à différents niveaux du bien-être, comme elles participent d'une bonne adaptation.

Les activités fréquemment exercées par les personnes âgées sont variées, même si celles dites culturelles (lecture, télévision, mots croisés, conférences). On observe des pratiques fréquentes d'activités manuelles (jardinage), sportives (sorties et sport particulier), sociales ou collectives (bénévolat, associations) et les jeux de société.

L'impact des activités de temps libre sur la dépression chez les personnes au-delà de l'âge de la retraite est bien observé et les activités physiques sont primordiales à ce sujet, de même que les activités impliquant un engagement social.

Inversement, des activités très fréquentes comme la télévision ne semblent pas déterminantes pour une bonne santé mentale. Si le fait d'avoir des activités fréquentes variées est lié à une moindre impression d'ennui, il ne semble pas que l'occupation du temps soit suffisante pour assurer une bonne santé mentale. Il resterait à préciser les facteurs associés à la satisfaction de ces activités, divers aspects concernant les ressources des personnes (disponibilité, mobilité, argent, handicaps variés, etc.), mais encore le sens.

Le yoga, par exemple, est une discipline accessible au sujet vieillissant. Il est une sollicitation douce et progressive du corps et du mental. Les bienfaits multiples d'une pratique régulière permettent l'amélioration de la qualité de vie au quotidien. À la fois, pratique collective et individualisée, car adaptable à l'état de santé de chacun, le yoga peut s'inscrire dans un programme de conservation de l'autonomie et de recherche du « bien vieillir » (Zidziak, 2010).

Gi gong, tai chi chuan, training autogène, etc. Mais aussi activités de loisirs ou nouvelles thérapies, sont des domaines actuellement à l'étude en psychologie de la santé et du vieillissement.

Pour conclure

La psychologie positive, initiée au début du nouveau millénaire, s'est développée rapidement dans de nombreux pays du monde. La psychologie positive est une discipline scientifique. Elle s'intéresse au fonctionnement positif, non seulement de l'individu, mais aussi des groupes humains, des institutions et de la société dans son ensemble. La psychologie positive c'est un art de vivre avec soi-même ; un art de vivre avec autrui ; un instrument de changement social. Elle est fortement orientée vers la recherche-action. Elle a aussi son intérêt dans l'abord du sujet âgé par son abord dynamique (Shankland, Lantheaume, 2018 ; Lantheaume, Shankland, 2019 ; Shankland, 2019).

Bibliographie

ACADÉMIE DES SCIENCES & ACADÉMIE NATIONALE DE MÉDECINE (2002). La santé en France, *Bull. Acad. Nat. Med.* 186, 153-294.

BOUFFARD, L., DUBE, M., LAPIERRE, S., BASTIN, E. (1996). Le bien-être psychologique des personnes âgées par la poursuite des buts personnels. *Revue québécoise de psychologie,* 17, 2, 110-129.

BEYLIER, A. (2012). À la recherche d'un corps de bonne humeur quel que soit l'âge ! *Soins Gérontologie,* 95, 30-34.

DANNER, D., SNOWDON, D., FRIESEN, W. (2001). Positive emotions in early life and longevity: findings from the Nun study. *Journal of Personality and Social Psychology,* 80, 804-813.

DUBE, M., BOUFFARD, L., LAPIERRE, S., ALAIN, M. (2005). La santé mentale par la gestion des projets personnels : une intervention auprès de jeunes retraités. *Santé mentale au Québec,* 30,2, 321-344.

FEILLET, R., DUMAZEDIER, J. (2000). *Pratiques sportives et résistance au vieillissement.* Paris : Éditions L'Harmattan, collection Logiques sociales.

FEILLET, R., RONCIN, C. (2006). *Souci du corps, sport et vieillissement : Entre bien-être et prises de risque : comprendre et construire les pratiques.* Paris : Ères, collection Pratiques gérontologiques.

FEILLET, R. (2012). *Corps, vieillissement et identité : entre préservation et présentation de soi : Place des activités physiques et sportives.* Paris : Ères, collection Pratiques gérontologiques.

GEORGET-TESSIER, D. (2014). *Vivre centenaire et bien portant pour une longévité réussie.* Paris : Éditions d'Utovie.

JOULAIN, M. ALAPHILIPPE, D., BAILLY, N., HERVE, C. (2010). Vieillissement, bien-être et dépression : le rôle des activités et des loisirs. *Neurologie-Psychiatrie-Gériatrie,* 10,106-110.

KIM-ESNAULT, Y.U. (2008). Le vieillissement réussi : enseignement des modèles japonais et suédois. *Neurologie-Psychiatrie-Gériatrie,* 8, 42-46.

LANG, P.O., Proust, J., Vogel, T., Aspinallba, R. (2013). Saurons-nous jamais ce qui provoque le vieillissement ? *Neurologie, Psychiatrie, Gériatrie,* 362, 13, 78 337-343.

LECOMTE, J. (2014). *Introduction à la psychologie positive.* Paris : Dunod, collection psycho sup.

LEFRANÇOIS, R. (2004). *Les nouvelles frontières de l'âge.* Presses de l'Université de Montréal, Montréal.

MICHEL, J.P. (2002). Vieillissement en bonne santé : l'expérience suisse. *C. R. Biologies,* 325 693-696.

PITAUD, P., REDONET, M. (2002). Les solidarités de voisinage : regard sur l'isolement et la solitude des personnes âgées. Rapport de recherche. Marseille : Institut de gérontologie sociale.

SANDERS, A., VERGHESE, J. (2007). Activités de loisirs et risques de démence chez les personnes âgées. In: TOUCHON, J., VELLAS, B., DARTIGUES, J.F., DUBOIS, B., PASQUIER, F., ROBERT P., editors. Maladie d'Alzheimer et déclin cognitif. Hattori T., *Recherche et pratique clinique,* 12, 49-54.

SHANKLAND, R. (2019). *La psychologie positive.* Paris : Masson, 3ᵉ édition.

SHANKLAND, R., LANTHEAUME, S. (2018). *La psychologie positive.* Paris : Éditions, In Press, fiches de psycho.

LANTHEAUME, S., SHANKLAND, R. (2019). *Psychologie positive : 12 interventions.* Paris: Éditions, In Press, collection concept psy.

PETERSON, C., SELIGMAN, M.E.P. (2004). *Character strengths and virtues*. Oxford University Press/Washington, DC: American Psychological Association, New York.

SELIGMAN, M.E.P., STEEN, T., PARK, N., PETERSON, C. (2005). Positive psychology progress. American Psychologist 60, 410-421.

TUBIANA, M. (2002). Le vieillissement : aspects médicaux et sociaux. *C. R. Biologies*, 325, 699-717.

ZIDZIAK, F. (2010). Bien vieillir avec le yoga. *Neurologie-Psychiatrie-Gériatrie*, 10, 131-135.

TESTS DE DESSIN ET VIEILLISSEMENT

1. Qu'est-ce que dessiner ?

Si l'on vous demande à quoi vous vous référez quand vous dessinez, vous répondrez sans doute que vous avez à l'esprit une représentation mentale de ce que vous voulez dessiner et que cette représentation guide votre dessin et vous permet d'en évaluer la qualité. En ce sens, dessiner c'est exprimer graphiquement certaines propriétés de sa représentation mentale (Baldy, 2008).

Le dessin est une propriété spécifiquement humaine, il n'y a que l'être humain qui éprouve le désir de dessiner et en devient capable. Les chimpanzés sont très intelligents, mais ils n'éprouvent pas le besoin de dessiner, ils en sont d'ailleurs incapables. Ils peuvent tracer, c'est-à-dire d'exécuter des mouvements de la main munis d'accessoires variés et de laisser des marques visibles sur une feuille de papier qui n'y étaient pas auparavant. Mais dessiner implique une intention qu'ils ne possèdent pas (préparation du dessin (matériel par exemple), anticipation : se dire ou dire : *« je vais faire un dessin »*, réalisation du dessin), intention dans laquelle nous repérons les mouvements pulsionnels, les émotions suscitées par l'acte, la contemplation du dessin terminé. Cette intention ajoute à l'action motrice la dimension symbolique du dessin (Baldy, 2008 ; Vinay, 2014).

Dessiner fait trace d'une part intime de l'individu. L'individu en dessinant traduit ce qu'il pense être, ce qu'il ressent à l'instant. Il exprime ses craintes, ses angoisses, ses satisfactions en donnant un contenu à son dessin. Le fait de dessiner fait langage : langage oral (quand il raconte une histoire sur son dessin) et langage graphique (il laisse des traces sur la feuille de papier).

2. Le dessin comme langage graphique

Quand un individu dessine, les formes du dessin viennent avec une suite et des rapports entre elles comme des mots dans un discours. Ces formes sont des signifiants graphiques qui veulent signifier ce à quoi ils renvoient. Comme on écrit avec des mots que l'on assemble pour former des phrases qui vont composer un texte, on dessine avec des signifiants graphiques que l'on assemble selon des figures qui vont composer le dessin. Comme les mots nous permettent d'exprimer nos idées par des phrases, les signifiants graphiques nous permettent d'exprimer nos modèles internes par des dessins : des mots pour le dire, des signifiants graphiques pour le dessiner. Comme le sens d'une phrase dépend des mots qui la composent et de la place qu'ils occupent, la signification du dessin dépend des signifiants graphiques qui le composent et de la place qu'ils occupent.

On peut aussi dessiner une histoire ayant comme support les dessins d'un individu. Le dessin devient narratif en articulant, à la manière du récit, le déroulement temporel d'une suite d'actions. L'histoire se raconte graphiquement de deux façons : a) soit le dessinateur la résume en un seul dessin ; b) soit il en rend compte dans un dessin composé de plusieurs images qui forment une bande dessinée. La qualité de la narration dépend de la teneur du dessin.

3. Le dessin comme langage oral

Le langage oral précède et supporte l'acquisition du langage graphique. L'enfant ne dessine rien qu'il ne puisse nommer. Il nomme ce qu'il va dessiner, ce qu'il dessine et ce qu'il a dessiné. L'enfant semble ne pouvoir penser ses premiers dessins qu'en s'appuyant sur le langage oral. Il ne pourrait pas dessiner s'il ne pensait pas ses dessins dans les termes du langage oral.

Chez l'adulte ou le sujet âgé, le dessin peut servir de support à une activité discursive où sens et affects sont largement sollicités et vont faire émerger un vécu, une expérience subjective engagée. L'élaboration de ce vécu est progressive, concomitante aux récits (récits de vie par exemple).

On peut alors raconter une (son) histoire à partir du dessin réalisé. Le dessin forme un corps qu'une parole vient animer en révélant de manière indirecte les pans d'un univers subjectif. Raconter l'histoire du dessin incite à creuser, à aller plus loin et aussi ailleurs, dans le temps comme dans l'espace, c'est donc raconter l'histoire de (sa) vie. Les entrelacs des mots, le cheminement des phrases, l'enchaînement d'une pensée conduite par le dessin oblige à sortir des sentiers battus pour reprendre contact avec l'émotion et entrevoir d'autres liens faisant sens. Récits de vie, dessins et histoires des dessins utilisés comme méthodes complémentaires contribuent ainsi à aborder l'individu dans toute sa richesse, sa singularité et sa complexité.

Le dessin est à la fois un langage graphique et oral, une création et une médiation : c'est à ce triple titre qu'il vient pour enrichir, chaque fois que le besoin s'en fait sentir, notre connaissance sur l'organisation de la personnalité de l'individu. En laissant sa trace grâce aux traits formés par un crayon, le sujet laisse la marque de son existence dans le monde et son histoire. Chaque trace constituée démontre la capacité de mise en mouvement (possibilités gestuelles, par exemple) et d'élaboration (surtout si elle est accompagnée de commentaires, d'anecdotes). À travers ses traces, comme lors du récit de vie, le sujet fournit au regard d'autrui une part de son identité personnelle, une part de ce qu'il est et de ce qu'il peut donner à voir. La trace participe à la mise en contact avec l'autre, avec son regard et donc à la relation de communication. Laisser une trace de soi, c'est être en mesure d'entrer dans une logique langagière.

Les dessins permettent une activité expressive autant que projective. Le trait graphique vient souvent pallier le manque de mots ; du coup, le tracé, l'utilisation de l'espace, les thématiques choisies, le recours aux symboles sont autant d'éléments qui permettent d'avoir accès à l'organisation psychique du sujet.

4. Dessin et projection

Par projection, il faut entendre, au sens général, l'opération par laquelle un contenu psychologique est déplacé et localisé à l'extérieur. C'est un mouvement de transfert et de localisation de matériaux internes sur un support externe. Par extension, tout peut être support.

Au sens psychologique, la projection suppose que la personne se reconnaisse une affinité avec un élément du monde externe, qui cesse d'être totalement distinct de lui-même pour devenir surface d'expression de ses états internes. La projection est un processus naturel qui fond le rapport au quotidien de l'homme au monde et participe ainsi à l'élaboration du monde subjectif. Les contenus externes exportés sur l'environnement contribuent à la façonner. Dans l'environnement avec lequel l'individu est en contact s'exprime l'organisation interne de celui-ci à partir du mouvement naturel de projection qui vise la construction du monde. Tout peut donc être utilisé comme technique projective, cette approche reposant sur la prise en compte de la subjectivité associée à une grille de prise de sens.

En psychologie, les éléments communs à toutes les épreuves projectives portent sur la qualité spécifique du matériel proposé, à la fois concret et ambigu, sur la sollicitation d'associations verbales et de productions graphiques à partir de ce matériel, enfin sur la création d'un champ relationnel original entre le sujet et le psychologue par l'intermédiaire d'une médiation représentée par le test.

Par exemple, si l'on s'intéresse au test de l'arbre (Fernandez, 2014) ou à l'Épreuve des Trois Arbres (Fromage, 2011), on peut dire que l'arbre détermine la situation projective, c'est-à-dire un cadre. Le mécanisme de projection est sollicité en deux temps :

- dans la production d'un graphisme (dessin de l'arbre) ;
- puis dans l'élaboration d'une histoire à partir de ce dessin (*« racontez l'histoire de votre arbre comme s'il parlait »*).

5. Le dessin comme expression personnelle

Les psychologues ont besoin de trouver des procédures de diagnostic pour avoir accès aux aspects développementaux, cognitifs et émotionnels de leurs patients. De nombreux outils d'évaluation reposent sur des réponses verbales. Mais de nombreux patients ne sont pas assez alertes pour communiquer leurs expériences intérieures, surtout quand ils ont vécu des expériences émotionnelles traumatiques ou des déficiences cognitives. Il existe des méthodes alternatives qui peuvent être utilisées pour obtenir des informations précises sur la personnalité et les émotions ; en rapport avec des tensions intérieures, des distorsions ou limitations cognitives ou émotionnelles). Les dessins sont devenus des outils utiles pour comprendre les dysfonctionnements organiques, les difficultés d'apprentissage et la détresse émotionnelle.

Les dessins par leur richesse clinique peuvent aider à comprendre ce qui se passe chez les patients en crise. Il existe de nombreuses techniques de dessin avec des systèmes de notation et d'interprétation qui apportent des connaissances approfondies. Il est possible d'utiliser les dessins en test-retest pour suivre l'évolution ou la détérioration.

Le dessin permet à la personne d'exprimer son style, son imagination, sa relation au monde et de se rapprocher de ses problèmes quotidiens. Par le dessin, les individus représentent des parties d'eux-mêmes qui renvoient à des aspects importants de leur identité de leur perception de soi. Des conflits, des pensées, des secrets non révélés par la parole peuvent être exprimés par le dessin. Pour le psychologue, le dessin peut être un moyen de repérer des vulnérabilités, mais également des ressources (émotionnelles ou cognitives).

6. La lecture d'un dessin

Tout dessin nécessite une lecture objective pour en faire une analyse et une interprétation clinique fines.

Il existe pour cela quelques critères fondamentaux :

Les caractéristiques affectives du sujet

Il convient de noter l'ensemble des éléments relevant du tempérament de l'auteur (se demander quel niveau de personnalité le dessin nous révèle).
Ces caractéristiques sont observables si elles sont étayées par le mouvement du dessin, la direction, l'utilisation de l'espace, la force ou la faiblesse de l'appui sur le support, la couleur.
Toute personne qui dessine se positionne dans un espace. Elle doit dans un premier temps gérer l'angoisse du vide symbolisé par la page blanche, puis aménager son dessin afin, soit d'y ressentir une certaine sécurité, soit de s'y retrouver et que son monde intime lui permet d'exister.
Dans nos sociétés occidentales, toute lecture se fait de gauche à droite, ainsi le mouvement des personnages, l'évolution vers la droite ou vers la gauche du dessin nous fourniront des indications quant aux centrations de la personne.
Il faut évaluer *l'orientation générale de la production*, la *mise en page du dessin ou son ordonnance*, c'est-à-dire les plans, les axes et les rapports de masse. Il faut également noter *le cadre* dans lequel la personne dessine (absence ou présence de marges par exemple). Un autre élément à remarquer est *la prise d'appui réel* de la personne. Il faut aussi tenir compte des *dimensions* et des proportions du dessin (sont-elles respectées ? le dessin est-il de petite dimension ou exubérant ?), des *formes dessinées* (formes tracées : symétriques, angulaires, arrondies, croisées, sur la verticale, sur l'horizontale, etc.).
Il faut s'intéresser au *positionnement projectif du sujet* du dessin par le sujet (observer si la personne se représente dans sa production ou au contraire s'en exclut), mais aussi en relation avec les autres éléments du dessin (proche d'un objet, d'une personne, isolé, etc.).

Il s'agit d'évaluer la situation affective de la personne, ses intérêts ou ses préoccupations, son dynamisme personnel. On observe *tout ce qui fait lien* dans le dessin entre les objets et entre les personnages représentés. Les liens ou leur absence témoignent des besoins relationnels de la personne, de ses désirs comme de ses espérances.

On note encore l'ensemble du *dynamisme de la personne*. On prend en compte les catégories d'appartenance des éléments dessinés à savoir le monde humain, matériel, végétal, animal, mélangé… et, d'autre part, le caractère attribué à chaque objet (douceur, protection, agression, férocité, etc.).

Veiller *aux couleurs utilisées (froides ou chaudes) et à leur symbolique, aux pressions du trait et aux reliefs du dessin.*

Par exemple, le rouge renvoie à la colère, à l'aspect sanguin. Le noir à la morbidité et à la dépression.

Les observations faites à partir du dessin doivent être pondérées, voire complétées par d'autres techniques (entretien par exemple). Par exemple, l'entretien avec le sujet nous permettra d'avoir une compréhension plus fine de son choix de couleurs pouvant aller du « *parce que les autres feutres ne marchaient pas* » au « *c'est ma couleur préférée* ».

Les caractéristiques physiologiques du dessin

Le second temps d'interprétation objective du dessin consistera à observer ce qui fait trace, ce qui fait l'être, à savoir le trait (sa force, sa vigueur, ses orientations, etc.).

Éléments actifs :
-*l'appui et l'épaisseur du trait* (par exemple, la forte épaisseur peut indiquer la capacité du sujet à être dans l'action, à rechercher l'affirmation de soi).
-*la netteté* (capacité d'indépendance, équilibre, solidité, voire froideur dans les échanges sociaux).
-*la droiture du trait* (prise de décision, absence d'hésitation pour gérer les événements de vie).
-*la rapidité du trait* (signe d'énergie motrice).

Éléments passifs :
-*la légèreté du trait* (soumission avec une faculté de ressentir la réalité, de jouir de ses perceptions. Ce trait peut évoquer la timidité, la fragilité, le manque de confiance en soi.
-*trait pâteux* (sur la gauche de la feuille : sensibilité exacerbée relative au passé ; *sur* la droite de la feuille *:* la vie sociale actuelle est chargée de sentiments et d'affects).
-*traits à caractéristique courbée :* révèle la nature du monde intérieur du sujet où les images sont importantes et d'une forte richesse expressive.

Interprétation objective du dessin
Pour toute lecture objective d'un dessin, des éléments d'anamnèse et un entretien (voire l'utilisation d'autres outils – échelles ou questionnaires) sont nécessaires. Il est aussi très recommandé d'avoir assisté à la réalisation du dessin pour pouvoir en faire une analyse fine. Le moment de la réalisation du dessin est capital pour le clinicien qui peut noter l'ordre d'apparition des éléments dessinés, mais aussi relève les émotions suscitées par la représentation de certains objets. L'analyse

peut être envisagée lorsqu'elle vient étayer et compléter une première observation clinique.

Dans tous les cas, le dessin reste une création permettant l'expression de soi. Il révèle une part intime du sujet qui peut servir de levier à l'échange et à l'instauration de la relation de soutien. Le sujet est unique, sa production graphique l'est aussi. Il est donc nécessaire de rester prudent et de ne pas généraliser des caractéristiques de l'activité graphique que l'on pourrait penser universelles, figées et non modulables. Les jugements qualitatifs, les indications et les suggestions sur le dessin sont à éviter pour ne pas ôter de l'information et des éléments cliniques au dessin.

De plus, l'interprétation d'un dessin se réalise toujours sous forme d'hypothèses cliniques. Les entretiens qui suivront viendront affiner ces hypothèses pour les confirmer ou les infirmer.

Un dessin est toujours à considérer dans son ensemble, en disséquer les éléments un par un (même s'il faut le faire) risquerait de perdre l'essence même de sa réalisation.

Il faut garder de l'humilité face à un dessin qui a lui seul ne peut pas tout expliquer, tout élucider, tout solutionner. Le dessin dans l'examen psychologique ne constitue qu'une partie des outils servant au diagnostic. Il ne peut en aucun cas permettre une affirmation certaine quant à une pathologie ou un traumatisme. Lors d'une évaluation, seule la complémentarité de sieurs techniques pourra aboutir à la vérification objective des hypothèses.

7. Le dessin chez l'adulte et la personne âgée

Le dessin est une aptitude peu développée chez l'adulte et chez le sujet âgé (excepté bien sûr pour certaines professions qui développent ces aptitudes : architectes, dessinateurs industriels, peintres, etc.), car peu utilisée chez l'adulte et chez le sujet âgé (Liesniewska, 2001 ; Ska, Nespoulous, 1986). Pourtant, le dessin est un moyen d'expression privilégié à tous âges de la vie. Il donne à la personne un espace psychique extrêmement riche, dans une quête de représentation qui passera progressivement du dessin (image) au mot (vécu). Le dessin est, en effet, le lieu de l'affinement des processus de symbolisation. Il est aussi un moyen de communication investi par la personne qui en fait un précieux outil de transfert. Le dessin correspond à la technique d'association libre des idées (histoires associées au dessin) et apparaît comme expression libre de la personne dans le processus transférentiel. Face à la page blanche et soutenue par une consigne, le dessinateur se retrouve en relation avec sa mémoire (remémoration des tracés, des formes, des différents éléments constituant le dessin). Les traces du dessin prennent vie à travers la remémoration des événements, des émotions, mais aussi à travers de la signification qui leur est donnée dans le cadre d'un récit.

8. Demander à des personnes âgées de dessiner un arbre ou plusieurs arbres

Demander à des personnes âgées de dessiner un arbre, c'est :

- d'abord, les mettre face à une situation favorable qui ne nécessite aucune aptitude [à nuancer en fonction notamment des troubles praxiques, etc.] particulière de leur part. La conscience de ne pas savoir dessiner peut amener certains adultes ou personnes âgées à une légère inhibition qui sera levée par un mot d'encouragement. Il est très rare qu'une personne âgée refuse de dessiner. Si aucun préjugé défavorable n'interfère dans l'administration du dessin, on peut s'attendre à réunir un maximum de matériel d'expression écrite et verbale spontanée [tracés et propos] réutilisable.

- Ensuite, leur présenter le matériel du test et la ou les consignes en fonction du test choisi. Des couleurs peuvent être utilisées et permettent ainsi un travail sur le symbolisme des couleurs. Il est souvent profitable d'observer de façon discrète la marche du dessin et la durée approximative de son exécution. Il existe plusieurs consignes différentes selon les auteurs, le psychologue choisit les consignes et le type d'épreuve en fonction de ses objectifs cliniques ou de recherche.

  Par exemple, la consigne de Koch [dessin d'un seul arbre] : *« Dessinez un arbre qui ne soit pas un sapin »* ou celle de Stora [dessin de trois arbres] : *« Dessinez un arbre »* sur la première feuille ; *« Dessinez encore un arbre »* sur la seconde feuille ; *« Dessinez votre arbre de rêve »* sur la troisième feuille. Fromage demande de dessiner cinq arbres : *« dessine un arbre »* [à répéter trois fois donc trois arbres] ; *« dessine l'arbre de tes rêves comme tu le vois… »* ; *« dessine un arbre de cauchemar… »*).

- Encore, recueillir un dessin, donc des tracés (racines, sol, tronc, branches, feuillage, etc.) destinés à être interprétés. Pour interpréter les indications fournies par le test de l'arbre, le psychologue doit tenir compte d'un certain nombre de paramètres :
- noter l'impression globale avant d'examiner les détails ;

- noter les commentaires du sujet pendant l'exécution du dessin ;

- étudier le trait du tracé ;

- procéder à une analyse approfondie des éléments constitutifs du dessin de l'arbre ;

- faire l'interprétation à partir de la signification psychologique des tracés.

- et recueillir des impressions, des sentiments, des besoins, les éléments biographiques, etc. en fonction du test choisi.

9. Dessin de l'arbre et bilan psychologique de la personne âgée

L'un des buts majeurs du bilan psychologique auprès de la personne âgée est de dépister des maladies dégénératives, vasculaires ou autres susceptibles, de rendre compte des troubles physiques, psychiques et neurologiques dont souffre la personne âgée (Verdon, Gély-Nargeot, 2004). Le bilan psychologique répond souvent à une demande médicale ou soignante qui peut être pressante (souci d'expertise urgent). Il appartient donc au psychologue de considérer cette demande en n'éludant pas la nécessaire démarche de compréhension globale de la personne âgée qui ne doit pas être réduite à ses déficits, à ses plaintes et à ses symptômes, mais qui doit être soutenue dans ses efficiences (autonomie, identité, possibilités créatrices) offrant des capacités compensatoires indéniables (Verdon, Mure, 2007 ; Du Cosquer, Schauder, 2007).

Le dessin de l'arbre, lorsqu'il est utilisé au cours du bilan psychologique de personne âgée (par exemple, parce qu'il n'est pas possible de proposer le moindre outil psychométrique), apporte au psychologue une compréhension psychologique liée à l'évaluation des ressources toujours mobilisables et exploitables (du côté de l'affectif, de l'intelligence, de la pensée et du social) et des difficultés rencontrées relevant du domaine de la psychopathologie (mise en évidence de diverses altérations du fonctionnement psychique, mais également des fragilités, des dysfonctionnements ou des traumatismes).

Le choix d'utiliser le dessin de l'arbre avec la personne âgée repose sur une double exigence :
- la proposition d'une tache suffisamment standardisée autorisant une reproductibilité de la situation, en appui sur un matériel clairement identifiable ;
- l'ouverture de la situation par une consigne qui ouvre au déploiement de l'imaginaire (Roman, 2006).

Pour son utilisation dans le cadre d'un bilan psychologique, le dessin de l'arbre vient pour enrichir, chaque fois que le besoin s'en fait sentir, notre connaissance sur le vécu de la personne âgée qui dessine (Fernandez, 2014 ; Fromage, 2006, De Haro et al., 2013).

10. Consignes et particularités techniques du dessin de l'arbre avec une personne âgée

Avant de proposer la première consigne, il est important de se poser avec la personne âgée, de prendre le temps d'installer une relation authentique, une présence. Par présence, il faut entendre une attitude de disponibilité ouverte, d'accueil sans jugement a priori de toutes les conduites et productions qui pourront apparaître. Accompagner une personne âgée n'est-ce pas d'abord se caler à son rythme ?

Ensuite, on se centrera sur la tâche à accomplir (dessiner un arbre) en expliquant posément la demande : *« Je vous demande de dessiner maintenant un arbre sur cette feuille… Vous le dessinez maintenant… Comme vous le voyez… En vous… ».* Au niveau cognitif, un processus interne d'imagerie mentale est initié. Souvent, la personne évoque son âge, des déficits fonctionnels, la maladie pour marquer sa réticence ou évaluer sa production. Il a alors précisé : *« Vous faites du mieux que vous pouvez ».*

Le dessin achevé, il est demandé de raconter l'histoire de cet arbre *« comme s'il parlait »* (Fromage, 2011). Le récit est le plus souvent écrit (ou enregistré) par le psychologue qui note également les commentaires spontanés de la personne en train de faire le dessin : l'arbre *se faisant* prend alors vie. Le récit donne sens au graphisme qui, souvent lacunaire sur le papier, permet cependant des élaborations verbales étonnantes. Le dessin de l'arbre est l'occasion d'induire un vécu qui dépasse l'arbre en tant que dessin et permet d'aborder de nouvelles facettes de la vie de la personne âgée sur un mode analogique.

Chez des sujets très âgés, nous attirons l'attention sur le fait que certains arbres dessinés avec application et satisfaction peuvent apparaître à l'observateur comme des non-arbres. Le recours au récit et la présence du psychologue lors du dessin sont alors très importants et permettent de moduler voir d'inverser l'impression de déficit et de déstructuration pouvant parfois apparaître. De plus, il est utile de se rappeler que le regard spontané porté sur le dessin d'un arbre est marqué par des références implicites, culturelles et botaniques : ce qui est pathologique dans l'hémisphère nord-est naturel au Sud ou sous des climats extrêmes. En cela, le dessin de l'arbre peut aider à se dessaisir d'une vision adulto-centrée chronique en gérontologie.

11. Test de l'arbre et démences

Pierre Bour (1961) propose une utilisation nouvelle du test de l'arbre dans un service d'adultes. L'auteur se réfère aux travaux de Koch, mais propose d'adapter la méthode en fonction des malades observés : 500 femmes admises dans un service psychiatrique (dont des personnes démentes).

Les principaux tracés relevés pour les démences (Grewel, 1953 ; De Vries, 1953 ; Bour, 1961) sont :

<u>Racines</u> : racines à trait unique
<u>Sol</u> : ligne de sol rarement présente
<u>Tronc</u> : à trait unique

<u>Branches</u> : à trait unique
<u>Feuillage</u>, couronne : feuilles fréquemment représentées, couronne dans tous les sens, se tronçonne, se décolle, se sépare du tronc qui lui-même s'infléchit, se raidit, se dissout ou disparaît complètement
<u>Fruits</u> : fruits moins souvent représentés et quand ils sont représentés, ils le sont sous la forme de points
<u>Traits</u> : traits fins, tremblés, discontinus.
<u>Arbre</u> : arbre petit, extrêmement stéréotypé, généralement réduit à peu de traits avec présence de représentations, avec présence de représentations graphiques d'immaturité (niveau mental de 4 à 5 ans), arbre dénudé, desséché avec un haut sommet, structure et contours de l'arbre ébranlés, absence de perspective, dessin pauvre.

Les tracés mis en évidence par Welman (1968) sont en accord avec les descriptions des dessins des patients déments.

12. Cas clinique 1[2]

Reine, 83 ans, est en EPHAD depuis un an suite à une hospitalisation initiée par une chute. Elle est veuve depuis une dizaine d'années et reste très affectée par le décès de son mari, et de son fils. Elle est atteinte d'une maladie d'Alzheimer et présente un ralentissement psychomoteur important, des troubles cognitifs avérés dans la vie quotidienne avec désorientation spatio-temporelle, troubles mnésiques et attentionnels prononcés. Les résultats au MMS (18, le seuil est inférieur ou égal à 25/30) confirment la perception d'un déficit cognitif de nature pathologique.

Elle réalise le protocole de l'Épreuve des Trois Arbres (Fromage, 2011) avec application et sans tension, le tout est enregistré. Malgré la présence d'un déficit cognitif global, elle répond de manière ajustée aux consignes et achève l'épreuve.

Arbre de base ou dessin des trois arbres :

Selon la démarche analytique du test de l'arbre, ces types de tracés suggèrent la débilité. Avec l'ETA, les dessins ne sont qu'une première mise en forme d'une réalité interne.

L'arbre préféré (+) est l'arbre 1 et l'arbre le moins aimé (-) est l'arbre 3.

E-4 : *« Sous chaque dessin, raconte l'histoire de l'arbre, une histoire qui le raconte comme s'il parlait »*

A1: *'il ne se trouve pas beau, il se trouve bizarre, il a une forme bizarre'.*

---

[2] Fromage, B. (2011). *L'Épreuve des Trois Arbres*. Paris : Éditions In Press, collection psycho, 145–152.

A2 : « *il ne se trouve pas naturel, sa forme lui semble bizarre, il n'est pas beau* ».

A3 : « *il est tout seul, il a une forme bizarre* ».

Les récits sont courts avec des phrases simples, mais construites. Il en ressort la négation et le sentiment d'étrangeté associé à de l'incompréhension. La répétition des mots ou des expressions sature les récits. La réalité évoquée n'est pas dans l'ordre des choses : pas naturel, bizarre. Le dernier récit porte sur le thème de la solitude.

<u>E-5 et E-6 : des questions sont posées par rapport à l'arbre (+) et (-)</u> que je ne reprendrai pas ici.

Quand le psychologue la questionne sur l'arbre (+) A1 et l'arbre (-) A3, la perception se centre sur une partie nommée et identifiable (les racines) pour A1 et sur un jugement sur l'exécution globale du dessin pour A3 (il est mal fait) qui indique la présence interne d'un arbre de référence. Ensuite, ils ont en commun d'être différents arbres « normaux » et d'avoir besoin d'être arrosés (de l'eau pour pousser ; il leur faut de l'eau). Leur avenir est esquissé entre le refus d'une dégradation plus grande « *il ne faut pas qu'il devienne encore plus laid* « pour A1 et le désir d'une normalité située dans la tête « *qu'il reste comme il est.* » pour A3.

E-7 : « *Imagine une histoire qui associe ces deux arbres comme si l'un et l'autre parlaient* ».

A1+ et A3 - : A+ : « *je suis moins gros que toi* » ; A -: « *je ne suis pas normal* » ; A+ : « *parce que tu n'es pas rond, tu n'as pas la forme d'un arbre* ».

A+ s'affiche hors d'une normalité désignée par la forme ronde et pas trop grosse. Les deux arbres entrent en relation autour d'une référence à une norme.

E-8 : « *Imagine une histoire qui relie et rassemble les trois arbres comme s'ils parlaient entre eux… Que deviennent-ils ?*

A2 : « *je me trouve plus normal que les deux autres* ».

A1 et A3 : « *tant pis, comme on n'est pas normaux, on ne peut pas être aimé* ».

A2 occupe une position centrale (de normalité) et les deux autres sont rejetés dans une anormalité qui entraîne un déficit d'amour.

Il y a la perception d'un dysfonctionnement à travers la référence au normal "quelque chose qui ne tourne pas rond et qui entraîne exclusion et solitude.

Arbre mythique (arbre de rêve et arbre de cauchemar)

Les deux arbres présentent des silhouettes inversées. L'arbre de rêve est proche de l'arbre A2 et l'arbre de cauchemar à la tête en bas.

E-9 : '« *dessine l'arbre de tes rêves comme tu le vois… »*.

AR : « *il se voit beau, il est content d'être avec d'autres arbres. Il est entouré par eux »*.

Explication : il est satisfait par son esthétique et heureux de la présence attentionnée des pairs.

E-10 : « *dessine un arbre de cauchemar… »*.

AC : « *il voudrait être avec d'autres arbres pour être normal, il est un peu écarté des autres »*.

Explication : il est anormal parce qu'il est seul et seul parce qu'il est rejeté par autrui, ce qui entraîne une insatisfaction. La solitude est à la fois un signe et une conséquence de l'anormalité.

E-11 : « *imagine un rêve qui associe ces deux arbres »*.

AR et AC

AR : « *il voudrait que l'arbre de cauchemar lui ressemble »*.

AC : « *il voudrait juste être normal, un vrai arbre »*.

Explication : La mise en relation des deux arbres met en exergue la question de la normalité incarnée par l'arbre de rêve.

L'inversion graphique des deux arbres s'articule autour de la normalité versus anormalité qui engage à son tour la relation à autrui : normalité = présence d'autrui, anormalité = solitude et exclusion.

Discussion du cas

Ces données correspondent à l'expérience de reine qui s'enfonce dans la maladie. Elle est capable d'exprimer sa situation de manière globale, comme à distance. Elle a conscience d'une dégradation puisqu'elle l'établit en référence à une normalité. L'exclusion d'un groupe de pairs normaux aggrave la problématique déficitaire. Reine a conscience de la maladie et de ses conséquences. Elle est capable de distinguer des états et de les relier de manière cohérente et rationnelle. La conscience n'est que voilée dans son expression, limitée par les difficultés cognitives, mais Reine est toujours dans le présent qui la fait souffrir (la conscience du déficit, du rejet dont elle se sent être l'objet). L'environnement amplifie négativement la situation, mais cette gestion des malades par l'exclusion peut être rectifiée.

L'ensemble de l'épreuve met en évidence des capacités cognitives : réponses ajustées aux demandes, assemblage d'éléments lexicaux associés à un univers d'arbre (bas, haut ; racines, feuilles ; terre, eau, etc.), mise en confrontation des opposés, constitution des phrases, cohérence dans la succession des thèmes.

Elle lui permet aussi d'avoir une conscience globale de la situation qui laisse présager une réalité identitaire préservée : se comparer entre soi et les autres par exemple.

L'arbre dans sa version non figé a permis à Reine d'amorcer un univers avec ses éléments constitutifs. Elle a évoqué spontanément terre, bois, eau, air, soleil. Ces composants sont présents dans l'espace mental de Reine. L'arbre permet de les mettre à jour, de les faire converger en un tout cohérent qui dépasse la notion d'individu en intégrant un ensemble plus vaste. L'arbre installe la nécessité de l'échange, il est un être de relation. Pour reine, la vie est échange. L'exclusion et le rejet dont elle se sent l'objet du fait de ses déficits la précipite dans la solitude subie que redouble sa maladie.

Sur un mode inversé, elle énonce à sa manière que la seule intervention viable est son maintien dans le mode des « normaux » où les échanges permettront de maintenir sa vitalité interne en compensant les limitations dont elle souffre. Elle nous dit qu'elle désire rester vivante, communicante et ne pas être exclue et dévastée.

Il est de notre rôle de psychologue d'entendre cette demande et d'intervenir.

13. Demander à des personnes âgées de dessiner une personne

Comme le dessin de l'arbre, le dessin de la personne (ou d'un personnage) peut être utilisé à tous les âges de la vie. L'utilisation du dessin de la personne ou du test du personnage se révèle intéressante chez le sujet âgé comme en témoignent certains travaux français encore peu nombreux (cf. bibliographie).

Par exemple, Houllemare et Montani (1987) ont mis en évidence les caractéristiques des productions d'une population de 108 personnes âgées autonomes et vivant à domicile. L'étude a permis d'établir une référence pour des études psychopathologiques ultérieures en particulier dans la clinique démentielle. Ainsi, à partir d'une étude comparative avec la population précédente, ils ont pu observer que l'image du corps des sujets présentant une démence de type Alzheimer se déconstruit avec la sévérité de la pathologie.

Montani (1994) a évoqué le concept « d'angoisse de vidage » à propos des dessins sans tronc ou marqués par la présence d'un tronc ouvert. Enfin, dans un travail sur la valeur pronostique du dessin du personnage, elle a constaté qu'un sujet âgé sans antécédents psychiatriques ni d'indices de détérioration au M.M.S.E. et qui dessine un personnage pathologique a une forte probabilité d'évoluer vers un état démentiel. J.P. Clément et J.M. Léger (1996) ont montré également leur intérêt dans l'approche diagnostique de la dépression.

Vial-Awada et Montani (2004) ont réalisé une recherche qui portait sur l'analyse de la phrase prêtée au personnage dans le dessin chez des sujets âgés. Elles ont mis en évidence cinq axes d'analyse des commentaires formulés par les sujets âgés autour du dessin : l'attribution d'une parole au personnage ; l'accent porté sur les relations interpersonnelles ; la relation à soi ; l'harmonie identificatoire : commentaire/dessin ; la qualité de la phrase produite.

Alors que les travaux en France sur dessin de la personne (Fernandez, 2016), le dessin du personnage ou de la figure humaine sont encore peu nombreux chez le sujet âgé, les travaux anglo-saxons sont abondants.

Il porte par exemple sur : la démence, la maladie d'Alzheimer et de Parkinson, les AVC, les hémiplégies, les dysfonctionnements cognitifs, etc.

14. Cas clinique 2[3]

Passation : l'exécution du test de la personne a été réalisée sur une feuille blanche A4, à l'aide d'un stylo ou d'un feutre selon les capacités visuelles des patients.

Consigne : *« Je vais vous demander de me dessiner une personne le mieux que vous pouvez ».*

Cotation à partir de la grille d'Osterrieth (1976) ; Fernandez (2016).

Madame P a 83 ans. Elle est veuve. Elle a deux filles et trois petits enfants qu'elle aime voir et recevoir. Elle habite seule dans un appartement d'un centre-ville depuis le décès de son mari, refusant de vivre avec une de ses filles et d'être placée en maison de retraite. Madame P est une personne au tempérament rieur et joyeux.

Atteinte de la maladie d'Alzheimer, elle est prise en charge par le programme de l'accueil de jour d'une maison de retraite depuis quinze mois au moment de la rencontre avec la psychologue. Les séances de groupe auxquelles elle participe montrent qu'elle est fédératrice et dynamisante. Elle conserve un langage spontané de bon niveau, mais « le manque du mot » est un phénomène que l'on

---

[3] Nerrozi, S., Sorzana, A. (2005). *Du schéma corporel à l'image du corps, la représentation de soi par le test de la personne chez des sujets atteints de la maladie d'Alzheimer. Influence de l'anosognosie.* Université de Provence, Aix Marseille I (sous la direction de Lydia Fernandez).

rencontre fréquemment dans la communication. Madame P a récemment manifesté des troubles hallucinatoires et un placement définitif est envisagé. Elle se plaint actuellement de douleurs dans la jambe droite.
Le score obtenu au MMSE[4] est de 17 sur 30.

La différence obtenue par comparaison du score au MMSE[5] à celui du MMS-A est de 7 ; étant supérieur à 5, cela atteste d'une anosognosie sévère[6].

Le dessin de la personne :

Analyse

Madame P a réalisé une femme adulte d'âge mûr représentée de face, en haut et plus à gauche de la feuille. *Les caractéristiques et les éléments constitutifs du dessin* permettent de voir que le dessin représente à un être humain. La façon dont elle a dessiné la personne atteste de la conservation du schéma corporel dans le sens d'un maintien de la représentation du corps. En ce qui concerne *l'emplacement de la personne sur la feuille*, Pulver (1985) considère que le côté gauche symbolise une régression, un refuge dans le passé. *La tête*, support de l'identification de soi, révèle un visage complet (bouche, yeux, sourcils, nez, chevelure, les oreilles pouvant être cachées sous par cette dernière). Les éléments constitutifs du visage dénotent un bon niveau de conscience de soi.
Les proportions démesurées de la tête par rapport au reste du corps donnent l'impression que la tête est une partie du corps. La maladie d'Alzheimer touchant en premier lieu les fonctions cognitives, la dimension de la tête peut renvoyer à une façon d'attirer notre attention sur la localisation des troubles dont souffrent madame P.
L'absence du cou et des épaules empêche la tête d'acquérir une mobilité. Elle semble fixée directement sur le tronc.
L'absence d'articulation (cou, épaules, genoux, coudes) donne au dessin une certaine rigidité qui peut renvoyer à une inhibition. Ces éléments peuvent aussi être compris comme la conscience de la réduction des possibilités physiques dues à l'âge avancé de madame P.

---

[4] Le *mini-mental state examination* (MMSE) est un test d'évaluation des fonctions cognitives et de la capacité mnésique d'une personne. Le *mini mental test* est employé à visée d'orientation diagnostique devant une suspicion de démence. Il est notamment employé dans le cadre d'un dépistage de la démence de type Alzheimer.

[5] Le *mini-mental state examination* (MMSE) est un test d'évaluation des fonctions cognitives et de la capacité mnésique d'une personne. Le *mini mental test* est employé à visée d'orientation diagnostique devant une suspicion de démence. Il est notamment employé dans le cadre d'un dépistage de la démence de type Alzheimer.

[6] L'anosognosie est un trouble de la reconnaissance de soi qui empêche par exemple une personne atteinte de la maladie d'Alzheimer de reconnaître sa maladie. À distinguer du déni de la maladie, ce trouble est la conséquence d'une lésion cérébrale.

La présence d'une jambe plus volumineuse paraît renvoyer directement aux maux que présente actuellement madame P au niveau de sa jambe droite (phlébite). La jambe de taille supérieure paraît en ce sens confirmer une intégration suffisante du corps et de son vécu douloureux. Le dessin de la personne est un moyen d'exprimer les souffrances vécues par le corps.

Les vêtements sont de facture simple, mais ne présentent aucune zone de transparence. Ils habillent et protègent le corps vieilli du regard des autres. Les vêtements traduisent également un rapport narcissique au monde et les ratures sont un moyen d'améliorer une image dégradée ou une tentative de combler un manque de reconnaissance ou une insatisfaction.

La maladie d'Alzheimer par les manifestations qui la caractérisent, rend au fil du temps, la personne de plus en plus dépendante, diminuée. Les fonctions cognitives dysfonctionnent et c'est au niveau même de la tête, au sein du cerveau, que le démantèlement qui s'opère au cours de la démence a lieu. L'expression commune qui dit « avoir la tête sur les épaules » ne semble pas s'appliquer ici, comme si le positionnement de la tête par rapport au corps de la personne voulait montrer où se situe le dysfonctionnement.

15. Cas clinique 3

Éléments d'anamnèse

Madame C a vécu avec son grand frère durant son enfance après la mort de sa mère à l'âge de 7 ans et le départ de son père subitement. Elle est ensuite placée à l'adolescence dans un pensionnat jusqu'à sa majorité.

Elle rencontre son mari à la sortie du pensionnat et part vivre à l'étranger. Elle donnera naissance à quatre enfants. Au bout de quelques années, l'état de santé de son mari se dégrade et ils sont obligés de rentrer en France. C'est à ce moment-là que son père réapparaît après des années d'absence.

Elle exerce pendant quelques années comme secrétaire médicale.

Elle a été marquée par une série de deuils : décès de sa mère, d'un des enfants à la suite d'une longue maladie, de son frère et de l'épouse de celui-ci, de son père et récemment par la mort de son mari.

Madame C, 83 ans, est placée en unité de vie protégée à la suite de troubles cognitifs importants qui semblent s'être aggravés après le décès de son mari *« perte qu'elle n'a pas acceptée »*. Elle se plaint depuis cinq ans de légers troubles de la mémoire qui le la gênent pas pour écrire et lire et de désorientation spatiale qui entrave ses promenades *« elle s'est perdue un jour »*.

Depuis son institutionnalisation, elle a présenté plusieurs épisodes de refus alimentaire et de régurgitation de la nourriture mâchée, boulettes de nourriture qu'elle cache dans ses vêtements ou entre ses jambes. Son sommeil n'est pas perturbé par des difficultés d'endormissement ou des réveils matinaux, mais il existe parfois une déambulation nocturne. Elle souffre d'incontinence urinaire nocturne ponctuelle.

Au niveau de l'hygiène corporelle et vestimentaire, une toilette thérapeutique a été mise en place avec une aide-soignante qui mine les gestes à faire et qui l'aide à s'habiller.

Sur le plan relationnel et social, elle a très mal vécu son arrivée dans la structure de soins et a été très agressive verbalement et physiquement avec le personnel et les autres résidents, car dit-elle « *elle a beaucoup de caractère* ». Puis, elle s'est peu à peu adaptée en participant aux différentes activités (lecture, activités culturelles) et en maintenant des liens amicaux avec un groupe de résidents.

Sur le plan familial, les visites de ses proches sont rares. Un de ses fils vient la voir régulièrement.

Une consultation en gériatrie dans un service de médecine interne et de neurologie est programmée.

L'évaluation globale cognitive met en évidence un score qui la situe dans une démence modérée (10 sur 30). Le déficit cognitif est centré principalement sur l'orientation spatio-temporelle, les praxies constructives (avec troubles de l'écriture) et des troubles de l'attention.

Madame C ne présente pas d'antécédents médicaux notables en dehors d'un syndrome anxio-dépressif sévère traité par Risperdal.

Le scanner cérébral est normal, mais le diagnostic s'oriente vers un syndrome démentiel dégénératif de type maladie d'Alzheimer.

Rencontre et entretiens avec madame C.

La rencontre avec la psychologue a lieu une après-midi dans sa chambre. Madame C est une femme voûtée, bien habillée, parfumée (jasmin) qui a quelques difficultés à marcher. Ses doigts tremblent légèrement. Elle est souriante et accueillante. Elle parle lentement, mais clairement même si quelquefois elle ne trouve pas les mots. La compréhension est correcte.

Les entretiens permettent de recueillir des informations sur son histoire de vie (vie personnelle, familiale et sociale ; maladie et décès ; entrée en institution ; relation aux autres).

    - la maladie d'Alzheimer

Madame C a très mal vécu la désorientation spatiale et le fait de se perdre en promenade : « *vous vous rendez compte, aimer se promener et ne plus être capable de retrouver son chemin pour rentrer chez soi, c'est très angoissant* ».

    - l'entrée en maison de retraite et en unité de vie protégée et la relation aux résidents

Madame C vit son institutionnalisation comme une perte de liberté : *« perdre sa maison, son espace, ses affaires, c'est difficile, vous savez »*. Puis, elle se résigne : *« on a pas le choix, soit on s'adapte, soit on meurt. Alors, je me suis adaptée. Je participe aux activités. Je suis avec un groupe et je leur dis ce que je pense de manière franche »*.

> *- la confrontation aux deuils et aux pertes*

Ces deuils ont été *« les plus grandes épreuves de sa vie »*

Elle raconte qu'elle a perdu :

- ses parents : *« ma mère est morte quand j'étais enfant et mon père m'a abandonnée avant de revenir des années plus tard et de mourir à son tour »*.
- un de ses enfants : *« il était malade depuis longtemps et il nous a quittés »*.
- son frère et sa belle-sœur : *« je les aimais, ce fut difficile »*.

La perte de son mari est problématique. Elle en parle comme s'il était toujours en vie : *« il est toujours vivant, vous savez »*.

Le dessin de l'arbre

La consigne proposée à madame C était la suivante : *« Dessinez un arbre, mais pas un sapin »*.

<u>Commentaires de madame C avant la réalisation du dessin</u> : *« Il faut savoir dessiner et je ne sais pas dessiner, je ne peux pas dire que je suis un héros en dessin. Sauf un sapin, alors là ça va être dur. Je ne suis pas fixée sur l'arbre à dessiner. Autre qu'un sapin ? Un arbre de Noël. Il faut que je ne rate pas, car j'ai du mal à dessiner »*.

<u>Observation de la procédure du dessin</u> : Elle prend un feutre vert et commence son dessin en haut de la feuille (du haut vers le bas). Elle est très concentrée et silencieuse. Elle ne tremble plus quand elle dessine.

<u>Commentaires de madame C pendant la réalisation du dessin</u> : *« Je ne sais plus comment faire moi... Je vais mettre des fruits (des petits points). Je suis un peu perdue. Il me reste quoi à faire ? Je n'arrive pas à bien dessiner. Vous m'en faites faire des choses. Bon, c'est un arbre fruitier »*.

Malgré la présence d'un déficit cognitif global, elle répond de manière ajustée à la consigne et achève le dessin de l'arbre. Elle répond avec plaisir et amusement au questionnaire du dessin d'arbre achevé (Q.D.A.A.) et dit qu'elle a eu plaisir à répondre à ces questions et à « construire » son arbre.

En voici la synthèse :

« Une sorte d'arbre (Q1) : c'est plutôt un... je ne sais pas quel nom lui donner, c'est des fruits... C'est un cerisier. Il est tout jeune. C'est que des petites boules (Q2). Il

peut ressembler à une plante à cause de sa hauteur (Q3). Ouais, il est vivant. Il produit des fruits, des cerises en l'occurrence. Les parties mortes sont les feuilles vertes. On croit que l'arbre fruitier produit beaucoup de fruits, parce que c'est son nom… mais en fait il en produit pas tellement… c'est un trompeur. C'est pas bien, on a pas de plaisir à avoir un arbre comme ça. Il vaut mieux un vrai arbre fruitier qui donne des fruits et puis qu'on en profite, qu'on puisse les manger. Si on peut pas en profiter, c'est pas intéressant (Q4). Oh ! il est actif quand il a envie de se renouveler et il est passif quand c'est nous qui en avons besoin. On s'en sert pour différentes occasions (Q5). C'est un arbre du passé, pas d'un vieux passé. Quand on veut offrir quelque chose à quelqu'un, on lui fait un dessin et c'est souvent un arbre avec des fruits. Des trucs comme ça. Le dessin, ça me plaît beaucoup. Tout le monde aime les dessins. Vous aimez les dessins ? Oui parce que ça parle. Ça a l'air de rien, mais ça parle beaucoup (Q6). Il continue à grandir. Parce que quand la nouvelle saison arrive, au printemps par exemple, ben, il est différent de ce qu'il était avant. Il est en couleur, en forme, en parfum. C'est pour ça que je pense qu'il est en train de grandir (Q7). Il a besoin des fruits, des fruits pour d'épanouir. Parce qu'il ne s'exprime pas beaucoup, c'est la couleur, c'est la forme, c'est la saison. Y a toutes sortes de raisons qui fait qu'il veut se donner de l'importance… C'est comme un homme… il est plein d'orgueil, pareil… L'arbre, il est pareil que l'homme. Il donne des fleurs, des plantes ou bien des fruits. Il ne donne jamais d'argent, mais ça peut rapporter quand même (Q8). "Arbre nostalgique… je serai plutôt romantique. Il ne bouge pas, mais il rêve (Q9). Sa croissance ? Ni normale ni difficile. Y'a rien de désagréable dans cet arbre au contraire il m'apporte beaucoup de plaisir. L'arbre, il est beau quand il apporte quelque chose. Là, c'est le parfum. Il y en a d'autres, c'est la couleur. Chacun a son secret pour plaire. Lui, c'est une petite odeur pas désagréable, de jasmin ou de lys" (Q10).

Dessin de l'arbre de madame C, 85 ans : un cerisier

(hauteur de l'arbre : 25 cm ; largeur de l'arbre : 4,5 cm ; couleur de l'arbre : vert)

Caractéristiques de l'arbre et réponses au Q.D.A.A.

L'arbre est inauthentique dans sa forme, altéré dans sa construction étagée et non relié, voire déformé. Il est constitué par un ensemble de traits hésitants, zigzagants, parfois discontinus. L'arbre est situé dans son entièreté dans la partie gauche de la feuille (haut gauche et bas gauche).

Les réponses sont courtes avec des propositions simples et construites au plan grammatical. Elle indique que l'arbre est réel et a une existence. Il s'agit d'un arbre fruitier (un cerisier, en référence à l'arboriculture) qui produit des fruits. Il est grand, vertical et étroit ou élancé. Il est de couleur verte (en référence à la botanique, aux plantes). L'arbre n'est-il pas une grande plante ?

Il est vivant, actif (renouvellement), productif (fleurs, fruits) et en pleine croissance (grandir ; s'épanouir). Il a des besoins (fruits — caractéristiques des arbres fruitiers ; besoins de s'exprimer, de plaire et de se donner de l'importance — besoins humains — arbre hauteur 4). Il peut être passif (il ne bouge pas), centré sur le passé (arbre position gauche ; Q6) et nostalgique (voire romantique) et quelquefois endommagé (partie morte : les feuilles vertes).

Principaux éléments d'analyse

Il paraît inutile ici d'appliquer une procédure évaluative (analyse des caractéristiques des tracés) et interprétative qui ne reposerait que sur la seule prise en compte du dessin. Il s'agit plutôt de favoriser l'expérience vécue, les éléments du récit (réponses faites aux QDAA), de s'intéresser aux associations verbales, d'identifier les difficultés, mais surtout les forces en présence et les ressources de la personne âgée. À travers le dessin de l'arbre, la personne âgée s'exprime, rend compte de sa réalité et un discours subjectif est instauré qui articule les mouvements affectifs (de désir, de plaisir, de refus, d'attraction voire de répulsion) (Fromage, 2011).

Les caractéristiques du dessin de l'arbre ou certaines réponses aux QDAA attestent :

1) des déficits cognitifs et des troubles affectifs et comportementaux :
Elles révèlent par exemple :
- *des troubles de l'apraxie constructive* : madame C a du mal à réaliser le dessin de l'arbre. Elle verbalise ses difficultés, mais s'applique pour essayer de dessiner. Le dessin de l'arbre n'est ici qu'une médiation pour donner l'occasion à madame C de donner une forme, sa forme ; une visibilité, sa visibilité (signes) et un sens à sa propre organisation psychique, à son monde intérieur et à son histoire. Dessiner et regarder un arbre, c'est lever la tête, c'est prendre de la hauteur. L'arbre c'est de la verticalité. L'arbre rappelle à l'homme d'être vertical.
- *des troubles du langage* (Q1 et Q3). Madame C a des difficultés à trouver un mot ou le nom de l'arbre (atteinte du langage oral). Elle hésite et doit réfléchir (troubles de la mémoire à long terme) avant de trouver le nom de l'arbre (cerisier) et la catégorie botanique qui le caractérise (arbre fruitier) (Q2).

Elles indiquent :
- *des troubles psychiques* : épisodes de dépression et d'anxiété (arbre position gauche pure ; partie morte ; Q4) ; inhibition, retrait ou repli sur soi ; nervosité (traits discontinus, interrompus, spasmodiques, fragiles)
- *des troubles comportementaux* : impulsivité, sautes d'humeur fréquentes : irascibilité voire agressivité verbale et physique (traits discontinus, interrompus, spasmodiques, fragiles), apathie (passivité – Q5).

2) des ressources de madame C :
Les ressources de l'arbre rendent compte des ressources humaines disponibles.
- *vivacité, énergie ; activité* (Q4 et Q5) : elle aime la lecture, les promenades, les activités culturelles, etc.

3) des besoins de madame C :
- de plaire et de paraître : se parer, s'orner, s'habiller, se parfumer (fleurs ; arbre hauteur 4 ; Q10) ;
- d'être en forme, de grandir et de s'épanouir : (Q7 ; Q8) ;

- de communication : (Q7) ;
- de se faire plaisir, d'éprouver du plaisir et de ressentir des sensations agréables (Q10)
- d'affection, d'attention voire d'amour (nostalgie du romantisme – Q9).

À travers son dessin d'arbre, madame C témoigne des affinités entre arbre (verticalité, fixité, capteur d'énergies, adaptations) et humain (perte de la station verticale, courbée ; introversion et extraversion ; conduites visant le maintien, l'ajustement la croissance, l'épanouissement et la survie).

Bibliographie

ABRAHAM, A. (1963). *Le dessin d'une personne, le test de Machover*. Neuchâtel : Delachaux et Niestlé.

BALDY, R. (2008). *Dessine-moi une personne. Dessins d'enfants et développement cognitif*. Paris : Éditions In Press, collection psycho, 2e édition.

BALDY, R. (2011). *Fais-moi un beau dessin. Regarder le dessin de l'enfant, comprendre son évolution*. Paris : Éditions In Press, collection psycho.

BERTHE-PILLOT, C., MONTANI, C. (1998). *Valeur pronostique du dessin du personnage dans l'évaluation, démentielle*. Communication VIe Congrès International Francophone de Gériatrie de Genève, 19-22 avril 1998. Livre des résumés, A 25.

BOUR, P. (1961). Utilisation nouvelle du test de l'arbre dans un service d'adultes. *Annales médico-psychologiques*, 2, 3, 529-534.

CLÉMENT, J.P., LÉGER, J.M. (1995/1996). Intérêt du test du personnage dans l'approche diagnostique des personnes âgées. *Nervure*, VIII, 9, 3-16.

DE HARO, E., FERNANDEZ, L., SAGNE, A., FINKELSTEIN-ROSSI, J. (2013). Maladie d'Alzheimer et symptomatologie anxio-dépressive en institution : Mme X, 98 ans. In L. FERNANDEZ, A. SAGNE, *Psychologie clinique du vieillissement : 15 études de cas*. Paris : Éditions In Press, Concept psy, 263-285.

DE VRIES, W.H M. (1953). Tree-drawings by dementia patients. *Anthropology & Medicine*, 2, 26-34.

DU COSQUER, F., SCHAUDER, S. (2007). Le psychologue clinicien en gérontologie. In S. SCHAUDER, *Pratiquer la psychologie clinique aujourd'hui*. Paris : Dunod, 345-386.

FERNANDEZ, L. (2014*). Le test de l'arbre. Un dessin pour comprendre et interpréter*. Paris : Éditions In Press, 3e édition.

FERNANDEZ, L., FROMAGE, B., MAUREL-CAÏTUCOLI, M. (2010). Contributions du dessin de l'arbre en psychogérontologie : évaluation et accompagnement. *Neurologie-Psychiatrie-Gériatrie*, 10, 77-84.

FERNANDEZ, L., FINKELSTEIN-ROSSI, J., PLOTON, L., BINET, S., SECQ, D. (2011). Accident vasculaire cérébral, dépression post-accident vasculaire cérébral et stratégie de coping chez un sujet âgé. In J. FINKELSTEIN-ROSSI, L. FERNANDEZ, *Techniques projectives : 12 cas cliniques*. Paris : Éditions In Press, collection concept-psy, 221-240.

FERNANDEZ, L., FINKELSTEIN-ROSSI, J., LECOINTE, P., BARTHOLOME, A. (2011). Approche de l'image du corps chez un fumeur atteint d'un cancer pulmonaire par les dessins de l'arbre et de la personne. In J. Finkelstein-Rossi, L. Fernandez, *techniques projectives: 12 cas cliniques*. Paris : Éditions In Press, collection concept-psy, 241-266.

FERNANDEZ, L. (2016). *Le dessin de la personne*. Paris : Éditions In Press, collection concept psy.

FLUCHAIRE, I. (1990). *L'image du corps des sujets présentant une démence de type Alzheimer, à partir du test du personnage*. Mémoire de D.E.A. de Psychologie et Psychopathologie Cliniques, Université Pierre Mendès-France, Grenoble ; directeur : A. Ruffiot.

FROMAGE, B. (2006). Pour une psychologie du bout de la vie. *Pratiques Psychologiques*, 12, 255-260.

FROMAGE, B. (2011). *L'Épreuve des Trois Arbres*. Paris : Éditions In Press, collection psycho.

GOODENOUGH, F. (1956). *L'intelligence d'après le dessin, le test de la personne*. Paris : PUF.

GREWEL, F. (1953). Tree Drawings in dementia's. Fol. *Psychiat. Neurol. Neurochirurg. Neerl.*, 56, 305.

HOULLEMARE, A., MONTANI, C. (1987). Étude transversale du dessin du personnage dans une population âgée non hospitalisée. *Psychologie médicale*, 19, 8, 1389 -1390.

LAURIN, P. (2004). Intervention artistique dans un service de gérontologie. Un atelier d'art-thérapie pour des patients atteints de maladie d'Alzheimer *Neurologie, psychiatrie, Gériatrie*, 4, 31-40.

LEFEBVRE DES NOETTES, V. (2006). Art-thérapie et démences. *Neurologie, psychiatrie, Gériatrie*, 6, 35, 7-12.

LESNIEWSKA, HK. (2001). Utilisation d'une échelle de cotation du dessin de la maison chez des sujets âgés normaux. *Revue Française de Psychiatrie et de Psychologie Médicale*, 5, 37-41.

LE STRAT, N. (2007). Prise en charge psychologique de personnes âgées atteintes de la maladie d'Alzheimer en institution. *Neurologie, psychiatrie, Gériatrie*, 7, 41, 41-45.

MONTANI, C. (1994). *La Maladie d'Alzheimer, quand la psyché s'égare*. Paris : L'Harmattan.

ROMAN, P. (2006). *Les épreuves projectives dans l'examen psychologique*. Paris : Dunod, collection Les Topos.

SKA, B., NESPOULOUS, J.L. (1986). Performances visuoconstructives et vieillissement. *Psychol Belgica*, 26, 125-145.

THOMAS-ANTERION, C., BASAGLIA-PAPPAS, S., FEDERICO, D., LAURENT, B. (2009). Évaluation de la capacité à dessiner spontanément et en copie dans la maladie d'Alzheimer modérée. *Neurologie, psychiatrie, Gériatrie*, 9, 156-162.

VIAL-AWADA, I., MONTANI, C. (2004). Le test du personnage chez la personne âgée. Analyse de la phrase attribuée au personnage. *Neurologie, psychiatrie, Gériatrie*, 4, 24, 27-32.

VERDON, B., GÉLY-NARGEOT, M.C. (2004). Psychologie clinique et pratique du bilan psychologique auprès du sujet âgé. In M. EMMANUELLI, *L'examen psychologique : situations, méthodes, études de cas*. Paris : Dunod, 157-167.

VERDON, B. MURE, C. (2007). Psychologue à l'hôpital gériatrique. In F. MARTY, *le psychologue à l'hôpital*. Paris Éditions In Press, 125-135.

VINAY, A. (2014). *Le dessin dans l'examen psychologique*. Paris : Dunod, les Topos, 2e édition.

WELMAN, A.J. (1968). Brain tumor and the Tree Test. *Dis Nerv Syst*, 29,9, 593-598.

Cas clinique 1 : Reine, 83 ans

arbres de base

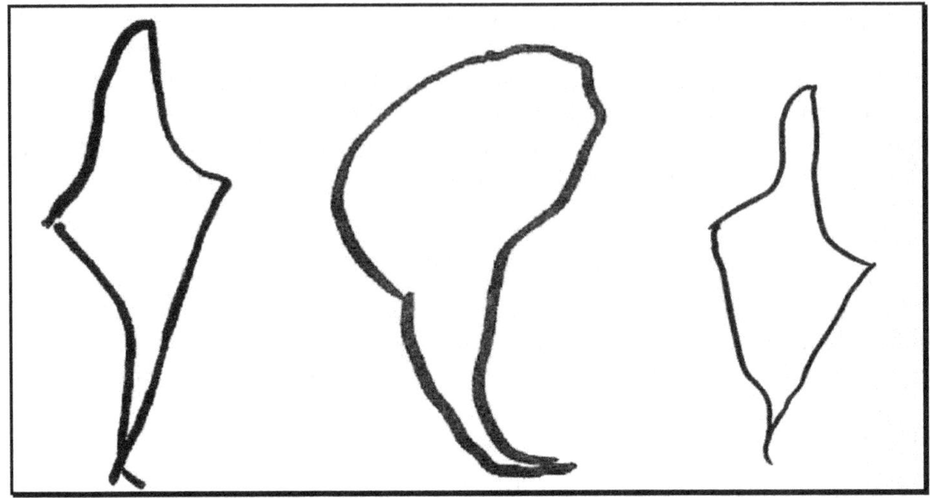

Arbres de cauchemar

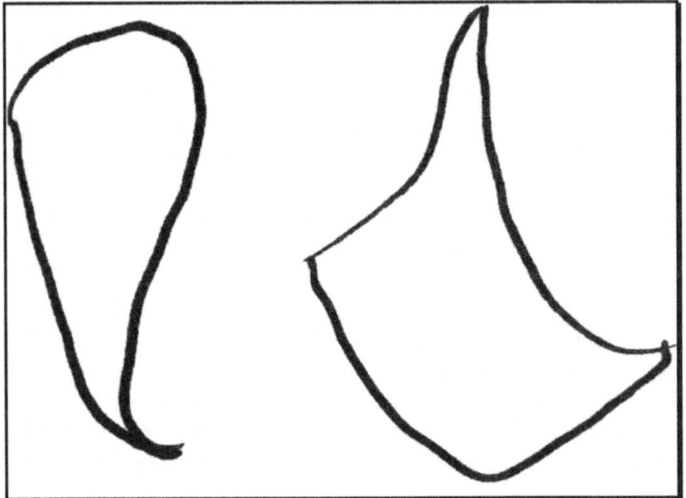

Cas clinique 2 : Dessin de la personne, madame, P., 83 ans

RÉCIT DE VIE ET ÉVÉNEMENT TRAUMATIQUE

1. Agression, récits de vie et dessin de l'arbre
2. Récit de vie et reconstruction subjective de l'histoire de vie
3. Récits de vie et reconstruction subjective de l'histoire vécue
4. Histoire de vie et histoire de l'arbre
5. Dispositif et méthodologie des récits de vie
6. Cas clinique
Bibliographie

1. Agression, récits de vie et dessin de l'arbre

Le taux d'agressions de personnes âgées reste préoccupant (Courtial, 2010), mais la littérature scientifique rend peu compte des prises en charge du traumatisme psychologique. Pourtant les conséquences peuvent être importantes (état de stress, angoisse, anxiété et repli chez soi) pour ces sujets plus ou moins vulnérables ou fragiles.

L'intervention auprès de personnes âgées agressées ne peut être que brève et le sujet doit être aidé, accompagné et contenu dans cette démarche. Le récit de vie (RV) et le dessin de l'arbre (DA) vont lui permettre d'exprimer le vécu de l'expérience traumatique et de l'inscrire dans la trame de son histoire, tout en valorisant le potentiel de défenses positives et en récupérant les capacités de résilience.

Le RV, emprunté à la sociologie clinique, constitue une approche biographique (De Gaulejac, 1993) permettant la narration de temps forts et d'événements par tout individu qui cherche, à travers la remémoration et le discours, à élucider, comprendre un contexte, un parcours, une occurrence, et à en saisir leur articulation dans le champ de son histoire à la fois sociale et psychique. Il réclame d'une écoute active et empathique permettant au sujet d'aller plus loin dans son expression narrative. On comprend pourquoi ce type d'entretiens, ponctuels, convient particulièrement à des personnes âgées qui auraient besoin de recourir à un travail de compréhension d'un épisode de leur vie, parfois traumatique, et s'aideraient des effets de la mémorisation, afin de découvrir les liens entre présent et passé, de les comprendre et de les utiliser comme éléments de ressources futures. Mais la prise de parole n'est pas forcément aisée pour la personne âgée et le recours à un outil médiateur peut s'avérer utile. On le sait, le dessin occupe une place de choix dans la relation clinique comme facilitateur de parole. Souvent utilisé comme support thérapeutique dans la clinique de l'enfant (A. Freud, M. Klein, Morgenstern, Winnicott, Dolto), il a aussi prouvé son intérêt auprès des adultes et des personnes âgées (test de l'arbre, épreuve des trois arbres, Davido CHaD test[7]).

Le DA est un test projectif, utilisé en complément de l'entretien clinique. Il est d'un usage simple, rapide, et est rarement refusé. Lorsqu'il est intégré au dispositif du RV, il apporte au psychologue une compréhension plus précise des ressources mobilisables et exploitables (du côté de l'affectif, du cognitif, du social) et des difficultés rencontrées, qu'elles relèvent du domaine du normal ou du pathologique.

Le choix d'utiliser le RV et le DA avec la personne âgée repose donc sur quatre exigences : 1) permettre à la personne âgée de se raconter et de se positionner subjectivement par rapport à son histoire de vie ; 2) retracer (au sens de dessiner) son histoire de vie ; 3) approfondir le point de vue ou la problématique de la personne âgée en lui demandant d'associer une histoire à chaque DA (Fromage, 2011). 4) aider la personne âgée à dépasser certains événements qu'elle a dû affronter, en l'occurrence ici, un événement traumatique d'agression.

2. Récit de vie et reconstruction subjective de l'histoire de vie

Récits de vie

Les RV constituent une description approchée de l'histoire vécue. Ils résultent d'une forme particulière d'entretien narratif au cours duquel une personne (*sujet*) raconte tout ou une partie de son expérience vécue (Bertaux, 1997). Tout RV recouvre deux registres de données : des événements et des significations, et participe de deux réalités, l'une objective et l'autre subjective. La première renvoie à une réalité historique, à travers les événements de l'histoire vécue, la seconde à l'expression du vécu de cette histoire. Les RV, destinés à recueillir des informations, à établir des faits et à fournir des témoignages, les plus authentiques possibles, ont donc pour fondement l'activité narrative d'un sujet qui, en se racontant, cherche à rendre compte de son histoire et de son expérience (Orofiamma, 2008).

Par l'activité narrative (raconter, se raconter), les sujets se construisent une identité qui les inscrit dans un rapport à soi, au monde et aux autres. Ils revisitent leur vie, mais également celle de leurs parents, de leurs amis et des groupes auxquels ils ont appartenu, appartiennent encore (Ricœur, 1996). Pour Ricœur (1985), c'est l'histoire de vie qui façonne l'identité des gens. C'est le discours que nous émettons (narration) qui fabrique la cohérence de notre histoire, et par là même notre identité. Ainsi, si raconter sa vie, affirmer son identité, c'est dire les

---

[7] Le Davido CHaD est un test projectif papier crayon, applicable chez l'enfant, l'adolescent, l'adulte et la personne âgée, qui se compose de trois dessins : le dessin d'enfance (Childhood), le dessin des mains (Hand), et le dessin de la main qui gêne (Disturb). Il met en évidence des aspects affectifs et psychologiques du sujet.

liens qui nous rattachent aux autres et qui nous constituent, devenir le sujet de son récit c'est ouvrir la possibilité de comprendre l'enchaînement des histoires qui traversent la vie de chacun. En effet, les RV invitent le sujet à donner sens à l'enchaînement des faits temporels et à établir des liens entre les événements vécus. Peu à peu, l'activité narrative constituera une vie en histoire, s'appuyant sur les expériences passées (Bertaux, 1997), provoquant l'expression de sentiments, de jugements, de récits, d'argumentations dont on sait qu'ils possèdent pour le sujet un « sens subjectif » qui ne peut s'analyser qu'en tenant compte du contexte.

Avec les RV, les sujets donnent forme à leur histoire (Orofiamma, 2008). par le choix des événements qui la composent, par la mise en récit de son déroulement et de ses vicissitudes particulières. C'est donc à l'histoire individuelle des sujets, à sa trajectoire et à ses aléas, que nous avons accès. En cela, le RV interroge la pratique clinique.

3. Récits de vie et reconstruction subjective de l'histoire vécue

Lier RV et pratique clinique implique de s'interroger sur la conception du sujet et de son fonctionnement psychique. Comme le suggère De Gaulejac (1993, 1987, 1999), l'individu est à la fois le produit d'une histoire individuelle, familiale et sociale ; il est aussi acteur de l'histoire, impliqué dans son mouvement et intervenant dans sa construction ; il est enfin producteur d'histoires. Se représentant son histoire, il opère une reconstruction du passé à laquelle il se rattache et essaie d'y trouver du sens pour se donner un sentiment d'identité (Vargas-Thils, 2008). Le RV amène des personnes en questionnement existentiel à s'arrêter sur des moments de leur vie, pour réfléchir à leur passé, à leur présent, à leur avenir, à ce qu'elles font et qu'elles voudraient faire de leur vie, bref au sens de leur vie. Comme l'a montré Pélicier (1991), il est en effet important pour chaque sujet vieillissant de pouvoir se constituer une mémoire de vie, une biomnèse fondée sur l'accumulation des expériences intellectuelles, affectives et comportementales, en n'occultant pas les points positifs de son existence. C'est à cette condition que la vie intérieure et relationnelle du sujet âgé sera sereine et que les capacités de résilience pourront être mobilisées si nécessaire.

Ces personnes peuvent selon Pélicier (1991) se constituer une biomnèse, une mémoire de vie à partir d'une accumulation des expériences intellectuelles, affectives, comportementales. Le RV relève également du désir de faire un travail sur son histoire personnelle en raison de sentiments dépressifs, de problèmes relationnels ou d'émotions mal maîtrisées. Il s'agit alors pour le psychologue de donner de la place au besoin de parler de leur souffrance, tout en faisant parallèlement et par morceaux, un travail sur l'histoire de vie. Le travail de clarification et de mise en lien, de confrontation de périodes de vie les unes avec les autres et d'accompagnement va apporter à la personne une nouvelle conscience de son histoire, de ses déterminations, de ses conflits, de ses difficultés et de ses possibilités. Car faire son récit a des effets : plus grande clarté, plus grand bien-être, plus grande cohérence avec soi-même et avec ses désirs, plus grande liberté (Vargas-Thils, 2008, Poncelet, 2008).

Le récit de « son » histoire de vie permet au sujet d'opérer un travail de reconstruction et de structuration de soi et de se positionner vis-à-vis d'autrui dans une interlocution réelle ou imaginaire (Arbisio et al., 2001). Ce double mouvement permet au récit de devenir un outil de travail clinique, la pratique d'objectivation n'étant qu'un travail de poursuite du processus de subjectivation.

Parallèlement, la production du récit crée une relation entre le psychologue et le narrateur. Il s'agit d'une relation de collaboration, chacun travaillant à une œuvre commune. Le psychologue écoute et entend le sujet se remémorer des expériences vécues et les mettre en mots dans une adresse à l'autre, en tentant d'arriver à une version de son histoire plus achevée, plus cohérente, plus supportable. Il s'engage à soutenir la personne dans son questionnement et à collaborer avec elle pour trouver des pistes de réponse. Pour le clinicien, la narration de l'histoire du sujet est essentiellement l'expression d'une réalité psychique (Detry, 1990), ce qui peut conduire à affirmer que le seul événement dont le clinicien puisse être sûr, c'est le récit lui-même (Perron, 1998).

L'écoute des RV des personnes âgées amène à entendre les histoires qui se racontent comme des reconstructions subjectives où se joue quelque chose de la production de soi, c'est-à-dire la capacité qu'a eue la personne âgée à vivre et à faire face aux événements de vie Pélicier (1991). Le récit est objet de reconstruction de l'histoire psychologique, sociale et familiale qui permet de saisir les fondements à partir desquels l'histoire individuelle a pu se bâtir. La mise en récit s'appuie sur des catégories d'événements de l'histoire vécue, explicitement sollicités pour permettre d'éclairer l'objet étudié. Dans l'élaboration du récit et la structuration des événements qui le constituent, nous allons chercher à établir des liens entre une réalité socio-historique et l'expression subjective d'un vécu. Pour comprendre la personne âgée, pour la resituer dans son histoire, il faut sortir du récit et l'aborder à l'aide d'autres outils susceptibles de mettre en évidence d'autres éléments (contradictions, blocages, par exemple). Les dessins et les histoires de l'arbre seront ces outils.

4. Histoire de vie et histoire de l'arbre

Le dessin est à la fois un langage graphique, une création et une médiation : c'est à ce triple titre qu'il vient pour enrichir, chaque fois que le besoin s'en fait sentir, notre connaissance sur l'organisation de la personnalité de celui qui dessine (Fernandez et al, 2010, Fernandez, 2014). En laissant sa trace grâce aux traits formés par un crayon, le sujet laisse la marque de son existence dans le monde et son histoire. Chaque trace constituée démontre la capacité de mise en mouvement (possibilités gestuelles, par exemple) et d'élaboration (surtout si elle est accompagnée de commentaires, d'anecdotes). À travers ses traces, comme lors du RV, le sujet âgé fournit au regard d'autrui une part de son identité personnelle, une part de ce qu'il est et de ce qu'il peut donner à voir. La trace participe à la mise en contact avec l'autre, avec son regard et donc à la relation de communication. Laisser une trace de soi, c'est être en mesure d'entrer dans une logique langagière graphique spécifiquement humaine (Vinay, 2014).

Les dessins permettent une activité expressive autant que projective. Le trait graphique vient souvent pallier le manque de mots pour exprimer nos modèles internes ; du coup, le tracé, l'utilisation de l'espace, les thématiques choisies, le recours aux symboles sont autant d'éléments qui permettent d'avoir accès à l'organisation psychique du sujet âgé. Suite à des travaux engagés (Fromage, 2011), il apparaît que l'arbre dessiné peut servir de support à une histoire qui entretient des liens affirmés avec la biographie de son auteur.

Proposer au sujet âgé de dessiner un arbre et lui demander de raconter l'histoire de l'arbre, c'est permettre à l'arbre de prendre vie. Le récit donne un sens au graphisme, qui, parfois lacunaire sur le papier, donne lieu cependant à des élaborations verbales étonnantes. Le dessin devient narratif en articulant à la manière du récit, le déroulement temporel d'une suite d'actions. Le DA est l'occasion de réactualiser, au-delà même du dessin proposé, un vécu (qui dépasse l'arbre en tant que dessin) et permet d'aborder de nouvelles facettes de la vie de la personne (Fernandez, 2014). À côté du dessin apparaît une manière imprévue de relier entre eux des éléments de l'arbre, de leur associer des bribes de la vie en mouvement. Redoublé par la parole, l'arbre est comme humanisé. Un autre éclairage est donné sur le dessin, des informations supplémentaires qui peuvent contribuer à mieux comprendre la problématique de la personne âgée, mais aussi à pointer des ressources et des potentialités évolutives. L'accès au point de vue du sujet âgé est métaphorisé par l'arbre qui permet de coder en langage imagé une histoire singulière. Le DA délimite et localise, ici et maintenant, un vécu spécifique, c'est-à-dire une histoire particulière que le récit contribue à expliciter (Dailey, 1958).

RV et DA ne sont donc pas antinomiques, mais correspondent aux visages distincts et complémentaires d'une même réalité humaine.

5. Dispositif et méthodologie des récits de vie

Recueil de récits de vie

Le recueil des RV s'effectue en trois étapes (Vargas-Thils, 2008, Poncelet, 2008). Dans une première étape, la personne âgée est invitée à faire le récit de sa vie ou d'épisodes de sa vie autour d'une problématique. Il s'agit de lui laisser la liberté de raconter son histoire à un rythme qui lui convient et d'aborder les épisodes de sa vie dans un ordre qui a du sens pour elle au regard de la problématique qu'elle choisit de raconter. À ce stade, nous écoutons, nous prenons des notes ou nous enregistrons si la personne âgée est d'accord. L'écoute est empathique et nous intervenons peu. Dans une seconde étape, nous posons des questions sur certains aspects qui nous paraissent peu clairs ou qui n'ont pas été assez développés. Nous invitons alors la personne âgée à approfondir certains aspects de son histoire. Dans une troisième étape, nous veillons à ce que la personne âgée arrive à faire un récit global de son histoire personnelle, familiale et sociale et qu'elle atteigne un niveau d'analyse qui permette de faire ensemble un bilan (par exemple, poser des hypothèses concernant la problématique ; établir des liens entre passé, présent, futur).

Dispositif, consigne, étapes du dessin de l'arbre et recueil des histoires des arbres

Demander à une personne âgée de dessiner un arbre pour « retracer son histoire de vie » implique de prendre le temps d'instaurer une relation authentique (accueil, empathie, disponibilité, écoute, etc.) Et se caler à son rythme (Fernandez et al., 2010). Avec une personne âgée, il est nécessaire de prévoir un certain temps pour établir un véritable contact (Boutin, 1997). Ensuite, on pourra se centrer sur le travail à accomplir : le DA.

On dispose devant la personne âgée trois feuilles A4 placées de gauche à droite dans le sens de la hauteur (mais on ne fait aucune remarque si elle la tourne dans le sens de la largeur) et on donne les consignes suivantes (Fernandez, 2014) : « *Dessinez un arbre* » sur la première feuille ; « *Dessinez encore un arbre* » sur la seconde feuille ; « *Dessinez un arbre de rêve* » sur la troisième feuille.

Ensuite, la personne âgée est invitée à associer une histoire à chaque arbre.

Comme pour les RV, les histoires des arbres et les commentaires associés sont enregistrés et/ou intégralement retranscrits par le psychologue.

6. Cas clinique

Éléments d'anamnèse

Maria est une femme alerte qui ne paraît pas avoir son âge. Elle est grande, fine, très coquette, s'habille avec des vêtements colorés qui la rajeunissent. Elle porte « *des babioles* » et « *se maquille un peu* ». Elle vit seule à son domicile. Elle est veuve d'un premier mariage. Son mari est décédé d'un cancer lorsque ces deux premiers garçons étaient encore très jeunes. Elle s'est remariée et de cette seconde union, elle a eu deux autres garçons. Quelques années plus tard, elle divorce de son second mari. Trois de ses enfants sont mariés et ont eu à leur tour des enfants avec lesquels elle entretient de très bonnes relations.

Elle est l'aînée d'une fratrie de trois enfants. Elle a une sœur de 70 ans qu'elle voit régulièrement et un frère parti un jour en voyage à l'étranger et qui n'est jamais revenu. Il a disparu et la famille pense qu'il est décédé. Il aurait aujourd'hui 68 ans. La mère de Dina était institutrice dans un petit village. Elle est morte d'un cancer des poumons à l'âge de 63 ans. Son père est mort d'un cancer de la prostate lorsque Dina avait trois ans, il était employé de bureau.

Maria était secrétaire dans une administration. Elle a pris sa retraite à 55 ans. Elle est restée une femme très dynamique et très active. Elle pratique de nombreuses activités caritatives (bénévolat dans plusieurs associations ; soutien scolaire dans un quartier classé en zone d'éducation prioritaire) et artistiques (poterie, peinture sur soie, tricot, créations de miniatures). Depuis sa retraite, elle a l'impression de vivre enfin pour elle et de ne pas voir le temps passer.

Durant notre rencontre, elle est très souriante. Elle a beaucoup d'humour et possède une subtilité d'esprit qui fait d'elle une dame avec laquelle il est agréable de converser.

Récit de vie

Dès le départ, Maria nous avertit qu'elle évoquera son histoire de vie dans les grandes lignes et qu'elle ne racontera que des bouts d'histoires relatifs à son histoire familiale, professionnelle et sociale. En revanche, elle s'attardera sur certaines difficultés qu'elle rencontre actuellement suite à l'agression dont elle a été victime et qui ont motivé la rencontre et la demande. Il s'agit d'un vol à l'arraché qui a eu lieu une semaine auparavant. Elle rentrait chez elle dans l'après-midi quand un jeune homme inconnu l'a bousculée violemment et frappée pour lui voler son sac. Elle est tombée à terre, s'est ouvert le menton, ce qui a entraîné quatre points de suture et deux gros « coquards ». Elle a encore quelques contusions sur les bras. Elle s'est rendue à l'hôpital pour se faire soigner et a déposé une plainte au commissariat de son quartier. De retour chez elle, elle n'a pas pu dormir pendant deux nuits ayant l'impression permanente d'une présence. Apeurée, ne pouvant pas rester seule, elle a demandé à un de ses fils de l'héberger pendant une semaine. Puis, elle a regagné son domicile pour terminer sa convalescence en attendant la cicatrisation de ses blessures.

La demande et les processus psychologiques entrant en jeu dans le changement

Quand nous rencontrons Maria, elle semble remise de cette agression. Elle a pris du recul et relativise les faits (« *Cela aurait pu être pire, j'aurais pu être grièvement blessée* »). La demande qu'elle exprime concerne essentiellement le besoin de parler de la peur qu'elle a ressentie au moment de son agression et dans les jours qui ont suivi cette agression. « *J'ai eu peur, j'avais besoin d'en parler. Rencontrer une psychologue pour parler de ma vie et d'un épisode actuel de ma vie, c'est l'occasion pour moi de faire le point sur ce qui m'est arrivé »*. *« j'ai eu besoin de vous le dire, de vous raconter ce qui s'est passé et ce que j'ai ressenti, de la peur, surtout oui, de la peur »*. *« Et vous m'avez aidée à répondre aux questions que je me posais en approfondissant certaines de mes réflexions et en me faisant considérer les faits sous des angles différents. Je me sens mieux »*.

Il est important de valoriser les possibilités de réflexion, de prise de conscience et d'élaboration, car elles peuvent modifier les représentations à l'intérieur de soi et provoquer un changement de position subjective. Si effet de changement par le récit de vie il y a, il s'agit surtout d'un changement concernant les représentations que la personne se fait de son « comportement ». Ce changement ne peut se faire que si le sujet comprend et clarifie son comportement, lui donne un sens. *« Se comprendre soi-même, c'est être capable de raconter sur soi-même des histoires à la fois intelligibles et acceptables, surtout acceptables »* (Ricœur, 1994).

Le dessin et les histoires de l'arbre

Lorsque nous proposons à Maria le dessin de l'arbre, elle accepte sans réticences et se montre plutôt motivée. Elle craint seulement de ne pas pouvoir dessiner aussi bien qu'elle le souhaiterait, car elle *« a encore un peu mal à son bras droit »*. Elle s'applique à dessiner les arbres au stylo à bille noir, en essayant *« de se représenter mentalement les arbres qu'elle connaît »*.

L'arbre 1 (dessin 1) est un *« beau sapin avec de belles branches »* appelé *« le festif »*. Il est décrit comme un arbre qui lui inspire *« la fête »* et la *« convivialité »*. Un arbre de fête est, pour Maria, un arbre *« qui permet aux autres de se rapprocher »*. Elle insiste sur la capacité de l'arbre *« à réunir des personnes autour de lui pour partager des choses ensemble, pour faire la fête »*. Il est *« vivant »* et elle remarque *« qu'il est joyeux, heureux et gentil »*. Il a besoin *« de beaucoup de monde autour de lui et de gens qui chantent et dansent autour de lui et de personnes qui s'occupent de lui »*. Maria explique *« qu'il a tout pour plaire, il est bien décoré et comme un vrai sapin, costaud et solide. Il dégage une odeur agréable, celle que l'on sent quand on se promène au milieu d'une forêt de sapins »*.

L'arbre 2 (dessin 2) est celui d'un roseau *« élancé »* (attribut par lequel elle le décrit). *« Il a un petit tronc et des branches. Il est pointu et il pique »*. Elle le perçoit négativement, *« vantard »*, insolent, bagarreur, peu respectueux d'autrui ». Elle le trouve fier et crâneur [*« crânerie, il se trouve beau »*]. Il a besoin *« de communiquer avec les autres, avec ses copains d'arbre, il faut l'aider, car ils ne sont pas loin de lui »*. Il se *« rend bien compte qu'il n'est pas un arbre, mais une plante de grande taille avec ses feuilles et qu'il ressemble à un arbre »*.

L'arbre de rêve (dessin 3) est un *« bougainvillier, l'arbre de la Réunion »*. *« Il a la force d'un chêne. Il a un gros tronc, il est costaud et solide, très feuillu avec beaucoup de branches »*. Il est *« rassurant »*. Elle le pare de fleurs *« de toutes les couleurs »*, *« d'oiseaux, d'abeilles qui viennent butiner les fleurs »*. Elle évoque ses souvenirs de la Réunion, la famille qu'elle a là-bas, celle du côté de sa mère. Et elle rajoute : « *à la Réunion, ces arbres sont énormes, magnifiques, tu les vois de loin, il y en a des rouges, c'est beau. J'adore ces arbres, car j'aime leurs couleurs vives* ». Elle se souvient que sa mère, elle aussi, aimait les couleurs vives. « *Elle m'a toujours habillée avec des couleurs joyeuses et vives depuis que je suis enfant et j'ai conservé cette habitude de bien m'habiller avec des couleurs gaies même à mon âge* ». Elle raconte encore que les arbres, eux aussi « *changent de couleurs* » aux différentes saisons. « *Il faut bien vivre avec son temps* » dit-elle, elle veut « *être une grand-mère dans le coup* ».

Le bougainvillier « *rêve d'avoir plus d'oiseaux qui viennent s'abriter et vivre sur ses branches et dans son feuillage et que des personnes s'installent à ses pieds, car il aime être entouré, charmé par le chant des oiseaux* ».

Éléments d'analyse

Les trois arbres ont été dessinés à la suite et Maria a raconté leur histoire. Les récits sont structurés de la même manière : la première partie décrit l'arbre par un attribut avec l'utilisation d'un adjectif [« *festif* » pour le sapin, « *élancé* » pour le roseau], puis, dans une seconde partie, Maria développe diverses considérations issues de chaque arbre (émotions, qualités, ressources, besoins, etc.). Les arbres sont personnifiés. Ils sont comme des êtres vivants dotés d'émotions (joie) et de qualités physiques (costaud, solide), esthétiques (beau) et humaines (agréable, gentil, bienveillant, amical, convivial, sociable, rassurant, vantard, insolent, bagarreur). Dans les histoires de ces arbres, le thème du vivant est central, assurant la continuation de la vie pour Maria grâce aux divers soutiens familiaux et amicaux disponibles, mais également grâce à la bonne santé physique et mentale. Des événements douloureux ont jalonné sa vie (pertes et deuils) et le fait de les avoir surmontés lui donne l'impression d'être vivante parmi les vivants. Elle a eu besoin de montrer à la fois sa force, sa solidité, mais aussi sa capacité à donner, à être présente et qui lui vaut d'être maintenant soutenue par les personnes de son entourage. Lors de l'entretien de restitution une semaine plus tard, Maria dira : « *j'ai toujours été une femme solide et très protectrice, assumant l'éducation de mes enfants. J'ai eu l'impression un instant, avec mon agression que je perdais cette solidité, c'était pas la joie, mais cela n'a pas duré, j'étais très bien entourée par ma famille et mes amis. L'instinct de vie et la joie de vivre sont plus forts que tout* ». Ces propos font écho avec son vécu de la menace de se sentir exposée, mise à terre, terrassée, finalement de s'être sentie vulnérable et vieille au moment de l'agression, mais aussi, sans doute, à toute cette vie sous le signe de la force, de la défense, de la nécessité de « *tenir bon* ».

Le discours de Maria au sujet du *premier arbre (le sapin)* arbre évoque des moments heureux de l'enfance, une famille unie, une fête ; effectivement, il s'agit d'un sapin, symbole de renaissance, de cadeaux, de réunion, de couleurs. Mais il faut noter que cet arbre « festif » n'est pas décoré… s'agit-il d'une idéalisation de l'enfance, de sa représentation de la famille ? (On sait que Maria a perdu son père à trois ans, qu'un de ses frères a rompu toutes relations et que sa première union fut marquée par le deuil et la deuxième par le divorce…) ; on peut aussi se demander si ce sapin, symbole de fête et de convivialité n'est pas ce qu'elle-même a cherché — cherche — à être, pour braver les coups du sort (« *vivant, gentil, heureux, on s'occupe de lui* »). Autant de questions qui auraient pu être développées lors d'une prise en charge thérapeutique, mais que nous ne soulèverons pas justement dans ce cadre-là.

Le deuxième arbre est une plante vivace, un roseau à balais. Il a la forme d'un plumet de roseau sauvage. Maria le décrit comme un arbre avec « *un petit tronc et des branches* ». Traditionnellement, « *Le roseau plie, mais ne rompt pas* ». Le roseau est donc solide par définition… mais en même temps il est seul parmi d'autres qui sont eux de vrais arbres… Il est identifié comme un « *arbre négatif* ». Il est agressif *(« pointu »)* et agresseur (« *il pique* »). Elle le dote de qualités humaines négatives : « *fier, crâneur, vantard, insolent, bagarreur, peu respectueux d'autrui* ». Que faut-il y voir ? S'agit-il d'une revendication phallique ? D'une expression d'un vécu de rivalité ? S'agit-il des hommes de sa vie (père décédé, frère disparu, mari décédé, mari divorcé) — tous ces hommes qui auraient dû rassurer et qu'elle a perdus ?). Là encore, le cadre de notre travail ne permet pas d'aller plus loin. D'autant qu'il s'agit d'une personne âgée, pour laquelle il convient de respecter les défenses.

Dans la description et l'histoire de l'arbre, deux thèmes sont traités : le thème de l'agression (agression physique) et le thème de la personnalité de l'agresseur (caractéristiques personnelles). Ces thèmes viennent actualiser dans le récit et à travers le dessin du deuxième arbre de Maria, l'agression vécue et le ressenti face à l'agresseur. Dans l'histoire, l'arbre est humanisé. La bagarre renvoie à la violence de querelle entre deux individus, l'agresseur de Maria (représenté par le roseau) et le pacifiste (le sapin auquel Maria semble s'identifier). L'agresseur/roseau est un imposteur, il a de la force, mais pas autant que les autres, les vrais arbres (ceux qui résistent à tous les temps comme le sapin).

L'histoire des deux premiers arbres résume les qualités humaines positives attribuées au premier arbre (convivial pour le sapin, principales qualités de Maria) et les caractéristiques négatives du deuxième arbre (agressif et agresseur pour le roseau, un des traits de personnalité du voleur à l'arraché).

Le troisième arbre, l'arbre de rêve, n'est pas un arbre imaginaire, mais réel et Maria a choisi de représenter un bougainvillier, un arbre à feuilles persistantes produisant des fleurs aux couleurs très vives et très riches : lilas, rose, rouge, orange, blanc, jaune, blanc rosé, et des cultivars à fleurs doubles (rose saumon, rouge vif, blanc). Après avoir dessiné, Maria revient sur certains de ses souvenirs de la Réunion (les bougainvilliers, mais aussi la famille restée là-bas) mêlant histoire de vie et histoire de l'arbre. L'histoire de cet arbre est un leitmotiv qui semble être en germe dans les arbres choisis par Maria (à l'exception du roseau) où le thème clé est la vie symbolisée par la santé physique (solidité des arbres) et la santé psychologique (bien-être), mais également par le souci de l'esthétique (le beau). La référence au bougainvillier lui permet d'associer l'arbre au souvenir de sa mère, de son enfance et de ses tenues vestimentaires. Sorte de jeux d'habillage entre la mère et la fille pour le plus grand bonheur de Maria. Elle avoue d'ailleurs qu'elle adore pratiquer ces jeux d'habillage avec ses petites filles après avoir fait les magasins en leur compagnie.

L'arbre dessiné et historicisé a permis à Maria d'embrasser deux thématiques principales, à savoir l'agression et la vie. Il invite à regarder plus loin et autrement le vécu. En raison des analogies que l'esprit humain tisse spontanément entre l'arbre et différents champs de l'expérience humaine, la personne âgée formule par l'intermédiaire de l'arbre, sa propre réalité, les lignes de force qui structurent sa situation et les dynamismes en présence. Dans un contexte de vulnérabilité (dépression, angoisse suscitée par l'agression - peur et incapacité de revenir chez elle après l'agression, « *perte de solidité* »), Maria a su exploiter ses ressources (optimisme et gaieté, pensées positives) pour verbaliser les difficultés du moment et bénéficier d'un soutien familial, social et amical à la suite de l'agression qui l'a aidée « *à passer ce petit cap difficile* »). Le désir de vie est bien présent chez Maria. À la fin de l'entretien de restitution, elle dira « *si le futur pour moi, c'est de ressembler à un chêne ou un sapin, alors, c'est bien !* ». Elle rajoutera pour conclure « *il faut aller de l'avant et continuer à vivre* ».

L'analyse des tracés des trois arbres apporte des informations complémentaires qui font écho aux histoires des arbres. Les trois arbres présentent des tracés communs indiquant un sentiment d'insécurité et d'insuffisance (absence de racines). Cette indication n'est pas sans faire rappeler le sentiment d'insécurité, la peur et le sentiment d'impuissance (branches non connectées au tronc, arbre 2) ressentie par Maria suite à son agression. Période après l'agression où elle est restée sur la défensive (feuillage largeur 1, arbre 2). Cependant, Maria a tendance à dépasser tout ce qui est désagréable pour continuer à vivre et à avancer dans sa vie (branche à un trait, arbre 3 ; tronc court et large couronne, arbre 1). L'arbre 1 et l'arbre 3 (feuillage hauteur 3) rappellent que Maria semble être une personne chaleureuse, sociable, complaisante dans les relations, aimant les contacts humains et les occasions de rencontre dans des activités artistiques qui lui tiennent à cœur — poterie, peinture sur soie, tricot, créations de miniatures — (feuillage nettement plus grand que le tronc, arbre 1). Ces éléments se retrouvent dans les histoires de ces deux arbres où les autres (famille, amis) occupent une place importante dans la vie de Maria. Les fleurs dans l'arbre 3 indiquent que Maria aime se parer (« *babioles* », maquillage), s'habiller « *vêtements colorés qui la rajeunissent* ».

Tout au long de sa vie, Maria a mis en place des défenses positives qui lui ont permis de traverser la vie malgré les épreuves. Sa demande (besoin de parler de la peur qu'elle a ressentie au moment de son agression) répond à une crainte de ne plus pouvoir « *tenir le coup* » devant les traumas du fait de son âge qui la fragilise ; le type d'intervention proposé vise donc à dédramatiser l'événement traumatique et à renforcer des défenses jusque-là efficaces.

Pour conclure

Le cas de Maria montre que, après une agression, même si la personne âgée semble avoir surmonté le choc psychique grâce à ses ressources personnelles et à son entourage, elle a besoin de parler de l'événement pour en quelque sorte l'objectiver et le dépasser. Mais parler de l'événement traumatique en tant que tel ne suffit pas ; il faut comprendre ses propres réactions et donc pouvoir parler de soi et de son vécu. Les deux outils que nous avons utilisés le permettent.

Le DA, moyen d'expression privilégié à tous les âges de vie. À la personne âgée, il offre un espace psychique riche, dans une quête de représentation qui passera progressivement du dessin (image) au mot (vécu). Il favorise donc non seulement l'expression, mais la communication (histoires associées à l'arbre). Face à la page blanche et soutenue par une consigne, le dessinateur se retrouve en relation avec sa mémoire (remémoration des tracés, des formes, des différents éléments constituant l'arbre). Les traces du DA prennent vie à travers la remémoration des événements, des émotions, mais aussi à travers de la signification qui leur est donnée dans le cadre d'un récit. Par ailleurs, raconter l'histoire de l'arbre incite à creuser, à aller plus loin et aussi ailleurs, dans le temps comme dans l'espace, c'est donc aussi raconter l'histoire de vie. Les entrelacs des mots, le cheminement des phrases, l'enchaînement d'une pensée conduite par le dessin oblige à sortir des sentiers battus pour reprendre contact avec l'émotion et entrevoir d'autres liens faisant sens. RV, dessins et histoires de l'arbre utilisés comme méthodes complémentaires contribuent ainsi à aborder l'individu dans toute sa richesse, sa singularité et sa complexité. Et nous avons vu avec le cas de Maria qu'ils peuvent en outre faciliter l'évocation d'événements traumatiques, événements qui s'inscrivent alors dans une chaîne d'autres événements évoqués et passés, remettant le sujet au cœur du récit, avec son potentiel de résilience.
Ce cas est aussi l'illustration d'un dialogue entre deux approches, clinique et sociale, combinées qui permettent de saisir ce qui se fait, ce qui se dit, ce qui est divergent et ce qui est commun. Il situe la réflexion sur des pratiques ayant des référentiels théoriques différents, mais s'efforçant de proposer un cadre pour comprendre comment ces approches peuvent opérer une jonction.

Bibliographie

ARBISIO, C, DEL VOLGO, MJ, DOUVILLE, O, JACQUET, MM, LECOCQ, C, NETCHINE, S, PROIA, N, ROUSSEAU, F, SAMACHER, R, VILLERBU, LM. (2001). *Les récits de vie*. Paris : Bréal, 164-167.
BERTAUX, D. (1997). *Les récits de vie*. Paris : Nathan université.

BOUTIN, G. (1997). *L'entretien de recherche qualitatif*. Québec : Presses Universitaires du Québec, 93-96.

COURTIAL, E. (2010). Vieillir partout en sécurité, l'affaire de tous. Rapport public, Paris : La Documentation Française, 2010.

DAILEY, CA. (1958). The Life History Approach to Assessment. *Personnel and Guidance Journal* 1958; 456–460.

DE GAULEJAC, V. (1987). *La névrose de classe*. Paris : Hommes et groupes éditeurs, 1987.

DE GAULEJAC, V. (1993). Approche clinique et histoire de vie. In: E. Enriquez, G. Houle , J. RHEAUME, R. SEVIGNY. *L'analyse clinique dans les sciences humaines*. Montréal : éditions Saint-Martin, 163-178.

DE GAULEJAC, V. (1999). *Histoire en héritage : roman familial et trajectoire sociale*. Paris : Desclée de Brouwer, 1999.

DETRY, B. (1990). Histoire de vie et consultation psychologique. *Cadernos de Consulta de Psicológica*, 6, 25-31.

FERNANDEZ, L, FROMAGE, B, MAUREL-CAÏTUCOLI, M. (2010). Contributions du dessin de l'arbre en psychogérontologie : évaluation et accompagnement. *Neurologie-Psychiatrie-Gériatrie*, 10, 77-84.

FERNANDEZ, L. (2014). *Le test de l'arbre. Un dessin pour comprendre et interpréter*. Paris : Éditions In Press, concept psy, 3e édition.

FROMAGE, B. (2011). *L'épreuve des trois arbres*. Paris : In Press, collection psycho.

OROFIAMMA, R. (2008). Les figures du sujet dans le récit de vie. En sociologie et en formation. *Informations sociales,* 1, 145:68-81.

PELICIER, Y. (1991). *Les Objets de la psychiatrie. Dictionnaire de concepts*. Paris : l'Esprit du temps.

PONCELET, V. (2008). Récit de vie et aide thérapeutique. Découverte des potentialités du récit de vie à partir d'une pratique de recherche. In V. DE GAULEJAC, M. LEGRAND, *Intervenir par le récit de vie*. Paris : Erès, 291-312.

PERRON, R. (1998). Faire des histoires, raconter des histoires, faire l'histoire... considérations épistémologiques. *Revue française de psychanalyse,* 3, 123.

RICŒUR, P. (1985). *Temps et récits III, Le temps raconté*. Paris : Seuil, 1985.

RICŒUR, P. (1994). La souffrance n'est pas la douleur. In J.M KAENEL. Souffrances : corps et âmes, épreuves partagées, *Autrement*, 142, 63.

RICŒUR P. (1996). *Soi-même comme un autre*. Paris : Seuil, coll. Points Essais, 175, 190.

VARGAS-THILS, M. (2008). Le récit de vie comme pratique clinique. Une expérience aux consultations psychologiques spécialisées en histoires de vie. In V. DE GAULEJAC, M. LEGRAND,. *Intervenir par le récit de vie*. Paris : Erès, 261-289.

VINAY, A. (2014). *Le dessin dans l'examen psychologique*. Paris : Dunod, Les Topos, 2e édition.

<u>Arbre 1</u> : le sapin « le festif »

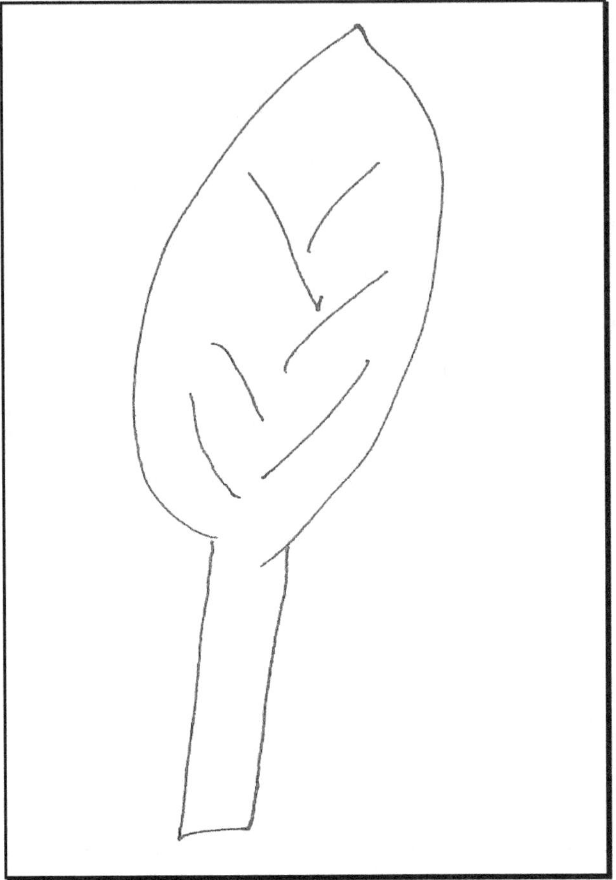

<u>Arbre 2</u> : le roseau « élancé »

<u>Arbre 3</u> : l'arbre de ses rêves : le bougainvillier

DÉMOTIVATION ET MALADIE D'ALZHEIMER

1. La démotivation

La démotivation est un concept récent, original et encore assez méconnu, notamment dans le champ du vieillissement. Beaucoup ont coutume de penser que la vieillesse va de pair avec une perte de désintérêt et considère ce symptôme comme la conséquence normale du vieillissement, et ainsi comme une « fatalité liée à l'âge ». Pourtant, la démotivation n'est pas le fait de l'âge, mais à sa source dans la psychologie de certaines personnes âgées. Elle est *« la persistance d'une humeur passive avec atteinte du désir, se traduisant par un émoussement de la demande de la satisfaction de celui-ci, un dégoût de l'action et une moindre envie d'aménager l'avenir »* (Hazif-Thomas et Thomas, 2007, 2009).

Cette inhibition motivationnelle entraîne chez le sujet âgé, une perte d'intérêt pour les activités de la vie quotidienne, la pérennisation d'une humeur passive, une compulsion à l'inaction provoquant un trouble de la conation (de conatus, entreprendre, persévérer dans l'effort) et entraînant à terme un désapprentissage et une perte de l'autonomie.

La personne âgée est donc dans un état de repli sur elle-même, sans projet pour l'avenir et sans intérêt pour les autres. La démotivation est surtout un renoncement à faire et à participer à la vie sociale.
Cette attitude négative du sujet est un des facteurs venant aggraver sa dépendance. À terme, la personne âgée démotivée est exposée à un risque de régression puisqu'elle est dans le refus d'entreprendre, de s'engager dans le quotidien.

Pour Hazif-Thomas et al. (2007, 2009), la démotivation comporte trois versants.

- l'impossibilité de soutenir les efforts nécessaires à la satisfaction des désirs encore possibles.
- Le refus de la vision de soi dans l'avenir et l'atteinte de l'anticipation.
- Le renoncement à l'engagement relationnel et le repli sur soi. Le sentiment d'exclusion et d'inutilité de nombreux sujets âgés les poussent à un évitement des relations sociales.

> Madame D. (85 ans) a déclaré lorsqu'elle a été sollicitée pour venir participer à un groupe d'expression artistique *« Ça ne m'intéresse pas, je n'aime pas être avec les autres, je préfère rester seule »*.

La démotivation et l'apathie font toutes les deux partie d'un trouble de la motivation. Lorsque la démotivation est associée à un émoussement affectif, celle-ci devient apathie.

Ainsi, l'apathie ajoute à la démotivation « une perte des sensations, des émotions, et de l'intérêt face à l'environnement » (Hazif-Thomas et al., 2007, 2009).

2. Démotivation chez le sujet âgé atteint de la maladie d'Alzheimer

Selon Hazif-Thomas et al. (2007, 2009), la démotivation serait présente dans tous les états asthéniques chroniques et accentuée dans des démences de type Alzheimer.

Pour Thomas et al., (2004), une des premières plaintes rapportées par les familles des patients souffrants de la maladie d'Alzheimer serait le repli sur soi, l'apathie (Postec, 2013) et la démotivation.

Pour Thomas et al. (2001), le sujet âgé démotivé atteint de la maladie d'Alzheimer inhibe ses émotions, qu'elles soient positives ou négatives. Il est plus sensible aux émotions négatives.

L'incapacité à exprimer ses émotions, pour le sujet âgé atteint de la maladie d'Alzheimer, serait particulièrement corrélée au mécanisme de la démotivation.

Le fait que le sujet âgé démotivé ne manifeste pas ses émotions, s'apparenterait à un mécanisme de défense, dans le sens ou pour éviter les souffrances psychologiques liées à sa vieillesse, la personne âgée se refuserait à ressentir et à manifester ses émotions, pour ne pas souffrir.

Par conséquent, l'anhédonie, la démotivation et son degré plus élevé, l'apathie entraîneraient une réduction des réponses émotionnelles (Postec, 2013).

3. Démotivation, perte et résilience chez le sujet âgé

Pour Thomas et al. (2001), la démotivation est *« un trouble de la conation avec atteinte du désir et difficulté à soutenir la perte »*. Elle vient neutraliser les sentiments du sujet âgé et servir de *« bouclier protégeant de l'image de soi des effets du vieillissement trop douloureux à supporter »* (Hazif-Thomas et al., 2007, 2009).

Pour ces auteurs, la démotivation serait un refus de la perte. En effet, le sujet âgé étant confronté à ses pertes cognitives et comportementales liées au vieillissement refuserait de les accepter et de se projeter dans l'avenir évitant ainsi la frustration liée à ses incapacités (« *plus capable de...* »).

Par peur du changement et par angoisse d'affronter ses pertes, la personne âgée atteinte de démotivation serait marquée par l'inertie et l'inactivité et tendrait vers une indifférence affective.

La démotivation serait plus fréquente chez la femme que chez l'homme. Celle-ci serait plus sensible à l'altération de l'image corporelle et à la perte des rôles familiaux. Autrement dit, le sujet âgé féminin aurait plus de difficultés à accepter les pertes liées à la vieillesse que le sujet âgé masculin (Thomas et al., 2001).

4. Démotivation et institutionnalisation de la personne âgée atteinte ou non de la maladie d'Alzheimer

4.1. Institutionnalisation de la personne âgée

Malgré leur évolution, les établissements d'hébergements pour personnes âgées dépendantes (EHPAD) sont toujours vus, par la majorité, comme des hospices, des lieux de fin de vie ou des mouroirs. Ces institutions renvoient une image négative où le sujet perd ses libertés, son autonomie et son intimité. Ces établissements font peur, car ils renvoient à notre condition d'être humain : à la maladie, la dépendance et la mort. Ces lieux sont envisagés comme dernier recours. La décision de « placement » entraîne des conflits familiaux puisqu'elle renvoie au vécu familial et qu'elle reste douloureuse.

Quand l'entrée en institution n'est pas un choix.

Le résident est exclu du choix de son avenir ; on décide pour lui, sans tenir compte de son avis. Il est important de prévenir la personne concernée, d'en parler, de décider ensemble de la meilleure solution. La personne âgée vit cette exclusion comme persécutante, intrusive et inconcevable.

L'entrée en institution est synonyme de rupture, de finitude et d'angoisse. Elle peut être ressentie, chez certains sujets âgés, comme une violence, une rupture ou une maltraitance.

L'entrée en institution engendre chez la personne âgée de la peur : *« peur du patient dans cette crainte du malaise solitaire où plane la crainte de la mort »* (De Haro, 2012).

Darnaud (1999) a analysé la situation en ces termes : *« l'entrée en maison de retraite est rarement le fait d'une décision de la personne âgée. Au moment de l'admission, la famille est démunie. Elle a perdu tous ses repères, n'osant ou n'arrivant pas à dire la vérité ; ses membres ne peuvent dénoncer ni leur souffrance ni leur culpabilité. Le temps du placement devient alors un temps mort, un temps pendant lequel la famille est dépossédée de son aîné. ».*

Le fait de prendre les décisions à la place du sujet concerné vient d'une *« infantilisation des vieux »* (Dorange, 2005), d'un phénomène de *« parentalisation des enfants »* (Donnio, 2005). Les familles pensent bien faire en écartant leur parent d'une telle décision, comme si elles les protégeaient. La maladie est aussi un prétexte pour choisir à la place du sujet, le pensant trop atteint pour prendre des décisions.

La dépendance du parent fait émerger une crise familiale plus ou moins importante selon l'histoire et le vécu familial. Des questionnements surgissent *« quel fils suis-je pour imposer cela à ma mère ? »*, *« est-ce la seule solution ? »*, *« est-ce la bonne solution ? »*. De son côté, le patient qui ne comprend pas son institutionnalisation se demande ce qu'il a fait pour mériter cela, *« ai-je été un mauvais parent ? »*. On constate alors un sentiment de culpabilité chez l'un et un sentiment d'incompréhension et d'injustice chez l'autre. La maison familiale est désormais vide, qui d'après Dorange (2005), se définit comme *« un lieu de lien »*. Un lieu où la famille se retrouvait les dimanches, pour les fêtes d'anniversaire, où elle prenait le thé, le goûter ; un espace de partage et d'intimité. Ce lien qui existait en partie grâce à ce lieu peut se retrouver endommagé par le départ du parent en institution. Le fait de venir voir son parent en maison de retraite ou en EHPAD n'apporte pas autant de satisfaction et de joie que lorsqu'ils se retrouvaient à la maison familiale. Comment continuer à faire vivre ce lien ? Le résident pense que le fait de *« rester intéressé et intéressant à tous points de vue »* pourrait maintenir ce lien (Dorange, 2005).

Aussi, le coût d'une institutionnalisation est conséquent et souvent le résident ne peut payer seul sa pension. Cette dépendance financière vis-à-vis des enfants peut entraîner des conflits, le sujet peut se sentir coupable de ne pas pouvoir subvenir seul à ses besoins, de *« ruiner »* ses enfants et même se sentir coupable d'être encore en vie.

La perte de la maison

La perte de la maison constitue un traumatisme. En effet, se séparer de son « chez soi », d'une partie de son identité personnelle, donne la sensation de ne plus se reconnaître, de ne plus s'appartenir. Cela marque donc une rupture entre cette maison qui abritait les rituels de famille, les joies, les peines, mais aussi les habitudes quotidiennes de la personne et la vie à venir dans un environnement inconnu.

Le fait de quitter sa maison n'est souvent pas voulu par le sujet, c'est la famille qui prend la décision. Cette dernière ne parvient parfois pas à prévenir la personne, lui ôtant le droit de dire « au revoir » à sa maison. Le résident ressent par la suite une difficulté à recréer un univers personnel, intime et privé en institution. Comment se reconnaître et ne pas se perdre dans cet univers où le collectif et le professionnel dominent ?

La dure réalité parfois imposée ne permet pas à la personne âgée de se tourner vers l'avenir, elle reste bloquée dans le passé, n'arrivant pas à faire le deuil de sa vie antérieure. Les quelques objets, meubles de la maison familiale rapportés au sein de l'institution ne suffisent pas à apaiser ce traumatisme. Ces objets n'assurent que symboliquement la continuité entre la vie antérieure et celle en institution. En entrant dans cette institution, la personne âgée doit par conséquent faire le deuil de sa vie passée (Alberto, 2004).

Le vieillissement implique par ses pertes (physiques, psychiques, comportementales, sociales) une réactualisation de son projet de vie, et une reconsidération de ses objectifs et de ses attentes chez la personne âgée. Ce remaniement est d'autant plus difficile et délicat lorsque celle-ci est institutionnalisée, car elle doit s'adapter à un nouvel environnement et à un nouveau mode de vie.

Fréquemment, la démotivation apparaît et vient marquer une rupture entre la vie passée et les dernières années à venir.

Ce travail de renoncement est donc délicat et difficile à accepter pour la personne âgée institutionnalisée, car « *le sujet doit, en effet, intégrer à sa personnalité les données objectives de sa réalité interne et externe, physique et psychique, réalité nouvelle qui nécessite de laisser derrière soi certains acquis pour investir de nouveaux champs d'intérêt* » (Hazif-Thomas et al., 2007).

La résistance au changement peut apparaître marquant un refus du deuil de la vie antérieure et plongeant le sujet dans un état de démotivation, car « *la personne âgée est fixée dans un présent peu élaboré* » (Thomas et al., 2001). Ainsi, « *la perte de la motivation chez la personne âgée a une importance capitale, en raison de la perte d'autonomie qu'elle induit, liée à un apprentissage du repli sur soi et du renoncement à vivre les actes de la vie quotidienne de façon autonome* ». (Thomas et al., 2001).

Par conséquent, les pertes liées au vieillissement non intégrées par le processus de deuil condamnent la personne âgée à vivre « immobile ». Le sujet âgé se montre résistant à tout changement, comme si le changement risquait de venir rompre le peu d'équilibre qui lui reste dans ce nouvel environnement institutionnel.

Le sujet âgé démotivé ne ressentirait plus de dissonance, plus d'envie d'entreprendre afin de ne plus changer sa vision du monde. Cette résistance à tout changement peut aussi selon ces auteurs être en lien avec « *une réaction phobique de l'échec de la pratique* » où le sujet âgé préférerait fuir, pour éviter d'être confronté à certaines incapacités ». (Thomas et al., 2001).

Quand l'entrée en institution est un choix.

La personne âgée décide seule de partir vivre en institution. Le sujet prend cette décision souvent à la suite d'un veuvage, de la peur d'être seul, de l'isolement, de l'insécurité ou encore à la suite de chutes répétées. Ces personnes ont ainsi conscience des contraintes du vieillissement, de leur fragilité psychologique et physique ; elles sont réalistes et préfèrent anticiper ce qui leur permet de rester actrices de leur propre devenir. Les précédents propos prouvent qu'à un âge très avancé, le sujet peut être encore en mesure de faire le choix d'aller en institution, mais aussi d'organiser son installation.

4.2. Institutionnalisation de la personne âgée et maladie d'Alzheimer

Malgré les progrès de la thérapeutique et de l'aide au domicile, le recours au placement en institution est une issue fréquente pour les malades âgés déments ». Ainsi, les EHPAD (établissements d'hébergement pour personnes âgées dépendantes) visent à accueillir des personnes ayant perdu leur autonomie, que ce soit de façon momentanée ou durable. Elle ajoute que ces dépendances, qu'elles soient physiques, psychologiques ou affectives, rendent les personnes âgées incapables d'effectuer les actes de la vie quotidienne.

On entend par personne âgée dépendante tout vieillard qui, victime d'atteintes à l'intégralité de ses données physiques et psychiques, se trouve dans l'impossibilité de s'assumer pleinement, et, par là même, doit avoir recours à une tierce personne, pour accomplir les actes ordinaires de la vie.

Au sein des EHPAD, des unités de soins protégées visant notamment à accueillir des malades Alzheimer ont vu le jour dans le but de s'adapter aux besoins spécifiques des patients déments. L'idée serait qu'un environnement « adapté » diminuerait la perte d'autonomie fonctionnelle et améliorait la qualité de vie des patients. La famille commence à envisager l'entrée en institution dès lors que le diagnostic est posé, mais surtout quand il y a un épuisement des aidants informels (conjoint(e) et les enfants) et que les aides à domicile ne suffisent plus à maintenir le patient. Le recours à l'institution est toujours vu comme la dernière solution, c'est pour cela que nombre de patients atteints de démence rentrent à un stade plus avancé. Enfin, l'entrée en institution est aussi vécue pour les patients déments comme un traumatisme. Le patient n'est pas tout le temps lucide, ce qui rend la compréhension de sa situation encore plus difficile.

Que le patient soit atteint ou non de la maladie d'Alzheimer, l'entrée en institution est traumatisante, d'autant plus si le patient n'est pas préparé à ce remaniement. Ainsi, l'institutionnalisation pousse le sujet âgé à un repli sur soi, à un isolement qui vient marquer chez lui une résistance au changement, une non-acceptation des pertes passées, et une incapacité à faire le deuil du Moi antérieur.

5. Cas clinique

Monsieur P. a fait son entrée en EHPAD à la suite d'une hospitalisation et d'une altération de son état général. Cependant lors de la première rencontre lorsqu'il lui est demandé depuis quand il est à la résidence, il répond *« ça doit faire environ quinze jours »*. Il ne parvient pas non plus à donner son âge et dit avoir *« 70 ans »*. Cependant, il se souvient de sa date de naissance. Monsieur P. est atteint d'une maladie d'Alzheimer depuis un an.

Son épouse avec laquelle, il a eu trois filles, est décédée. Monsieur P. a ensuite refait sa vie et vivait avant son entrée à la résidence depuis quinze ans avec une nouvelle compagne. Cette dernière lui rend désormais rarement visite.

Monsieur P. est un résident discret, qui se livre peu, par pudeur. Il ne parle de sa vie passée que si on le lui demande. Sa maladie ne lui permet pas de raconter tous ses souvenirs passés. Il reçoit assez régulièrement la visite d'un de ses gendres qui est aussi son tuteur. Ses filles ne viennent pas souvent le voir.

Comment se manifeste la démotivation ?

Monsieur P. obtient un score de 42 sur 60 à l'échelle d'évaluation de la démotivation (EAD).

Le seuil de démotivation chez la personne âgée commence à 35 (Thomas et al., 2001). En ayant un score supérieur de sept points, monsieur P. est considéré comme atteint d'un trouble de la démotivation.

La démotivation de monsieur P. est essentiellement centrée sur les relations sociales. En effet, c'est un résident qui manifeste un intérêt pour sa personne (hygiène, santé, habillement, alimentation) et pour les événements extérieurs (télévisions, journaux), mais qui a plus de difficultés lorsqu'il s'agit de témoigner de l'attention aux autres personnes qui vivent avec lui au quotidien. Il a des difficultés à aller vers les autres et à discuter avec eux de manière spontanée.

Cependant, l'expressivité que monsieur P. témoigne dans son regard laisse supposer que cette répression n'est pas volontaire, mais plutôt due à une timidité et à un manque de confiance en soi. Il reste souriant. Et il est assez facile d'aller vers lui.

Sa maladie a sans doute accentué une baisse d'estime de soi ayant entraîné une difficulté d'affirmation de soi. Sa maladie a pu le fragiliser, lui faisant prendre conscience de ses pertes, de ses incapacités, et le rendant moins enclin à aller vers les autres, comme s'il souhaitait cacher ce qui lui arrive.

Ce comportement s'observe également avec sa famille. Lorsque monsieur P. reçoit la visite de ses proches, il est souvent très souriant, mais verbalise peu ses ressentis. Il ne se livre pas. Ses propos restent superficiels. Il ne veut pas rentrer dans les détails de ce qu'il ressent ou de ce qu'il pense. Il est d'ailleurs *« tout à fait d'accord »* pour dire qu'il garde ses émotions pour lui et qu'il évite d'exprimer des émotions négatives.

Cette tendance à atténuer ou à accroître le caractère émotionnel des situations qu'il rencontre résulte d'un souci d'adaptation (adaptation de ses comportements ou attitudes en fonction des situations agréables ou désagréables). Il agit donc en fonction d'autrui (pour éviter les conflits) et de ce qu'autrui lui manifeste).

6. Évaluation de la démotivation : L'échelle d'appréciation de la démotivation chez la personne âgée (EAD, Thomas, Hazif-Thomas, 2008)

Afin de repérer cette pathologie de la motivation et évaluer le trouble de la démotivation fréquent chez les personnes âgées, ces auteurs ont élaboré cette échelle pour réaliser un dépistage précoce des troubles de la motivation chez la personne âgée qui freinera le processus de repli sur soi et le glissement vers la dépendance.

La détection de ce trouble du comportement a pour but de permettre une meilleure prise en charge des équipes soignantes, car ces dernières sont souvent confrontées *« à des refus de participation, ou une participation mécanique ne provoquant aucune évolution ». Ces attitudes conduisent alors les soignants à « une non stimulation »* pouvant induire une *« perte des automatismes nécessaires à la vie de tous les jours »* (Hazif-Thomas et al., 2007, 2009).

L'échelle comporte quinze items suggérant différents symptômes principaux de la démotivation. La consigne consiste à répondre aux questions en demandant aux sujets de se resituer dans le temps qui précède, au mieux une semaine, et non pas dans la vie passée ni dans l'instant présent.
Le critère de notation se base sur une échelle de Lickert contraignant le cotateur (ici le sujet) à choisir parmi quatre réponses proposées : très souvent (TS), souvent (S), parfois (P), et jamais (J).
Chacun de ces degrés de réponse est associé à une note : TS=1, S=2, P=3, et J=4. De plus, l'échelle comporte un item négatif sur lequel il faut inverser la cotation (item 8). Pour ces items-là, la cotation est la suivante : TS=4, S=3, P=2, et J=1. La note globale s'obtient en additionnant chaque item après avoir fait les inversions sur les items négatifs. Pour l'échelle d'évaluation de la démotivation (EAD), le seuil de démotivation commence à 35.

	Très souvent	Souvent	Parfois	Jamais
1) Prend-il/elle des initiatives dans sa vie quotidienne ?				
2) A-t-il/elle des loisirs, des centres d'intérêt qui le/la motivent ?				
3) Sa santé le/la préoccupe-t-il/elle ?				
4) Préférerait-il/elle se lever au lieu de rester dans son fauteuil sans bouger ?				
5) Participe-t-il/elle dans un groupe, sans stimulation de votre part ?				
6) Prend-il/elle la parole sans que l'on soit obligé de l'y inciter ?				
7) S'intéresse-t-il/elle à ce qui se passe autour de lui/elle ?				
8) A-t-il/elle l'impression de perdre son temps ?				
9) Prend-il/elle des décisions seul (e) sans que vous le fassiez pour lui/elle ?				
10) Cherche-t-il/elle à s'occuper au lieu d'attendre que le temps passe tout seul ?				
11) Réagit-il/elle aux événements extérieurs, heureux ou malheureux ?				
12) Réagit-il/elle aux informations (télévision, journaux, etc.) ?				
13) Prend-il/elle plaisir à évoquer certains événements (personnels, publics, etc.) ?				
14) S'occupe-t-il/elle de sa personne (hygiène, habillement, alimentation) ?				
15) Trouve-t-il/elle plaisir dans sa vie quotidienne ?				

Bibliographie

ALBERTO, E. (2004). *L'inconscient de la maison*. Paris : Édition : Dunod.

DARNAUD, T. (1999). *L'entrée en maison de retraite : une lecture systémique du temps de l'accueil : rupture ou réorganisation du lien familial* ? Paris : Éditeur : ESF.

DONNIO, I. (2005). L'entrée en établissement d'hébergement pour personnes âgées dépendantes. *Gérontologie et société*, 112, 73-92.

DORANGE, M. (2005). Entrée en institution et paroles de vieux. *Gérontologie et société*, 112, 123-139.

THOMAS, P. (2004). Démotivation et dysfonctionnements frontaux chez le sujet âgé : place de la leucoaraïose. *L'Encéphale,* 30, 52-59.

THOMAS, P., THOMAS, H.-C., BILLON, R., CHANTOIN, S. (2001). Démotivation, apathie, et dépression chez le sujet âgé. *La Revue Française de Psychiatrie et de Psychologie Médicale*, 48, 35-45.

HAZIF-THOMAS, C., THOMAS, P. (2007). La démotivation du sujet âgé. *Gérontologie et société*, 121, 115-135.

HAZIF-THOMAS, C., THOMAS, P. (2008). Echelle d'évaluation de la démotivation (EAD) chez la personne âgée. *La Revue de Gériatrie*, 33, 1-3.

HAZIF-THOMAS, C., THOMAS, P. (2009). Démotivation du sujet âgé, dépression conative et renoncement au plaisir. *Études sur la mort*, 135, 57-76.

POSTEC, C. (2013). Apathie : point sur un syndrome psychogériatrique incontournable. *Neurologie-Psychiatrie-Gériatrie*, 13, 159-165.

IDENTITÉ ET FÉMINITÉ

1. Identité sexuelle et identité sexuée
2. Féminité
3. Évaluation de l'identité sexuée avec le T.A.T.
4. Cas clinique
Bibliographie

1. Identité sexuelle et identité sexuée

Pour Camps (2010), l'identité sexuelle est « *le fait de se reconnaître et d'être reconnu comme appartenant à un sexe* ». Elle implique une intrication des facteurs biologiques, intrapsychiques, interpersonnels et sociaux.

L'identité sexuelle est quelque chose à conquérir, elle n'est pas donnée, innée. Cette conquête commence dès la naissance, avec plus ou moins d'intensité suivant les âges, et est révélée par cette maturation psychique et physique que génère l'adolescence. Assumer son identité sexuelle signifie être auteur et/ou propriétaire de ce que peut générer sa propre image, avoir conscience de l'image que l'on renvoie aux autres et défendre cette image. C'est une affirmation de son sexe, de son genre. Les transformations physiques de l'adolescent sont remarquables, constatables par l'environnement. Au contraire, l'évolution psychique et la légitimité de cette identité sexuelle se doivent d'être confirmées par l'entourage de l'adolescent. Cette légitimation est essentielle pour que l'adolescent atteigne l'exploration sexuelle, la légitimation cherche l'aval chez l'autre, elle permet de conforter le jeune dans son identité sexuée.

Plus l'adolescent avance en âge, plus un profil se découvre. Le jeune adulte, avec l'image de lui-même que lui renvoie la société est fixée pour un temps sur son identité. L'identité composée de l'identité sexuée est sans cesse remise en question au cours de la vie. Elle dépend des rencontres, il suffit parfois d'un geste, d'un mot de la part d'un proche ou d'une personne lambda pour que la tendance se teinte autrement, se modifie légèrement ou au contraire s'inverse. L'identité sexuée est une construction qui n'est jamais acquise une fois pour toutes.

Vouillot (2002) affirme que l'identité sexuée est déterminée à l'adolescence par l'acte sexuel et plus précisément par la jouissance éprouvée pendant l'acte sexuel. L'identité sexuée est pour certains auteurs dépendante du corps, l'occulter serait séparer l'action de l'espace-temps et donc impossible.

Pour Feillet (2012), le corps est le lieu de changements identitaires ou de maintien d'un équilibre identitaire illustré par trois dimensions du corps qui ont le même poids : le corps en soi (le biologique), le corps pour soi (le corps perçu soit l'identité personnelle) et le corps pour les autres (identité sociale). Le poids de chaque dimension dépend donc de l'image d'elle-même que se fait la personne. Au cours du vieillissement, la prise de conscience des transformations du corps modifie le poids de chaque dimension et nécessite que se reconstruise un autre équilibre identitaire.

Öberg (2003) montre l'accentuation de la cohérence entre identité sociale et identité personnelle au cours du vieillissement. Certaines femmes qualifient les rides et les « rondeurs » comme des obstacles. Le corps devient une gêne, un frein, mais le retirer de la définition de l'identité sexuée, donc de soi, serait produire un décalage entre expérience personnelle et apparence, expérience publique. Car le corps est la preuve concrète, puisque visible, de l'unicité, de la singularité, en même temps qu'elle définit l'image de soi (positive ou négative) que les autres renvoient. Une vision dépréciée de soi ou de son corps peut avoir un impact sur l'identité.

> Il y a quelques mois, madame V. (86 ans) déclarait : « *Sortir de chez moi c'est comme si j'étais devant mon miroir dans ma salle de bain : les autres et ce reflet sont mes pense-bêtes de la vieillesse. Le reste du temps, je suis jeune* ».

Pour Balier (1979), le maintien de l'identité au travers des vicissitudes du vieillissement nécessite « *un bon investissement narcissique, marqué par l'estime de soi-même* ». Ce qui va se jouer au cours du vieillissement, « *c'est un balancement entre l'investissement de soi et le désinvestissement qui opère à la manière d'une force active* ».

1. Féminité

Pour Stoller (1989), la féminité est un état, une sensation de la part des femmes de se sentir féminine. Elle est le résultat de croyances, de ressentis singuliers permettant à la personne de dégage une image d'elle-même quelque que soit son sexe. La féminité est aussi l'ensemble des caractères anatomiques et physiologiques propres à la femme ». Elle est encore l'ensemble des traits psychologiques considérés comme féminins.

La création du féminin à l'adolescence est une construction : une fille qui devient une femme. Cette dyade : éclosion de la féminité (apparition des courbes à la puberté) et inclusion du féminin (en soi, se considérer en tant que femme) sont deux pôles distincts, différents qui sont amenés à se croiser, à se rencontrer et à exister ensemble pour faire naître un regard extérieur admettant cette féminité. Puis, les ornements et les exhibitions de la féminité gardent en secret le féminin s'exprimant chez les femmes de manières différentes.

À l'âge adulte, il semblerait que la femme ait en tête la volonté de conservation de sa féminité en se préservant de la maladie, des accidents ou tout autre mal. La chirurgie esthétique réparatrice aurait cette fonction.

Le temps est inscrit dans le corps de la femme (puberté, apparition des menstruations, accouchement et ménopause). La ménopause engendre souvent le bilan de vie chez la femme. Cette réaction face au temps qui passe peut amener de nouvelles problématiques : sexuelles, psychiques ou autres. Avec son lot de petits malaises physiques, la ménopause entraîne souvent chez la femme des mal-être sociaux, des questions sur leur propre féminité et leur capacité à séduire. À cette époque de sa vie, la femme doute de son charme, se sent moins séduisante, désirable et féminine. Pourtant, la femme ne devient pas moins féminine avec le temps qui passe, elle est autrement féminine. Son corps s'adapte, son désir, sa sexualité, sa relation avec les hommes sont différents ; sa sensualité et sa féminité également. La difficulté principale ici est de passer du corps que l'on a au corps que l'on est.

Pour Griner-Abraham (2010), « *vieillir, c'est devenir quelqu'un d'autre, quelqu'un de différent de celui que nous serions devenus si les contingences de notre vie avaient été autres. Vieillir, c'est s'adapter, se transformer, en fonction des événements que nous allons rencontrer (…)* ».

1.   Évaluation de l'identité sexuée avec le T.A.T.

Le T.A.T. est une épreuve thématique souvent proposée dans une situation ayant pour objectif la recherche du fonctionnement psychique d'un individu. L'édition originale du T.A.T. comporte 31 planches, l'ordre de présentation doit être respecté. Cette épreuve stimule le sujet de différentes manières à travers des situations plus ou moins structurées. La passation ne comporte qu'une seule séance, la consigne est la suivante : « *Imaginez une histoire à partir de la planche* ». Elle n'est pas répétée. Face à un sujet mutique où le malaise ressenti est important, il est possible de poser des questions. Néanmoins, il faudra par la suite que le chercheur évalue son influence, les conséquences de son intervention, ce qu'il produit chez la personne âgée.

Pour étudier l'identité sexuée et la féminité chez la personne âgée, 3 planches du T.A.T. peuvent être choisies : *la planche 5, la planche 7 GF et la planche 9 GF.*

La planche 5 montre une femme d'âge moyen, la main sur la poignée de la porte, regarde à l'intérieur d'une pièce (contenu manifeste de la planche). Le contenu latent de cette planche renvoie à une image féminine/maternelle qui pénètre et regarde. Cette planche pourrait raviver la culpabilité en conséquence d'une curiosité sexuelle, cette figure de la mère qui apparaît séductrice et interdictrice. Elle indique des mouvements ambivalents d'angoisse de perte de l'amour de l'objet qui peuvent être repérés.

La planche 7 GF met en scène une femme, un livre à la main, penchée vers une petite fille à l'expression rêveuse qui tient un poupon dans les bras. Par extension, ceci fait appel à une différence de générations. Le côté latent de cette planche ferait écho à la relation mère/fille, des mouvements d'identification de la fille à la mère qui autoriserait ou non l'accession à une place de femme et de mère.

La planche 9 GF présente au premier plan une jeune femme cachée derrière un arbre, elle regarde une autre jeune femme qui court en contrebas (au second plan). Les sollicitations latentes renvoient clairement à la rivalité féminine qui se nouerait autour d'un tiers masculin. Il serait envisageable, d'y voir même une agressivité et une violence (mortifères ?) donc une disparition volontaire de l'autre.

L'hypothèse du T.A.T. serait de repérer les procédés d'élaboration du discours sous-tendus par des opérations inconscientes (par exemple les mécanismes de défense) dont ils sont la traduction manifeste. Une feuille de dépouillement permet le repérage ainsi que le regroupement de tous les procédés d'élaboration du discours : procédés formels et/ou narratifs. (nécessité de les regrouper en fonction de la fréquence de leur apparition ainsi que de leur poids dans le processus associatif).

Les planches 5, 7 GF et 9 GF mettent en scène un public purement féminin, ce qui par conséquent soulèvera des problématiques liées au sexe, aux stéréotypes féminins, aux différents rôles que les personnes interrogées attribueront à la femme, etc.

Paul Cézanne déclarait : « *Je place la perception dans la sensation et je demande à l'intelligence de l'organiser* » ? L'histoire que la personne va créer autour de la planche (passé et futur) devient le cadre de l'interprétation. Le psychologue n'a jamais accès à la perception du sujet, mais seulement à ce qu'il dit. Les paroles sont déjà triées par la pensée secondarisée, influencée par les règles sociales.

2.   Cas clinique

Éléments d'anamnèse

Madame D. a 80 ans. Elle est fille unique. Elle a toujours vécu dans la même région. Elle exerce différents métiers (couturière en lingerie fine ; femme de ménage au siège d'une grande enseigne ; qu'assistante-prothésiste au sein d'une école dentaire). Elle se marie à l'âge de 21 ans avec un boutiquier. Elle a deux garçons mariés et pères de famille.
En 2003, madame D fait une tentative de suicide médicamenteuse. Elle explique que depuis toujours, son mari la trompe. Ils n'ont plus aucune relation sexuelle depuis la naissance de son second fils. Son mari ne manifeste aucun geste tendre depuis des années. Il est peu présent pour elle et ses enfants. Elle dit avoir décidé de rester mariée avec son mari pour ses enfants et s'être sacrifiée pour eux et toute sa famille (petits enfants compris).
Il « *n'a rien changé à ses habitudes* », il a une double vie et entretient une relation avec la même femme qu'il a rencontrée il y a cinquante ans. Madame D. a baissé les bras, elle se dit « *trop vieille* » maintenant pour changer les choses.

Elle n'a aucun problème de santé à part des maux de dos. Elle bénéficie d'une aide à domicile deux heures par semaine. Mais elle sort encore de chez elle pour faire ses courses.

Quand nous la rencontrons, elle est bien coiffée (cheveux teints et coupe de cheveux bien faite). Elle est peu maquillée. Elle est vêtue de manière classique. Elle porte un chemisier blanc, une jupe bleu marine, des collants de couleur chair. Elle est chaussée de mocassins bleu marine aux talons compensés. Elle ne porte aucun bijou.

Le dessin de la personne (DP)

Le choix de cette épreuve projective réside dans sa capacité à explorer l'image du corps, la représentation de soi au travers notamment des repères identitaires (humain/non humain ; nomination de la personne dessinée ; nature de la personne ; caractères de la personne : rôles sexuels ou fonctions) qui nous permet d'approcher la question de l'identité sexuée et de la féminité (Claudon et al., 2012). La consigne est la suivante : *« Dessinez une personne »*.

Description du dessin de la personne (DP)

Le DP mesure 13 cm. La personne est représentée de face, au centre de la feuille A4 présentée de champ. Il s'agit d'une femme. *La partie inférieure du corps* (jambes, pieds) n'est pas dessinée. Le dessin se rapproche du portrait (tête et tronc). *La pression des traits* est légère. *Les lignes du dessin droites ou courbées* sont fragmentées et repassées.

Le visage est complet (bouche, un trait, dents, nez petit, sourcils courbés, yeux sans pupilles avec des cils, cernes sous les yeux). *Les cheveux avec une frange* sont représentés par une accumulation de traits non intégrés à la tête. *Les oreilles et le cou* ne sont pas visibles. *Les épaules* sont courbées. Les bras sont collés le long du corps et semblent inachevés. *Les mains* sont absentes.

L'habillement est sommaire. Madame D porte un chemisier avec un col en V et des boutons.

Principaux éléments d'analyse

Dans le DP, la féminité est affirmée à la fois par le sexe de la personne dessinée (une femme), les attributs physiques (cheveux mi-longs, contours des yeux, cils) et les vêtements féminins (chemisier avec un col à boutons en V suggérant un décolleté).

Le corps est cependant désinvesti. Madame D explique qu'elle a moins d'intérêt pour son apparence depuis des années. *« Elle s'efforce de rester très propre et soigneuse. Elle est toujours impeccable quand elle sort, mais ne souhaite pas se mettre en valeur par du maquillage et des accessoires »*.

L'absence de la partie inférieure du corps indique cette volonté de rester figée et de refuser la mobilité. Les bras collés au corps indiquent une certaine passivité, un retrait, un manque d'adaptation ou une difficulté à se lier.

L'absence des mains montre une inadaptation dans les relations sociales et souligne la crainte de nouer des contacts.

L'absence des jambes témoigne d'une insécurité voire d'une appréhension quant à tout ce qui l'entoure, tout ce qui peut l'atteindre ou la toucher, d'une volonté de passer inaperçu.

L'absence des pieds indique un manque de confiance en elle, la difficulté à s'adapter et s'affirmer en tant que femme. Elle indique également une difficulté à exprimer des sentiments et émotions. Madame D. dit *« qu'elle n'est pas à l'aise avec les mots »*. Son discours est pauvre et basique (bouche esquissée par un simple trait).

Les lignes fragmentées, saccadées, peuvent traduire une vie discontinue, faite d'étapes sans aucun lien entre elles. La lassitude, le découragement de madame D. par rapport à la situation avec son mari sont transposés sur le dessin. Ces problèmes affectent son rythme respiratoire lorsqu'elle évoque ce sujet et cette respiration coupée (anxiété, fatigue) qui s'exprime dans le dessin par des traits discontinus.

Analyse des planches du T.A.T.

Planche 5

Contenu manifeste : Une dame regarde et écoute ce qu'il se passe à l'intérieur d'une pièce.

Contenu latent : La description que madame D. réalise de la planche fait écho à la curiosité sexuelle, cette image de la femme séductrice par exemple. Ici, elle donne une explication de l'agir de son personnage : *« Elle regarde ce qu'il se passe, elle écoute aussi s'il y a quelqu'un dans la pièce »*. Ceci justifie la situation de cette planche.

Lisibilité : De nulle à faible. L'utilisation des procédés de la série « évitement du conflit » (C) est équilibrée par les procédés de la série « rigidité » (A) avec de nombreuses références à la réalité externe, ce qui confère un sens commun à son récit.

Procédés : madame D. décrit avec attachement les détails (mobiliers, étagères, fleurs, etc.) (++) A1.1. Les précisions temporelles pour le sujet paraissent importantes, volonté d'exactitude ? (+) A1.2. Les références sociales au sens commun sont nombreuses, par exemple : *« Elle n'est pas en blouse, elle est en jupe avec un corsage, assez coiffée, elle a l'air d'avoir un chignon »* (++) A1.3. Madame D. insiste sur les conflits intra-personnels avec la déclaration qui suit par exemple :

« Elle est inquiète, je crois, elle a eu peur de quelque chose, elle vient voir et s'il y a quelqu'un elle va dire « qu'est-ce que vous faites là ? » et si c'est quelqu'un qu'elle connaît elle entamera une conversation. Si rien, ni personne, elle referme la porte » (++) A2.4. Les annulations de déclarations seraient plutôt des corrections, encore une fois pour que le récit soit le plus proche possible de l'image (+) A3.2. l'accrochage au contenu manifeste permet d'éviter les déviations du discours du sujet (++) C1.1 ainsi que l'accent porté sur le quotidien, le concret, le faire (+) C1.2. De plus, un accent est porté sur l'éprouvé subjectif (non relationnel) du personnage avec des références personnelles, voire autobiographiques comme : *« (...) cette femme ressent de la solitude »*, déclaration compréhensible après la lecture de l'anamnèse de madame D.. (+++) C3.1. Une demande finale a été faite à la stagiaire - psychologue comme pour valider toute sa description de l'image (+) C5.2.

Problématique : La problématique abordée par madame D. est la perte d'objet. Problématique qui pourrait être en lien avec un affect dépressif évité. La représentation de la perte d'objet est impossible, car hypothétique. *« Elle est inquiète, je crois, elle a eu peur de quelque chose, elle vient voir et s'il y a quelqu'un elle va dire « qu'est-ce que vous faites là ? Et si c'est quelqu'un qu'elle connaît, elle entamera une conversation »*. Les procédés narcissiques, de surinvestissement de l'objet et de la réalité externe utilisés, renforcent cette idée.

Le récit que fait madame D. de la planche 5 est minutieux. L'imagination d'une histoire à partir de la planche est essentiellement centrée sur les détails. Cette description traduit une certaine rigidité portée par les nombreuses références à la réalité externe qu'en fait l'auteur. En effet, elle peint avec attention et attachement les détails de la scène qu'elle a sous les yeux : *« étagère »*, *« table »* et *« bouquet de fleurs »*. Également, une précision temporelle est plusieurs fois énoncée (trois fois) : *« 1900 »*. Ce recours aux détails que fait madame D. rationalise son interprétation certes, néanmoins ce recours ne serait-il pas usité pour lutter contre les émergences de la réalité interne ? Par exemple, dans ce cas, la représentation à laquelle est lié l'affect d'*« inquiétude »* est refoulée. Quant à la précision temporelle, elle permet de poser le cadre dans lequel se déroule l'histoire : cette mise à distance proposée participe à la défense contre par exemple l'émergence d'un fantasme de scène primitive, comme nous l'avons dit plus haut, la figure de la mère apparaissant à la fois séductrice et interdictrice.

La seconde sollicitation latente de la planche est abordée par le sujet. Le mouvement associé à l'angoisse de perte d'amour de l'objet est touché avec un traitement différent selon les sujets (sur le versant dépressif ici). Madame D. investit narcissiquement le personnage, un accent est porté sur l'éprouvé subjectif de la *« dame »*. Par extension, nous pouvons imaginer qu'il s'agit d'une disposition qui permettrait d'éviter le conflit qui l'anime. D'abord, cette *« dame »* qui entre dans la pièce a *« peur »*, puis elle ressent de l'*« inquiétude »* liée à de la *« solitude »*.

Planche 7 GF

Contenu manifeste : Une mère et sa fille installées sur un canapé. La petite tient un poupon dans ses bras. La différence de génération est notée ici, l'état d'esprit de la jeune fille également : « *elle est ailleurs* ».

Contenu latent : Les mouvements d'identifications de la fille à la mère sont présents. « *La fille n'écoute pas sa mère… »*, ce qui trouble le sujet car la situation est contraire au sens commun. (Inscription dans le contexte œdipien). Par conséquent, une ambivalence est créée dans la relation mère/enfant avec l'amour opposé à la haine et la proximité opposée au rejet.

Lisibilité : faible. Madame D. donne les détails de manière ponctuelle, l'auditeur sans une connaissance de la planche au préalable ne peut se représenter une image. De plus, les allers-retours entre les références autobiographiques et ce que voit madame D. se confondent parfois.

Procédés : Une description avec attachement aux détails est faite par le sujet, base solide pour la construction d'un récit indubitable (++) A1.1. Aussi, les précisions temporelles et chiffrées viennent renforcer l'aspect véridique de ce récit (+) A1.2. Les références sociales au sens commun avec les « *manches bouffantes* » et les « *chaussures* » sont des indices pour fixer l'image dans une époque (+) A1.3. Un accent est porté sur les conflits intra-personnels de la petite fille qui traduisent par exemple qu'elle « *est ailleurs. Elle écoute pas (…)* » (+) A2.4. Les doutes (remâchage) balisent le discours de madame D. « *la personne* » devient « *la maman* » au fil du récit (+) A3.1. Un fort accent est porté sur les relations interpersonnelles entre la mère et la fille, thème central de la planche, thème qui déstabilise le discours de madame D., comme ce qui suit : « *(…) il y a deux personnes dans la même pièce qui ne ressentent pas la même chose* ». (+++) B1.1. Les expressions d'affects insistent, en particulier, sur la petite fille elle se fait « *consoler* » (++) B1.3. Enfin, les associations du coq à l'âne avec des allers-retours entre situation temporelle de la scène et intérêt pour les éprouvés subjectifs des personnages par exemple (+) E4.3.

Problématique : La reconnaissance de la différence de générations et l'identification sexuée sont abordées dans la description. La problématique est œdipienne ici, mais elle ne peut se dégager de manière claire. En effet, les procédés rigides (série A) et labiles (série B) sont utilisés couramment, et mettent en lumière le conflit qui habite madame D. Expressions des désirs qui se heurtent à des défenses.

La description de la planche 7 GF de madame D. renvoie à la relation mère/fille. Elle est gênée par l'ambivalence de la relation mère/enfant (en termes d'amour et de haine, et de proximité et de rejet). Comme pour la planche précédente, elle manifeste une certaine rigidité [description des détails (mobilier) et précisions temporelles (époque)]. Madame D. investit la relation et évoque la qualité des relations interpersonnelles ainsi que les expressions d'affects (amour de la mère pour sa fille, relation de consolation de la mère envers la fille), expressions d'affects uniquement unilatéraux. Madame D. note une différence entre les deux personnages : la fille n'engage aucun mouvement en direction de sa mère. De plus, elle investit narcissiquement le personnage de la fille de manière négative : « *la fille est dans la peine* », et insiste beaucoup sur le ressenti subjectif du personnage. Cette projection de la peine de madame D. sur un personnage pourrait, encore une fois, être un moyen d'évitement du conflit.

Pour terminer sur cette planche, nous pouvons noter une émergence des processus primaires. L'altération du discours est caractérisée par des associations surprenantes (du coq-à-l'âne). L'auteur passe de l'éprouvé subjectif des personnages à la l'époque (date) à laquelle la scène pourrait avoir eu lieu. Cette incohérence du discours est déconcertante pour l'auditeur.

Planche 9 GF

Contenu manifeste : Deux femmes (âges différents) se courent après. Aucune différence des sexes n'est mentionnée.

Contenu latent : Il y a bien mention d'un chagrin d'amour, néanmoins la rivalité féminine n'est pas entendue ici. Les deux femmes entretiennent une relation de confiance voire de soutien et de protection. Elles ne s'opposent pas l'une à l'autre. L'agressivité et la violence sont donc écartées de la planche par le sujet.

Lisibilité : faible. L'utilisation des procédés d'évitement est importante. Les liens entre les représentations et les affects ne sont pas cohérents.

Procédés : Les précisions temporelles existent toujours dans le récit de madame D. sur cette planche (âges des personnages) (+) A1.2. Un accent est porté sur les relations interpersonnelles avec le scénario d'un conflit entre les deux « *sœurs* » (++) B1.1. Les expressions d'affects exposent le « *chagrin d'amour* » que vit la plus jeune des deux femmes (++) B1.3. L'accrochage au contenu manifeste (+) C1.1 et l'appel à des normes extérieures (+) C1.3 donnent un sens commun au récit. L'éprouvé subjectif non relationnel avec des références personnelles « *Parce que tu sais quand on a un chagrin, on sait plus, on peut faire n'importe quoi* », témoignage ayant une référence directe à la tentative de suicide de madame D.. (+++) C3.1. Cette appropriation du récit est appuyée par la confusion interprétant/interprété provoquant une identification projective de madame D. à la plus jeune des femmes de la planche (++) C4.4. Ses demandes à la stagiaire-psychologue « *Et si ces deux femmes étaient sœurs ?* » renforcent l'évitement du conflit (série C) (+) C5.2.

Problématique : madame D. n'aborde à aucun moment la rivalité féminine qui pourrait naître autour d'un tiers (un homme). Il y a bien l'expression « *chagrin d'amour* », mais qui ne signifie pas l'introduction d'un personnage, encore moins d'une agressivité entre les deux « *sœurs* », bien au contraire. La description qu'elle dresse de la planche est teintée, de manière manifeste, de naïveté. Or, les procédés les plus utilisés appartiennent à la série de l'évitement du conflit. La problématique de cette planche est œdipienne, car l'intériorisation des interdits empêche la réalisation d'une violence dans la fratrie. La plus jeune refuse de s'identifier à sa grande sœur (différence de générations), elle préfère fuir. De plus, cette problématique est reconnue, mais évitée par le sujet, visible par le recours aux procédés d'investissement narcissiques et de surinvestissement de l'objet. Ceci prouve que l'élaboration de la problématique œdipienne chez cette dame est reconnue comme dangereuse (Mme L. est fille unique et n'aborde jamais le sujet de ses parents).

Concernant la planche 9 GF, labilité (investissement de la relation et dramatisation) et raideur (références à la réalité externe très nombreuses) du discours s'équilibrent. En effet, madame D. insiste toujours sur la situation temporelle de la scène, sur les détails (arbre, chignon) et les données chiffrées (âges des personnages donnés avec une volonté d'exactitude). Cette rigidité du discours est assouplie par les précisions qu'elle sur les relations interpersonnelles entre les personnages, les expressions d'affects et l'entrée directe dans l'expression (appartenant à l'investissement de la relation et à la dramatisation). « *Elles se sont disputées…* » est la première phrase de madame D., c'est une entrée immédiate dans l'histoire, cet affect est mis en avant, sert-il de refoulement des représentations de relations de rivalité ?

Les émergences des processus primaires (évocation du mauvais objet « *chagrin d'amour* » et expression massive d'affects) sont visibles dans le portrait que dresse madame D. de cette planche. En réaction (consciente ou inconsciente) à cette attitude, elle utilise plusieurs stratégies pour éviter le conflit : description centrée sur les ressentis des personnages ainsi qu'une instabilité des limites (surtout entre narrateur/sujet de l'histoire). Notons, la sémantique négative utilisée par madame D. « *Supprimer* », « *chagrin d'amour* », « *chagrin* », « *peine* » et « *sacrifier* » sont en lien avec sa tentative de suicide en 2003. Hors enregistrement, elle confiait que la relation « *absente* » qu'elle entretenait avec son mari était la cause de son geste. Madame D. semble dépressive, malheureuse de cette situation depuis des années. Ce secret devient ingérable et déborde dans des situations dans lesquelles elle se sent en sécurité, dans lesquelles où elle a l'occasion de parler d'elle et de se confier, chose qu'elle ne fait plus avec son mari depuis très longtemps.

Enfin, la description de la planche 9 GF n'aborde pas la rivalité féminine qui est la sollicitation latente principale. L'explication fournie par madame D. est très naïve et primaire, comme si la situation qu'elle vivait au quotidien avec son mari n'avait pas été intégrée, madame D. pense à une relation de protection fraternelle entre les deux femmes, il n'est pas recevable pour elle qu'il existe une quelconque rivalité au sein d'un tel lien.

Bibliographie

BALIER, C. (1979). Pour une théorie narcissique du vieillissement. *L'information psychiatrique*, 55, 635-645.

CAMPS, F.D. (2011). Identité sexuelle et schizophrénie : l'impossible intégration du féminin. Étude clinique et projective du fonctionnement psychique de trois femmes atteintes de schizophrénie. *L'Évolution psychiatrique*, 76, 19-29.

CLAUDON, P., ROCHET-BAUCHET, G., GUIRKINER, B. et al (2012). Représentation de soi et vécu de l'espace corporel des sujets obèses sévères en attente de chirurgie bariatrique. *Annales Médico Psychologiques*. 9, 628-635.

FEILLET, R. (2012). *Corps, vieillissement et identité : entre préservation et présentation de soi.* Paris : Ères.

GRINER-ABRAHAM, V. (2010). Désir et sexualité au fil du vieillissement. *Neurologie - Psychiatrie-Gériatrie,* 10, 162-167.

LOISON, C. (2013). *Identité sexuée et féminité chez la personne âgée.* Mémoire de master 1, psychologie de la santé. Bron, université Lyon 2 sous la direction du Pr Lydia FERNANDEZ.

ÖBERG, P. (2003). Images versus experience of the aging body. In C. FAIRCLOTH, *Aging bodies. Images and everyday experience.* Oxford: Altamira, Press, 103-139.

STOLLER, R. J. (1989). *Masculin ou féminin ?* Paris : Presses Universitaires de France.

VERDON, B. (2002). Le T.A.T. : une épreuve projective heuristique pour la clinique du sujet âgé. *Psychologie clinique et projective*, 8, 183-206.

VERDON, B. (2012). *Clinique et psychopathologie du vieillissement, apport des méthodes projectives (Rorschach, T.A.T.).* Paris : Dunod.

VOUILLOT, F. (2002). Construction et affirmation de l'identité sexuée et sexuelle : éléments d'analyse de la division sexuée de l'orientation. *L'orientation scolaire et professionnelle*, 31, 485-494.

Thematic Apperception Test : madame L.

« Imaginez une histoire à partir de la planche. Que s'est-il passé avant, que se passe-t-il maintenant et que se passera-t-il après ? »

Planche 5

D. : « Cette dame regarde et écoute… Elle regarde ce qu'il se passe, elle écoute aussi s'il y a quelqu'un dans la pièce. Elle est inquiète, je crois, elle a eu peur de quelque chose, elle vient voir et s'il y a quelqu'un elle va dire « *qu'est-ce que vous faites là ?* » et si c'est quelqu'un qu'elle connaît elle entamera une conversation. Si rien, ni personne, elle referme la porte. Peut-être que cette femme ressent de la solitude. Son expression du visage le montre, y a pas que de l'inquiétude. Je trouve que c'est joli, qu'elle est bien en ordre, il y a un bouquet de fleurs ; c'est quand même un style ancien, mais pas moderne. La scène ne se passe pas aujourd'hui, c'est pas aujourd'hui, mais l'étagère c'est moins vieux, les étagères n'étaient pas comme ça avant, la table est ronde, oui ce sont les années 1900, parce que là c'est vraiment incrusté l'étagère. Je dirai dans les années 1900 oui. Oui dans l'ensemble je pense que c'est une maison entretenue quoi, tu vois. Elle n'est pas en blouse, elle est en jupe avec un corsage, assez coiffée, elle a l'air d'avoir un chignon non ? » *(long silence, madame D. attend une réponse de ma part).*

« Donc je pense que c'est après 1900, c'est une femme, je sais pas bien. On dirait une femme qui est à la maison, une femme qui a de l'argent, c'est facile un peu, c'est pas une femme qui va travailler, je pense pas ; peut-être qu'elle fait de la couture chez elle je sais pas ».

Planche 7 GF

D. : « Eh ben, c'est un poupon en cellulo de sa fille peut-être. C'est des gens en 1900 aussi toujours hein. Elle a aussi un chignon, alors attends voir en 1950 on avait aussi un chignon. Là, c'est peut-être plus récent, parce qu'en cellulo… C'est l'histoire, je pense que la fille, oui ce sont des gens aisés par rapport au canapé, là y a un fauteuil, mais il n'est pas d'époque ce machin (*le canapé*). Mais la fille, elle doit avoir un problème. Elle est dans la peine ou elle a été contrariée, disons. Et sa mère, elle l'aide, elle la console. On dirait qu'elle la console peut-être avec le livre qu'elle a dans les mains, à travers une histoire. J'sais pas quel âge elle peut avoir, 7 à 8 ans… Elle a des grands cheveux, mais… 10 ans au plus tard, oui c'est ça, 10 ans au plus. La petite fille à l'air d'avoir quelque chose, sur son visage. Oui, elle a quelque chose, sa maman la console. La maman est penchée sur sa fille, elle essaie de… Mais peut-être que la petite n'est pas intéressée ou elle écoute pas très bien ce que sa mère lui dit, si c'est sa mère, je sais pas moi… Elle veut peut-être pas écouter l'histoire de sa maman si c'est sa maman ou une instit' ou je sais pas moi. Pour la suite ben je peux dire que la petite reste chez elle quand même, elle n'est pas capable de s'en aller ou alors elle va partir à l'école ou au collège je sais pas moi. Ou bien elle va rester à la maison si c'est un jour où on reste à la maison. Mais… c'est bizarre comme truc. Ce qui me chiffonne c'est qu'il y a deux personnes dans la même pièce qui ne ressentent pas la même chose. La petite n'écoute pas ce que sa mère lui dit, elle est ailleurs. Elle écoute pas, elle veut pas écouter ce que la personne lui dit. Ça ne l'intéresse pas ou elle s'en fiche, je vois que c'est une personne avec des chaussures… Pff… 1945 environ. En 1945, moi j'étais un peu mieux habillée, j'avais 12 ans. Si peut-être avec des manches bouffantes. Oui, 8 ou 10 ans cette petite. C'est touchant, la maman a l'air d'aimer assez cette personne, elle essaie de lui faire comprendre quelque chose, mais quoi je sais pas. Moi je pense que c'est la mère et la fille, mais bon… Mais par contre, je pense que l'amour n'est pas réciproque ici, que c'est que dans le sens de la mère vers la fille, mais c'est tout. La fille n'écoute pas ce qu'on lui dit ».

Planche 9 GF

D. : « C'est deux filles qui se courent après, une plus âgée, une moins peut-être ?! Et ça qu'est-ce que c'est ? » *(elle pointe du doigt le tronc d'arbre).* « Elles se sont disputées, la jeune femme en a marre, elle s'en va. C'est à cause d'un chagrin d'amour *(rires).* Un chagrin d'amour, la plus âgée veut lui faire comprendre quelque chose et la jeune n'écoute pas, elle s'en va. La plus âgée lui court après parce que la jeune s'en va. Mais la plus vieille la surveille parce qu'elle a peur qui lui arrive quelque chose. Parce que si c'est un chagrin d'amour, elle a peur qui lui arrive quelque chose. C'est une sorte de peur dans son… malheur à elle, il lui arrive quelque chose, qu'elle se sacrifie, qu'elle sacrifie sa vie. Je pense que la plus jeune est malheureuse parce qu'elle a un chagrin d'amour qu'elle a dit à la plus vieille. Et une fois que la vieille a su la jeune, elle est partie, elle s'en va. Mais où, on ne sait pas. Et la vieille doit avoir peur qu'elle se sacrifie. Parce que tu sais quand on a un chagrin, on sait plus, on peut faire n'importe quoi. On peut se supprimer, je sais pas, et dans ce cas elle a peur qu'elle se surprime. Oui, je pense que c'est ça parce que ce sont des filles bien rangées quand même, on dirait qu'elles ont lu sur l'herbe ou qu'elles ont déjeuné et qu'elles se sont confiées. La plus jeune s'est subitement enfuie, elle ne veut plus converser avec la plus vieille, y'en a assez. Elle lui en a assez dit, elle s'en va, elle s'enfuit. Et la plus vieille a peur qu'il lui arrive quelque chose de ce qu'elle lui a dit. On dirait qu'elle a été touchée au cœur la fille, la jeune, donc elle fuit devant quelque chose qui la touche. Elle est pas apeurée, elle a un chagrin qu'elle a confié à la plus vieille et après comme elle lui a tout dit elle s'en va. Mais cette personne qui sait tout maintenant lui court après parce qu'elle a peur qui lui arrive quelque chose. C'est de la protection qu'elles ont entre elles oui, oui… La vieille veut protéger la jeune. Enfin moi je pense ça. Elles sont toutes les deux bien rangées, la jeune a l'âge d'avoir un amour, je lui donne 20 ans, et l'autre 35 ans environ. Et si ces deux femmes étaient sœurs ? Ben oui, elles pourraient être sœurs et agir comme ça oui. La plus jeune a tout dit à la plus vieille, et puis ça lui remémore certaines choses alors elle veut plus.

**Dessin de la personne : madame D., 80 ans
(il est dessiné au stylo bleu)**

PERTURBATIONS AFFECTIVES ET ÉMOTIONNELLES ET MALADIE D'ALZHEIMER

<table>
<tr><td>

1. Les émotions et les processus émotionnels
2. Les fonctions émotionnelles
3. Les perturbations affectives et émotionnelles
3.1. L'apathie
3.2. La dépression
3.3. L'exaltation de l'humeur et la désinhibition
3.4. L'anxiété
3.5. Les perturbations émotionnelles
3.6. Les conduites régressives
4. Cas clinique
Bibliographie

</td></tr>
</table>

1. Les émotions et les processus émotionnels

Le processus émotionnel comporte trois dimensions :

• *l'activation physiologique* qui correspond à l'aspect organique, somatique de l'émotion. Des changements corporels suivent la perception de l'événement à l'origine de l'émotion ;

Gatignol et al. (2011) font l'hypothèse qu'un trouble de la perception des émotions pourrait expliquer les troubles du comportement, de la communication et l'indifférence affective que présentent les patients Alzheimer.

Afin de tester cette hypothèse, ils ont souhaité évaluer les troubles de la perception des émotions et les quantifier avec un test qu'ils ont élaboré : le test de perception des émotions (TPE), s'inspirant du test de reconnaissance des expressions faciales d'Ekman (1975) et qui évalue les capacités de perception du patient en modalité visuelle, auditive et auditivo-verbale. Leur travail a consisté à comparer les performances d'un groupe contrôle de 30 sujets avec les performances de dix patients Alzheimer (MMS>13).

Leur étude a révélé l'existence d'un trouble de la perception des émotions chez les patients présentant une démence de type Alzheimer. Ils retrouvent cette tendance dans trois modalités et plus particulièrement dans les modalités visuelles et auditivo-verbales. Seule la modalité verbale semble être relativement préservée, ce qui démontre l'importance du contour intonatif dans le processus d'identification des émotions. Ils ont aussi montré que les sujets Alzheimer, malgré des capacités de communication verbale diminuées en compréhension et en production, parviennent encore à produire un discours avec des inflexions vocales chargées émotionnellement. Leur plus grande difficulté n'est donc pas de produire des discours avec une prosodie[8] affective[9] appropriée, mais de parvenir à percevoir les émotions véhiculées dans la voix de leur interlocuteur.

Leur étude a donc mis en évidence qu'il existait un déficit de perception des émotions dans la maladie d'Alzheimer et que le renforcement de la prosodie émotionnelle[10] pourrait être utilisé comme soutien à la communication.

• *l'expression faciale* qui est une autre forme d'expression corporelle de l'émotion. À chaque émotion correspond une expression mimique (entre 7 et 10 selon les auteurs). Ces expressions faciales sont transculturelles et innées. La reconnaissance des émotions sur les visages est en partie traitée par le néocortex temporal externe, région précocement lésée dans la maladie d'Alzheimer au stade démentiel, à la différence du stade du MCI amnésique[11]. Les aspects invariants des visages comme le genre sont principalement traités dans les régions occipitales postérieures, touchées à des stades plus avancés de la maladie.

Bediou et al. (2006) ont voulu vérifier si les performances dans la reconnaissance de ce type de stimulus visuel permettent de différencier les principaux stades de la maladie d'Alzheimer. Ils ont étudié la reconnaissance des expressions faciales, de la direction du regard et du genre chez des patients atteints de maladie d'Alzheimer probable à un stade démentiel léger (n = 10) et des patients atteints de MCI amnésique (n = 10), grâce à un protocole informatisé utilisant des morphings faciaux. Ces populations furent comparées à des patients atteints de démence fronto-temporale (DFT) (n = 10) et des sujets sains (n = 10).

Les résultats ont montré que les patients atteints de maladie d'Alzheimer présentaient un déficit de reconnaissance des expressions faciales (p<0.05), les patients atteints de DFT apparaissent déficitaires dans la reconnaissance des expressions faciales (p<0.0001) et de la direction du regard (p<0.0005). La reconnaissance du genre des visages n'était pas altérée dans ces deux groupes. Les patients atteints de MCI avaient des performances comparables aux témoins dans les trois tâches.

---

[8] *La prosodie* est un ensemble des éléments phoniques (intonation affective, particularismes régionaux, accent tonique, montée mélodique, etc.) qui caractérisent le langage parlé.

[9] *La prosodie affective* se centre sur la coloration affective des messages qu'elle soit positive ou négative.

[4] *La prosodie émotionnelle* concerne les variations d'intonation et de mélodie, qui permettent de transmettre les sentiments. En effet, l'émotion, décrite comme une réaction affective intense de l'organisme lors d'une situation donnée, se traduit physiologiquement par divers phénomènes comme une pâleur, un tremblement, des mimiques de la face, etc. Mais elle se transmet aussi et surtout au travers de la voix, des articulateurs, du fonctionnement du larynx… Elle permet également d'identifier les registres de parole, en lien avec des fonctions sociales variées. Ainsi, la mélodie de la parole apparaît de façon relativement monotone au registre soutenu alors qu'une importante fréquence des changements de ton se manifeste au registre familier.

[11] *mild cognitive impairment* (MCI) ou trouble/déficit cognitif léger.

L'exploration des capacités de reconnaissance de certaines propriétés faciales permet de discriminer les différents stades de la maladie d'Alzheimer, en particulier le MCI amnésique du stade démentiel léger. L'analyse combinée de la reconnaissance des émotions et de la direction du regard permet de séparer les populations MCI, Alzheimer et DFT.

Ce type de test sensibilisé grâce à une technique de morphings faciaux pourrait aider au diagnostic précoce de la conversion du MCI vers la démence.

• *l'évaluation cognitive* qui va permettre de déterminer les situations émotionnelles par exemple, la procuration d'un plaisir versus un déplaisir. La qualité d'une émotion dérive des processus cognitifs mis en œuvre pour comprendre la situation.

Parmi les modèles des émotions les plus connus, on trouve :

a)   le modèle de prise de conscience des émotions de Damasio (1999) qui distingue trois concepts clés :

• *l'émotion qui dans cette première phase est un état interne*, c'est-à-dire une réponse neuronale à un stimulus activant des aires neuronales prédéterminées (aires d'induction de l'émotion) qui vont déclencher des réponses cérébrales et corporelles observables ;

• *le sentiment (feeling) qui émerge à la suite de la construction d'images mentales* représentant les modifications de l'état du corps dont l'individu n'a pas forcément conscience ;

• *le sentiment conscient d'éprouver une émotion (feeling a feeling)* qui est l'étape ultime.

b) D'autres modèles, en particulier psychologiques, ont aussi été proposés. Ils mettent l'accent sur les différentes étapes menant à la prise de conscience d'une émotion en s'attachant à identifier les processus psychologiques sous-jacents (distinction entre état émotionnel et expérience émotionnelle ; conception de l'épisode émotionnel comme une construction psychologique dans laquelle chacune de ses composantes est comparée à une représentation mentale prototypique (la peur, la colère, etc.).

Pour Carton (2007), les modèles neurobiologiques, psychologiques, développementaux diffèrent notamment sur le poids accordé aux structures cérébrales dans la détermination d'une expérience émotionnelle, mais s'accordent sur les déterminants majeurs de la prise de conscience des émotions : l'activation physiologique, l'expression faciale-comportementale et l'évaluation cognitive. Par ailleurs, ils évoquent tous un dernier niveau qui rend compte de la manière dont le sujet sait qu'il est en train de ressentir l'émotion qu'il éprouve et que ce qu'il éprouve est une émotion. Elle conclut qu'il existe différents niveaux de conscience des expériences émotionnelles et que certaines situations émotionnelles ne s'accompagnent pas de prise de conscience. L'émotion étant donc la résultante de plusieurs composantes, on peut s'interroger sur l'effet de l'atteinte de l'une d'elles en particulier l'évaluation cognitive qui est une composante essentielle dans la prise de conscience de l'émotion.

2. Les fonctions émotionnelles

Dans les institutions, les soignants témoignent d'une vie émotionnelle persistante chez des déments même évolués, parfois seulement intermittente, parfois débordante, voire incontrôlée, avec expression d'affection, ou de colère. On constate souvent que l'expression des émotions libère la parole.

Les travaux de Magai (2000) ont démontré que les déments gardent des capacités à exprimer leurs affects de façon adaptée jusqu'à un stade évolué de leur maladie, mais dans leur registre prémorbide, parfois exagéré. Il apparaît même qu'ils pourraient devenir plus sensibles aux signaux non verbaux de l'environnement, avec l'atteinte progressive de leurs capacités verbales.
Cet auteur a étudié aussi les liens entre la *personnalité émotionnelle prémorbide*, caractérisée selon trois modes relationnels, et les symptômes comportementaux :
– le *mode affirmé*, avec des affects positifs mobilisables, occasionne moins d'agressivité ;
– le *mode évitant*, qui exprime plus volontiers de l'hostilité ;
– le *mode ambivalent*, dont l'expression est ambivalente ou labile.

La vie psychique et émotionnelle des patients atteints de démence s'exprime également en fonction d'éléments psychodynamiques, qui ont donné lieu à des recherches complexes sur le fonctionnement psychique (GrosClaude, 2000 ; Ploton, 2004).

3. Les perturbations affectives et émotionnelles

3.1. L'apathie

Symptôme clé de la MA, l'apathie se définit comme un trouble de la motivation et de l'initiative. Elle comprend trois composantes : diminution de l'initiative motrice, perte d'intérêt cognitif et réduction du ressenti affectif. Souvent confondue avec la dépression, elle constitue une source de détresse pour l'aidant qui ne comprend pas pourquoi le patient semble indifférent, comme détaché de tout. Cependant, le patient apathique, contrairement au patient déprimé, réagit positivement à l'incitation.

> Depuis sa maladie, madame T, 81 ans, présente un ralentissement, une apathie. Elle reste dans sa chambre à ne rien faire, assise sur son fauteuil. Elle n'en a pas envie. *« À quoi ça pourrait bien me servir de faire les activités qui me sont proposées ».*

3.2. La dépression

• *Les authentiques états dépressifs majeurs* sont rares, ils sont plutôt constatés en début de maladie et découleraient d'une prise de conscience du déclin cognitif. Les passages à l'acte suicidaire sont exceptionnels. Par la suite, la dépression est sans doute diagnostiquée de façon abusive, car souvent confondue avec l'apathie.

• *La tristesse de l'humeur* s'observe à tous les stades de la MA, mais elle est de courte durée, survenant par moments et en particulier à la faveur de l'accablement dû à une mise en échec. Elle est plus ou moins associée au sentiment de désespoir, aux idées noires ainsi qu'au ralentissement psychomoteur ou à la baisse des conduites instinctuelles.
Avec l'avancée de la maladie, la tristesse deviendrait l'expression d'un dysfonctionnement neurobiologique peu modulable par l'environnement.
• *L'impact de la dépression est important* car elle est à l'origine d'attitudes régressives suivies d'accélération du déclin fonctionnel, mais aussi cognitif. Elle retentit sur l'aidant en augmentant son stress, ce qui a un effet négatif sur le patient.

> Madame F âgée de 76 ans est veuve depuis cinq ans. Elle se décrit comme étant *« très fragile dans sa jeunesse »,* ayant vécu une vie triste, car sa mère a quitté le foyer et son père buvait. Depuis sa maladie, elle se sent toujours triste. Elle broie du noir. Elle est insomniaque et refuse de s'alimenter. Madame F, se déprécie à outrance, n'accepte aucun compliment : *« Je ne suis plus rien », « Je ne vaux rien ».*

3.3. L'exaltation de l'humeur et la désinhibition

Des états pseudo-maniaques sont possibles à un moment ou un autre de la maladie. Ils peuvent résulter d'une atteinte antérieure frontale, mais aussi d'une sensibilité plus importante aux traitements psychotropes : inhibiteurs sélectifs de la recapture de la sérotonine (ISRS) ou anticholinestérasiques.

Il s'agit d'états d'euphorie transitoire associés ou non à une désinhibition (grossièreté, avances sexuelles, etc.) ou à des interprétations délirantes (persécution, érotomanie). Ils s'amendent assez bien si l'on réduit ou arrête les traitements cités. Leur présence nécessite de rechercher une composante vasculaire ou fronto-temporale où ces troubles sont plus communs.
Les troubles maniaques ou pseudo-maniaques peuvent être à début précoce ou tardif. Les manies à début tardif sont souvent associées à des maladies somatiques en particulier neurologiques (processus intracrâniens, démence, accident vasculaire cérébral), des états postopératoires, des traitements par des corticoïdes ou de la L-Dopa et appelées manies secondaires. Les facteurs génétiques semblent y jouer un rôle moindre que dans les manies à début précoce. Les manies du sujet âgé sont moins typiques que chez l'adulte jeune du fait de l'intrication fréquente à

des symptômes somatiques. L'expansivité et l'euphorie tendent à être remplacées par une agitation stérile avec agressivité. Des troubles cognitifs, une confusion et une désorientation sont souvent observés. Il faut également souligner la fréquence des états mixtes associant des symptômes maniaques et dépressifs. Il n'est pas toujours aisé de distinguer ces états pathologiques des démences, des états confusionnels ou des troubles schizophréniformes. Les épisodes sont habituellement plus longs que chez l'adulte jeune.

> Madame X, 82 ans, ricane, interpelle et insulte le personnel soignant chaque fois que quelqu'un rentre dans la chambre pour lui faire les soins. Elle ne supporte pas qu'il la touche. Elle se calme une fois les soins terminés.

3.4. L'anxiété

Elle peut apparaître bien avant la découverte des signes cognitifs. Le patient, qui est alors conscient de ses troubles, ne sait pas mettre de mots sur ce qui lui arrive et vit avec une perplexité effrayante son rapport au monde déformé : « *Je deviens fou, je perds la tête* ». Les réactions négatives et l'incompréhension de l'entourage viennent redoubler l'angoisse. L'annonce du diagnostic peut apaiser l'anxiété en « désignant l'ennemi », ou parfois donner lieu à une réaction de panique.

• *L'anxiété peut être associée à une dépression*, à des manifestations psychotiques ou des difficultés interpersonnelles
• *Elle peut naître de l'anticipation de l'échec* [anxiété « *challenge* »], surgir à la faveur d'un changement dans l'environnement (une personne nouvelle dans la maison). Plus la maladie évolue, plus l'angoisse d'abandon grandit. Et la personne âgée a lors tendance à s'agripper à l'aidant, ce qui est épuisant pour celui-ci. Des angoisses plus archaïques de morcellement, d'effondrement sont également observées.
• *L'anxiété prend une coloration différente* selon la personnalité prémorbide : tics obsessionnels, préoccupations hypocondriaques, conduites régressives. À un stade évolué, lorsque la verbalisation s'avère difficile, elle prend volontiers la forme d'appels à l'aide réitérés, de cris, de déambulation, de « fugues » soudaines, voire de conduites d'évitement phobique (peur de l'eau, de l'étranger).

• *Des « réactions de catastrophe » analogues à des attaques de panique* sont également possibles face à des situations complexes impossibles à gérer. Elles peuvent conduire à de véritables confusions. Les patients en état de verbaliser évoquent des sensations d'éclipses mentales ou des moments de déréalisation transitoires.

Le tableau clinique est parfois typique associant des manifestations psychiques (sentiment de malaise, d'insécurité, de menace) et des manifestations physiques (oppression thoracique, striction laryngée, tachycardie, polypnée). Il ne faut pas méconnaître alors certaines affections somatiques telles qu'une hyperthyroïdie, une arythmie cardiaque, une embolie pulmonaire, une hypotension orthostatique.

Cependant, l'expression de l'anxiété est souvent atypique chez le sujet âgé. En particulier, au cours de certains états pathologiques volontiers chroniques chez le sujet âgé, il n'est pas toujours aisé de faire la part de la dépression et de l'anxiété. En effet, les plaintes somatiques, l'asthénie et les craintes diverses dominent tandis que la symptomatologie dépressive est très atténuée. Par ailleurs, l'anxiété peut se manifester par des plaintes concernant les fonctions cognitives en particulier mnésiques pouvant évoquer une démence débutante. Enfin, l'expression comportementale de l'anxiété n'est pas rare chez la personne âgée.

> Monsieur P, 87 ans : *« Je me sens toujours inquiet, pas en sécurité. J'ai peur de ne pas tenir le coup. Je me sens toujours tendu »*.

3.5. Les perturbations émotionnelles

Spécifiques de la pathologie démentielle, en particulier de la MA, les perturbations émotionnelles sont de deux types : *émoussement affectif et incontinence émotionnell*e. Elles peuvent coexister ou se succéder chez le même sujet, et résultent probablement de mécanismes différents.

•*L'émoussement affectif,* qui pourrait correspondre à une atteinte précoce de la région amygdalienne, est caractérisé par une réduction de l'expression affective, une perte de la recherche de plaisir, une tendance au repli, à l'indifférence, à l'apragmatisme [12]. Il participe à ce que d'autres ont décrit sous le terme d'« apathie ».

> Madame N, 76 ans : *« Je ne sais pas si j'ai envie de rire ou de pleurer. J'ai l'impression de ne rien ressentir, d'être indifférente à tout »*.

• *L'incontinence émotionnelle* intéresse surtout les formes modérées à sévères. Elle se traduit par une tendance répétée à pleurer plus aisément ou de façon plus intense lors de circonstances favorisantes, telles des pensées tristes, des témoignages d'affection, le départ d'un proche, la présence d'un étranger, l'incapacité à réaliser une tâche, le fait de regarder des événements tristes à la télévision ou d'écouter de la musique. Elle est associée à une labilité émotionnelle importante, avec des changements brutaux d'humeur, voire des réactions de panique.

---

[12] Troubles de l'activité apprise se caractérisant par l'incapacité pour un individu de réaliser des actes courants.

> Madame P, 85 ans : « *Je pleure comme une madeleine sans pouvoir me contrôler dès que j'écoute une musique qui me rappelle des souvenirs heureux. Cela m'arrive souvent même chaque fois que je regarde un film triste à la télévision. Je suis trop émotive* ».

3.6. Les conduites régressives

Les conduites régressives s'apparentent à la lignée déficitaire avec incurie[13], refus alimentaire, opposition aux soins et attitude puérile de dépendance captative. Elles sont difficiles à gérer pour l'entourage, car souvent inscrites dans une dynamique relationnelle figée (parfois ancienne).

> Madame V, 83 ans : Elle est toujours derrière le personnel soignant ou les stagiaires qui viennent dans le service. Elle cherche toujours à capter leur attention en se comportant comme une petite fille/mamie capricieuse qui souhaite qu'on lui cède sur tout.

4. Cas clinique

Anamnèse

Monsieur I, 71 ans, est marié. Il a deux fils et trois petits-enfants. Son premier fils est marié. Il a un enfant et a repris l'exploitation agricole familiale quand son père, agriculteur-céréalier, a pris la retraite il y a 4 ans. Son second fils est paraplégique (depuis 10 ans) à la suite d'un accident de moto, il est célibataire et vit seul à proximité de la ferme familiale. Il vit toujours sur l'exploitation agricole dans une maison individuelle avec son épouse. Ses loisirs sont le jardinage, une participation au club du 3ème âge une fois par semaine (lecture, jeux de cartes, voyage).

Monsieur I a eu une enfance difficile. Il a arrêté ses études à quatorze ans. Il a vécu de nombreux conflits familiaux notamment pour le partage des terres dans la famille). Il signale une grave dépression en 1975.

On note dans les antécédents chirurgicaux l'opération d'une hernie inguinale[14] droite à l'armée et une hernie inguinale gauche opérée en 2003. Actuellement, monsieur I. est sous antalgique pour des problèmes de dos.

---

[13] Négligence, absence de soin, laisser-aller.

[14] Variété de hernies de la paroi abdominale, relativement fréquente, touchant essentiellement l'homme et se caractérisant par la protrusion (État anormal d'un organe [ou d'une partie d'un organe] poussé en avant à la suite d'un processus pathologique [affection quelconque]. D'une partie de l'intestin par le canal inguinal qui, habituellement, laisse passer le cordon spermatique chez l'homme et le ligament rond [suspenseur de l'utérus] chez la femme. Une hernie, de façon générale, est une masse circonscrite constituée par un organe ou une partie d'organe, le plus souvent l'intestin, qui est sorti de la cavité qui le contient habituellement, c'est-à-dire l'abdomen. La hernie fait donc saillie à travers la paroi de celui-ci.

Les frères et sœurs ainsi que les parents de monsieur I ne présentent pas de troubles mnésiques.

Il souffre de troubles de la mémoire d'allure progressive, il oublie parfois les choses et doit être rappelé à l'ordre sur certaines consignes. Monsieur I présente une désorientation temporelle et parfois spatiale. On relève également une tendance à l'agnosie[15] des lieux, une apraxie[16] des objets, une apraxie réflexive[17] avec un manque de mots. L'annonce d'une maladie neurodégénérative de type Alzheimer a été faite en 2004 lors d'une consultation au service de gérontologie de l'hôpital, et a été effectuée par un gériatre. Monsieur I a bénéficié d'un bilan neurologique à deux reprises pour confirmer le diagnostic.

Suite à l'annonce de la maladie, monsieur I. présente des troubles thymiques importants de type dépressif et anxieux. Il est inquiet de l'évolution de ses troubles de mémoire et de sa désorientation temporelle. Il est nerveux durant l'entretien (mouvements incessants des jambes). Parfois, il semble absent et plongé dans ses pensées. Ou alors, il est agressif verbalement (intonation de la voix). Il est conscient de cette agressivité et explique que c'est le un moyen pour lui « *d'imposer ses idées* ». Il ne veut pas se sentir « *trop soumis et trop écrasé par les autres* ». Il veut « *continuer à se préserver, se respecter et exister* ».

Depuis sa maladie, il participe à un atelier de stimulations cognitives. Il continue à se rendre une fois par semaine au club de 3ème âge (lecture, jeux de cartes, voyage). Sa femme participe au groupe de paroles sur la maladie. Son fils l'accompagne à ses nombreux rendez-vous médicaux.

Ses proches le décrivent comme un homme peu communicatif et replié sur lui-même qui n'aborde jamais le sujet de sa maladie.

Outils

MMSE (Mini Mental State)

Le score de monsieur I au dernier MMSE est de 22 sur 30 confirmant une atteinte des fonctions cognitives.

HAD (échelle d'anxiété et de dépression)

À l'échelle HAD, il obtient un score de 14 qui indique une forte symptomatologie anxieuse et dépressive.

---

[15] L'agnosie est l'impossibilité de reconnaître des objets, alors que les fonctions sensorielles (vision, audition, toucher, etc.) sont normales.

[16] Troubles acquis de l'exécution intentionnelle d'un comportement moteur en l'absence de troubles moteurs, sensoriels, intellectuels.

[17] Difficulté à exécuter des gestes non symboliques comme réaliser deux anneaux entrelacés avec les pouces et les index des deux mains.

Questionnaire du dessin d'arbre achevé (QDAA) et symbolique spatiale[18]

L'arbre de monsieur I se situe principalement en bas, il est bien inséré dans la page, mais n'occupe pas tout l'espace. Les zones des conflits, des besoins et des nostalgies sont investies.

La zone des projets, des aspirations et de l'ambition (haut droit) est très peu investie. Monsieur I a des difficultés à se projeter dans l'avenir. Il souhaiterait pourtant franchir des obstacles pour réaliser des objectifs, des projets, mais il ne s'en sent pas capable.

Monsieur I oscille entre le passé (côté gauche) et l'avenir (côté droit). Il a dessiné un saule pleureur et un pin. Le saule pleureur symbolise tout ce qui est beau, mais plein de mélancolie, de tristesse et de nostalgie. C'est l'arbre qui caractérise les états dépressifs. Le pin symbolise la nostalgie de l'enfance.

L'arbre 1 (saule pleureur) est vieux, envahissant et a atteint sa maturité. Il est triste. Il a besoin d'eau. Il dépérit. Il presque mort à cause de la sécheresse. Il est amené à disparaître (proche de la fin de sa vie), car s'il traîne plus debout, il faut le supprimer.

L'arbre 2 (pin) est jeune (10 ans), mais il a été coupé et il repart.

Le pin sert de béquille, de tuteur, de soutien au saule pleureur (il l'aide à faire face à la vie).

Les couleurs :

Les personnes âgées ont tendance, de manière générale, à utiliser des couleurs pastels : c'est le signe de la tranquillité intérieure de la vieillesse. Ici, monsieur I a utilisé un feutre de couleur violette, une couleur qui suggère dans le cas spécifique de monsieur I, la tristesse, la nostalgie, la souffrance.

<u>Sphère affective</u>

Monsieur I a connu des antécédents de dépression à la suite de conflits familiaux et de l'accident de son fils tétraplégique, mais également de la maladie. Les tracés de ses arbres portent la marque de la dépression. Il est déçu, souvent découragé et pessimiste (il a envie d'abandonner, mais il essaie de faire face). Il est nerveux et anxieux pour le quotidien. Il est triste à cause d'un désaccord entre la réalité (maladie) et ses désirs (développer des projets). Il essaie d'échapper au réel, à la réalité non conforme à ses désirs par le rêve et par le jeu.

Il craint de se sentir abandonné par ses proches et a besoin de se sentir compris, soutenu, servi, couvé par ses proches pour se rassurer.

---

[18] Voir Fernandez, L. (2014*). Le test de l'arbre. Un dessin pour comprendre et interpréter*. Paris : Éditions In Press, collection, concept psy, 3e édition.

Monsieur I est introverti, inhibé. Il reste sur la défensive de façon tendue et crispée. Il ne livre pas facilement sa vie intérieure (il a des difficultés à parler de lui-même et il intériorise ses sentiments). Il manque de confiance en lui (timidité, gêne). Il est sensible.

Il lui arrive d'être impulsif et agressif quand il ressent la frustration (par exemple, quand il a l'impression que les proches ne répondent pas à ses demandes de soutien).

Sphère intellectuelle

Monsieur I semble avoir un bon niveau intellectuel et une intelligence normale. Il est capable de réflexion. Il aime s'organiser et prévoir. Sa curiosité intellectuelle le conduit à s'intéresser à de nombreuses activités dans le cadre du club de 3ème âge qu'il fréquente et dans le cadre de l'activité d'atelier de stimulations cognitives. Monsieur I manifeste des intérêts divers pour la culture et domaines artistiques (littérature, par exemple). Intérêts qui lui permettent de s'évader dans l'imagination et le rêve, dans son monde personnel et d'oublier ses préoccupations : fuir le réel désagréable).

Il a besoin de se discipliner et se diriger vers un but qu'il se donne, qu'il se fixe, qu'il accepte. Il veut échapper à la consigne stricte et a tendance à s'opposer au milieu, aux normes établies et à ceux qui veulent les imposer.
Parallèlement, on peut relever à travers certains tracés un léger retard, une intelligence qui s'exprime parfois difficilement (inhibition et lenteur de compréhension, de la pensée). Nous pouvons supposer que ceci est la conséquence de la maladie.

Sphère sociale

Monsieur I semble avoir un bon contact social avec autrui (il a besoin et recherche des contacts positifs) et développe des moyens d'adaptation envers autrui. Il est encore très entouré par de nombreux amis avec lesquels il joue aux cartes. Mais il explique aussi avoir des difficultés à se sentir à l'aise en grand groupe et perdre ses moyens (timidité, gêne). *« Je sais que je dois toujours me sociabiliser, que c'est important pour moi et qu'il n'est pas bon de rester sans contact extérieur »*.

Pour conclure

Avec le phénomène de l'arbre (un grand arbre avec plusieurs branches, Damasio (2003) illustre de régulation homéostasique de la vie :

1— Les branches supérieures ou le haut de l'arbre : représentent les sentiments et les émotions [la joie, l'orgueil, la tristesse et la sympathie].

2. Les branches intermédiaires : représentent les besoins et les motivations comme la faim, la soif, la curiosité, l'exploration, le jeu, le sexe : ce sont les « appétits ».

3. Les branches inférieures : représentent les comportements associés aux notions de plaisir et de douleur.

4. le tronc : représente les réponses immunitaires, les réflexes de base et la régulation métabolique.

• Le processus du métabolisme : c'est l'ensemble des composantes chimiques et mécaniques [sécrétions endocrines, hormonales ; les contractions musculaires liées à la digestion...] censées maintenir l'équilibre des chimies internes.

• Les réflexes de base : incluent le réflexe d'arrêt déployé en réaction à tout danger extérieur

• Le système immunitaire : Ce sont les comportements associés aux notions de plaisir et de douleur ; l'organisme.

Bibliographie

BEDIOU, B., RIFF, I., MILLIERY, M., MERCIER, B., VIGHETTO, A., BONNEFOY, M., KROLAK-SALMON, P. (2006). Altération de la reconnaissance des émotions dans la maladie d'Alzheimer légère. *La Revue de médecine interne,* 27, S374.

CARTON, S. (2007). Conscience et émotion. Psychologie et Neuropsychiatrie du Vieillissement, 4, 5, 249-260.

DAMASIO, A. (1999). *Le sentiment même de soi. Corps, émotions, conscience.* Paris : Odile Jacob.

DAMASIO, A. (2003). *Spinoza avait raison : joie et tristesse, le cerveau des émotions.* Paris : Odile Jacob, collection, sciences.

DUMAS, R. (2002). *Traité de l'arbre. Essai d'une philosophie occidentale.* Paris : Actes Sud.

GATIGNOL, P., AUBERT-GARAÏALDE, O., ROUSSEAU, T. (2011). Perception des émotions dans la maladie d'Alzheimer. *Annals of Physical and Rehabilitation Medicine*, 54 S e245-e250.

GROSCLAUDE, M. (2000). Démence et communication. Comment communiquer avec le malade au cours des différents temps évolutifs de sa maladie ? *Annales Médico-Psychologiques,* 158, 180-183.

MAGAI, C. (2000). Personnalité et émotions chez les patients déments. In *Maladie d'Alzheimer. Recherche et pratique clinique.* Paris : Serdi Éditeur, 144-148.

PLOTON, L. (2004). *Maladie d'Alzheimer : à l'écoute d'un langage.* Lyon : Chronique Sociale, 3e édition.

POLLERMANN, B.Z. (2005). Qu'exprime la prosodie affective : l'état du corps ou l'état de l'esprit ? Proposition d'un modèle unifié de l'émotion et de cognition. In M.F. CASTAREDE, G. KONOPCZYNSKI, *Au commencement était la voix*, Paris: Ères, 97-104.

RIGAUD, A.S., BAYLE, C., LATOUR, F., LENOIR, H., SEUX, M. L., HANON, O., PEQUIGNOT, R., BERT, P., BOUCHACOURT, P., MOULIN, F., CANTEGREIL, I., WENISCH, E., BATOUCHE, F., DE ROTROU, J. (2005). Les troubles psychiques du sujet âgé. *EMC-Psychiatrie* 2, 259-281.

ROUSSEAU, T. (2011). Communication et émotion dans la maladie d'Alzheimer. *Neurologie, psychiatrie et gériatrie*, 11, 221-228.

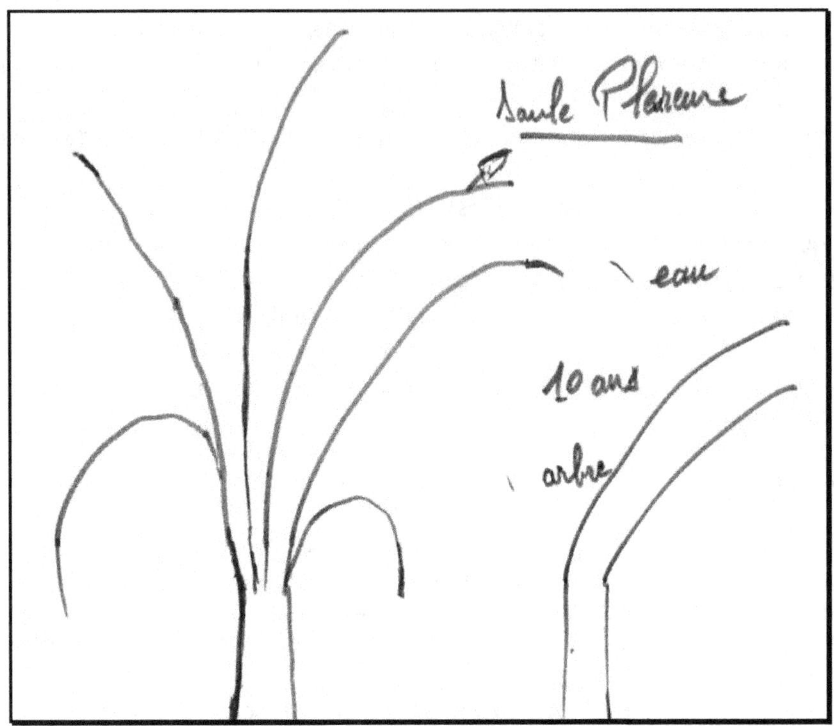

Dessin de l'arbre de monsieur I, 71 ans.
(il est dessiné en feutre violet)

QUESTIONNAIRE DU DESSIN D'ARBRE ACHEVÉ
(Q.D.A.A., Fernandez, 2014)

1) Quelle **sorte d'arbre** est-ce ?

2) Quel **âge** a-t-il ?

3) **A quoi** ou **à qui** cet arbre ressemble-t-il ? Qu'est-ce qui dans votre dessin vous donne cette impression ?

4) Cet arbre est-il **vivant** ? Si oui, y-a-t-il une **partie morte** ? Si oui, laquelle ?   Qu'est-ce qui vous donne cette impression ?

5) Cet arbre est-il **actif** ou **passif** ?   Qu'est-ce qui dans votre dessin vous donne cette impression ?

6) Cet arbre est-il un arbre du **passé,** du **présent** ou de **l'avenir** ? Qu'est-ce qui dans votre dessin vous donne cette impression ?

7) Cet arbre est-il **en pleine croissance** ou a-t-il atteint sa **maturité** ? Qu'est-ce qui dans votre dessin vous donne cette impression ?

8) De quoi cet arbre a-t-il **besoin** ? Qu'est-ce qui dans votre dessin vous donne cette impression ?

9) Cet arbre est-il **nostalgique** ? Si oui, qu'est-ce qui dans votre dessin vous donne cette impression ? Si, non, pourquoi ?

10) La **croissance** de cet arbre a-t-elle été **normale** ou a-t-elle été **difficile** ?   Qu'est-ce qui dans votre dessin vous donne cette impression ?

La symbolique spatiale au test de l'arbre renvoie aux travaux de Arthus, Grunwald et Koch sur le symbolisme de la croix et la théorie des zones (cf. Dumas, 2002).

C — G : Le passé (oublié, éliminé). Les relations du Moi et du passé. Introversion.

C — D : L'avenir, le futur (auquel on aspire ou qui s'offre à nous). Les relations du Soi et de l'avenir. But. Extraversion.

H : Spiritualité (éthique religieuse, sentiments spirituels). Intellectualité.

C — G — D : Conscience éveillée. Sensibilité. Égoïsme-altruisme. Vie intérieure/intime consciente. États sentimentaux (sentiments psychiques et conditionnés).

B : Subconscient. Inconscient. Matérialité. Rêve.

Les différentes zones sont soit tracées au crayon à partir de la feuille A4 servant de support au dessin d'arbre, soit constituées par le pliage en quatre de la feuille. Les deux procédures permettent d'obtenir une croix. L'analyse est faite en fonction de la position du dessin sur la feuille.

ESTIME DE SOI, VIEILLISSEMENT ET IMAGE DU CORPS

1. Estime de soi
1.1. Estime de soi et vieillissement
1.2. Estime de soi et vieillissement
1.3. Estime de soi et institutionnalisation
1.4. Estime de soi et démence
2. Image du corps
2.1. Image du corps et vieillissement
2.2. Image du corps et institutionnalisation
2.3. Image du corps et démence
3. Estime de soi et image du corps
4. Cas clinique
Bibliographie

1. Estime de soi

Pour Coopersmith (1984), l'estime de soi est « *l'expression d'une approbation ou désapprobation portée sur soi-même. Elle indique dans quelle mesure un individu se croit capable, valable, important. C'est une expérience subjective qui se traduit aussi bien verbalement que par des comportements significatifs.* ».

Deux courants nourrissent l'estime de soi tout au long de la vie : le regard de l'autre (le sentiment d'être aimé) et les propres réalisations du sujet (le sentiment d'être compétent). La positivité ou la négativité de l'estime de soi ne sont donc pas données a priori, mais se construisent au cours des interactions avec les autres et vont évoluer ou se stabiliser (Piquemal-Vieu, 1999).

1.1. Estime de soi et vieillissement

Pour Alaphilippe (2008), les fonctionnements sociocognitifs permettant la construction et le développement de l'estime de soi restent très prégnants chez l'adulte âgé. La vieillesse, en tant que période de changements et questionnements sur soi, peut aussi bien constituer un moment de baisse définitive de l'estime de soi, tout comme elle peut être aussi une nouvelle occasion de découverte de son propre potentiel. La valeur de soi serait fonction des attentes normatives et représentations sociales des adultes âgés et varierait donc selon le contexte. Cependant, Mc Mullin et Cairney (2004) et Collins et Smyer (2005) indiquent que l'estime de soi augmente graduellement dans la vie adulte avant de décliner vers l'âge de 70 ans. Trzeniewski et al. (2003) indiquent que cette diminution peut être expliquée par le départ des enfants, la prise de la retraite, la perte du conjoint et les problèmes de santé et d'incapacités physiques. Pour Macia et al. (2008), la relation entre avancée en âge et une estime de soi négative ne sont pas directes, mais « *médiée* » par les incapacités physiques.

1.3. Estime de soi et institutionnalisation

Pour Shu et al. (2003), Piquemal-Vieu (1999) et Zarit et Whitlatch (1992), le niveau d'estime de soi est significativement plus faible chez les personnes âgées vivant en maison de retraite que chez celles vivant à domicile. Selon Piquemal-Vieu (1999), ces résultats sont dus au fait que les blessures narcissiques sont majorées en maison de retraite. La perte du regard des personnes investies affectivement et le sentiment d'être abandonné des siens aux bons soins de l'institution renforcent l'idée que l'on ne sert plus à rien. Le placement en institution, même préparé, peut constituer une perte affective irréversible engendrant un bouleversement spatio-temporel, émotionnel et socioculturel. Le sentiment que les personnes âgées ont de leurs propres compétences est perturbé par les difficultés d'appropriation de l'espace par le relogement, et ce d'autant plus que les anciens réseaux d'estime sont perdus.

Pour Macia et al. (2008), il peut s'établir dans une institution des relations de pouvoir et de domination entre soignants et résidents qui nuisent à l'estime de soi des personnes accueillies. La confrontation au grand âge occasionne un faisceau de résonances chez les soignants quant à la dépendance, la mort qui peut provoquer des mises à distance dans les soins et nuire à l'estime de soi des résidents (Badez-Rodriguez, 2008).

1.4. Estime de soi et démence

La plupart des auteurs s'accordent sur le fait que le narcissisme et l'estime de soi sont affectés lors de la démence. « *Le patient dément fait état dans son discours d'un sentiment d'impuissance derrière lequel apparaît une atteinte de la stabilité, de la permanence, de l'intégrité de soi et de l'estime de soi : le narcissisme est affecté ainsi que le sentiment de maîtrise de soi.* » (Ferreira, 2011).
Selon Maisondieu (1989), la maladie d'Alzheimer est la maladie du narcissisme. Il propose le concept de « *miroir-effacement* » en reprenant les travaux de Lacan sur le stade du miroir. L'unification en un tout renvoyé par le miroir, étape nécessaire à l'édification du sentiment d'identité, serait impossible chez les déments.
Gil et al. (2011) considèrent l'estime de soi comme une des composantes de la conscience de soi. Les résultats indiquent qu'elle en constitue un des aspects les plus préservés, mais qu'elle s'altère progressivement avec la sévérité de la maladie.

2. Image du corps

La notion d'« *image du corps* » appartient au champ conceptuel de la psychanalyse, cette notion a été inventée par P. Schilder (1935). L'image du corps désigne « *les perceptions et représentations mentales que nous avons de notre corps, comme objet physique, mais aussi chargé d'affects. Elle est le support de l'affectif.* » (Schilder, 1968). Pour Schilder, la représentation de notre corps se construit sur le ressenti, mais fait également appel à l'image véhiculée par la culture et les représentations sociales.

Dolto (1984) fait la distinction entre image du corps et schéma corporel. Le schéma corporel spécifie l'individu en tant que représentant de l'espèce. Il est le vécu du corps actuel dans l'espace. C'est lui qui sera l'interprète de l'image du corps. L'image du corps est spécifique à l'individu, dans le sens où elle est liée à son histoire. « *Elle est la synthèse vivante des expériences émotionnelles* » d'une personne, dans ses relations aux autres depuis les premiers temps de son existence. Elle constitue le fondement du langage personnel et du mode relationnel à autrui. Elle est la base du narcissisme en tant que lieu du désir, du manque à être. Si les pulsions partent du corps, leurs représentations, elles, correspondent à l'image inconsciente du corps. Dolto (1984) distingue trois composantes de l'image du corps : « *image de base, image fonctionnelle et image érogène, lesquelles toutes ensemble constituent et assurent l'image du corps vivant et le narcissisme du sujet à chaque stade de son évolution* ».

2.1. Image du corps et vieillissement

La problématique du vieillissement oscille entre investissements et désinvestissements, qu'ils soient psychiques ou corporels. Le corps se transforme peu à peu et c'est toute la personne qui s'en trouve modifiée.

Selon l'Écuyer (1994), l'évolution du corps dans le processus de vieillissement entraîne des modifications de l'image corporelle qui se répercute à son tour plus ou moins intensément sur les perceptions de soi.

Pour Piquemal-Vieu (1999), il se joue alors un « *conflit d'images : image du corps, images extérieures de ce corps, images médiatiques des corps publics, image que le sujet se fait de lui-même ne sont plus en synergie* ».

Le stade du miroir a été repris pour symboliser l'expérience du vieillissement par Messy (1992). Le vieillissement vient déstabiliser le rapport de l'imaginaire et du réel : le miroir nous renvoie la sanction et atteste de l'altération de notre image. Parfois, le sujet a l'impression que l'image de soi reflétée dans le miroir n'est pas la sienne. Il ne se reconnaît plus dans le miroir. (Messy, 1992). Il peut alors s'opérer une distorsion entre l'image vue dans le miroir et l'image idéale que l'on a de soi. Le temps qui marque le corps crée comme un décalage, « *comme une fuite de l'identique ou un glissement de l'identité* » (Messy, 1992). Cette permanence que l'on ressent dans sa vie interne est de plus en plus décalée par rapport aux changements physiques que nous renvoient le miroir et le regard de l'autre. (Ancet et al, 2010). Il se crée parfois un important « *fossé entre l'âge réel et l'âge subjectif* » (Personne, 2011), entre l'âge physique et psychique. La vision intérieure de soi adhère de moins en moins à la vision extérieure de soi que la personne âgée a des difficultés à accepter, à reconnaître et à intégrer comme siennes.

Tauzia (2009) rapporte que les sujets vieillissants se considèrent « *sans âge* », dans le sens où l'apparence de leur corps ne coïncide pas avec l'âge de leur soi. L'apparence de leur corps n'est pas conforme à leur représentation de soi et leur corps vient rappeler le vieillissement. Le vieillissement amène progressivement l'individu à faire le deuil d'un idéal du corps. Vieillir, c'est accepter de faire le deuil d'une image de soi pour en construire une nouvelle tout en restant soi-même. Le travail de deuil de l'ancien corps est important pour permettre au sujet une meilleure adaptation, un rééquilibrage de ses comportements et une réappropriation de son image.

2.2. Image du corps et institutionnalisation

La personne institutionnalisée est tributaire de la fantasmatique institutionnelle et des représentations des soignants, ce qui influe grandement l'image du corps. En effet, selon Talpin (2005), le fonctionnement de chaque sujet vieillissant dépend de sa structuration psychique, mais également des cadres qui lui sont imposés.

Pour Ferrari (2007), la maison constitue une figuration du corps propre. Le sujet déplace des investissements initialement dirigés vers le corps à l'environnement qui l'entoure. « *La métaphore du « chez-soi » est vraisemblablement celle de l'image du corps propre, lui aussi espace, volume, possédant une enveloppe qui sépare le dedans du dehors.* (Ferrari, 2007). Cette hypothèse illustrerait le fait que de nombreux troubles cognitifs seraient révélés lorsque la personne âgée est sortie de son espace, en hôpital ou en institution.

2.3. Image du corps et démence

L'image du corps est conditionnée par l'état des enveloppes formant le moi-peau décrit par Anzieu (1985). Selon Hoenner et Gardey (2004), cinq fonctions du Moi-Peau (contenance, maintenance, pare-excitation, individuation et intersensorialité) sont perturbées chez les déments. Selon eux, l'image spéculaire et le regard d'autrui sont deux piliers de l'image du corps massivement atteints. En s'appuyant sur les travaux de Dolto (1984), ils relèvent le lien pertinent entre image du corps, narcissisme et désorientation temporo-spatiale.

Montani et Houlemare (1987) ont démontré à partir de dessins d'arbres de patients démentiels la déconstruction de l'image du corps avec la sévérité de la maladie. Selon eux, l'image du corps est contaminée par une angoisse de « *vidage* ». L'enveloppe corporelle est l'objet d'une projection de ces ressentis de perte de soi.

Montani et Ruffiot (2009) émettent l'hypothèse que le moi-peau ne se romprait pas par hasard, mais là où les blessures archaïques ont été les plus profondes. Ils observent des manifestations de « *colmatage* » dans une dynamique de restauration d'une image du corps suffisamment sécurisante.

3. Estime de soi et image du corps

Le vieillissement avec ses modifications corporelles bouscule les liens entre estime de soi et image du corps. Baker et Gringart (2009) ont étudié ce lien chez les personnes âgées en fonction de l'âge et du genre. Chez les hommes, les deux prédicteurs significatifs de l'estime de soi sont l'orientation concernant la santé et l'évaluation de la forme physique. L'estime de soi des hommes âgés serait affectée par les limitations de leurs facultés fonctionnelles ne leur permettant plus d'atteindre des aspects physiques culturellement définis. Chez les femmes, les deux prédicteurs significatifs de l'estime de soi sont l'évaluation de la santé et la préoccupation concernant le surpoids. Bien que les femmes âgées perçoivent l'idéal physique de façon plus large que les jeunes femmes, l'anxiété concernant les changements d'apparence reste importante tout le long de la vie. L'apparence physique n'est donc pas retrouvée comme un prédicteur significatif de soi malgré les recherches (Paxton et Phytian, 1999 ; Pliner et al., 1990) ayant démontré la corrélation forte entre apparence physique et estime de soi. Pour Baker et Gringart (2009), ces résultats ne signifient pas que l'apparence devient moins importante avec l'avancée en âge, mais suggèrent qu'il s'opère un changement de priorité, de l'apparence à la condition physique.

4. Cas clinique

Éléments d'anamnèse

Madame J, 85 ans, est veuve depuis deux ans. Elle a deux filles. Elle réside en EHPAD depuis cinq ans. Elle y est entrée après une chute avec perte de connaissance qui l'a menée à l'hôpital où elle a longtemps séjourné. À son arrivée, elle a été diagnostiquée avec une démence de type Alzheimer. L'avancée des troubles la situe aujourd'hui à un stade modéré d'évolution de la maladie.

Elle est fille unique. Elle entretenait avec son père une relation difficile, celui-ci ne désirait pas d'enfant. Elle a eu son brevet, mais son père n'a pas voulu qu'elle continue ses études alors qu'elle était une élève brillante. Une fois mariée, madame J. a souffert de n'avoir jamais pu s'épanouir dans une vie professionnelle. Elle aurait aimé travailler, mais son mari ne voulait pas.

Au sein de l'institution, elle est décrite par l'équipe soignante comme « *très agressive, solitaire et dépressive* ». Elle dit ne pas supporter les autres résidents qui sont pour elle « *grabataires* ». La seule activité à laquelle elle participe et qu'elle dit apprécier est l'animation esthétique. Elle prête une grande attention quotidienne à sa coiffure et son maquillage. Elle est autonome et se gère seule. Elle dit pleurer tous les jours et est particulièrement affectée par l'impossibilité de son retour à domicile (refus du médecin et de ses filles).

Contexte des rencontres et clinique de la passation

Depuis deux mois, nous rencontrons madame J dans sa chambre de façon hebdomadaire pour des entretiens. Un premier lien et un début de relation de confiance sont instaurés quand nous lui proposons la passation de plusieurs outils en trois séances de vingt minutes à une semaine d'intervalle. Elle accepte immédiatement et avec le sourire.

À la première séance, madame J. semble plutôt à l'aise au début de passation de l'échelle toulousaine d'estime de soi pour personnes âgées, mais ses postures, son visage, ses commentaires et le ton sec de ses réponses trahissent une attitude défensive.

À la deuxième séance, nous avons fait passer le dessin de la personne sous la pluie. Madame J. semble très concentrée et, mais angoissée. Nous la rassurons en précisant que la qualité du dessin n'est pas jugée. Elle commence alors à dessiner pendant une dizaine de minutes sans faire aucun commentaire tout en bas à gauche de la feuille A4 fournie. Elle choisit un feutre vert et écrit « parapluie », puis « pluie » deux fois de suite.

À la troisième séance, le questionnaire de l'image du corps est hétéro-administré pour faciliter la passation. Madame J. fait des commentaires lors de la passation associant certains items à des souvenirs.

Échelle Toulousaine d'Estime de Soi pour Personnes âgées (Piquemal-Vieu, 1999)

Cette échelle permet de déterminer le niveau d'estime de soi des sujets. Elle est spécifique aux personnes âgées. Elle comprend 19 items évoquant les cinq soi (soi social, physique, futur, occupationnel, émotionnel). La consigne est : *« Je vais vous lire une série d'affirmations permettant de définir vos caractéristiques personnelles. Pour chacune d'elles, vous me direz si elle vous correspond »* : *« Pas du tout »*, *« Peu »*, *« Moyennement »*, *« Presque tout à fait »*, *« Tout à fait »*. Le sujet exprime ainsi don degré d'accord ou de désaccord sur une échelle de type Likert allant de 1 à 5. Le score global peut être compris entre 19 (estime de soi très négative) et 95 (estime de soi très positive).

Le score total obtenu par madame J. est de 71 sur 95. Ce score élevé indique une bonne estime de soi. Il semble cependant contradictoire avec certains de ses commentaires lors de la passation tels que *« J'ai un gros complexe d'infériorité »* ainsi que l'appréciation clinique au sein de l'institution. Les scores par dimensions indiquent un soi physique fortement valorisé, en adéquation avec l'intérêt accordé à son apparence ainsi qu'à l'absence de troubles somatiques. Le score obtenu au Soi Social témoigne de difficultés relatives aux relations sociales, reflétant un écart entre ses aspirations et ses conduites effectives.

Questionnaire de l'image du corps (Bruchon-Schweitzer, 1990)

Ce questionnaire permet de déterminer la qualité de l'image du corps à travers une auto-évaluation. Il comprend 19 items décrivant chacun des manières opposées de se représenter son corps. La consigne est « Vous considérez votre corps comme… ». Pour chacun des aspects présentés, le sujet se situe sur une échelle de 1 à 5. Les scores additionnés permettent d'obtenir le score total. Il peut osciller entre 19 (image du corps très défavorable) et 95 (image du corps très favorable). Bruchon-Schweitzer (1990) met en évidence quatre dimensions de l'image du corps (accessibilité/fermeture ; satisfaction/insatisfaction ; actif/passif ; serein/tendu).

Le score total de madame J. est de 65 sur 95. L'image du corps est adéquate. Les scores par dimensions indiquent une bonne satisfaction corporelle, mais une qualité de l'enveloppe corporelle moyenne et une anxiété élevée. Les items faisant référence au regard et au contact de l'autre semblent particulièrement difficiles pour madame J. On observe également des mécanismes de défense de l'ordre du déni du vieillissement, madame J. percevant son corps comme « *jeune* » et « *énergique* ». Le discours de madame C atteste des signes de sa maladie. Il existe une confusion entre le passé et le présent. Elle évoque des souvenirs de randonnées qu'elle n'a pas pratiquées depuis plus de vingt ans en employant le présent.

Le dessin de la personne sous la pluie (Fay, 1924 ; Verinis et al., 1974)

Il s'agit d'un outil projectif permettant d'évaluer l'image corporelle du sujet dans des conditions stressantes (la pluie représentant l'élément perturbateur) et les défenses mises en place face à une situation désagréable. La consigne est « *Dessinez une personne sous la pluie* ». Par son dessin, le sujet laisse la marque de son vécu intérieur, ses conflits conscients et inconscients, ses fantasmes, ses mécanismes de défense. Le dessin peut donc se révéler être un indicateur de l'image du corps et de l'estime de soi.

L'analyse du dessin permet de repérer cinq principaux axes relatifs à l'estime de soi et l'image du corps :

– *une image du corps morcelée* : Les différents éléments corporels ne sont pas reliés entre eux et le tronc dessiné à côté de l'axe tête-épaules-jambes, mettant en évidence l'absence de continuité de l'enveloppe corporelle.

– *une dévalorisation de soi* : Le dessin est de très petite taille. Madame J. a des difficultés à démarrer son dessin. Des parties sont juste ébauchées.

– *des difficultés dans les relations sociales* : La personne est dessinée dans la partie inférieure gauche, ce qui indique des difficultés dans les relations sociales. Les parties esquissées symbolisent une coupure avec le monde extérieur. Les bras, symboles de la conscience avec le monde extérieur, sont ébauchés puis arrêtés, représentant une sensation de détachement avec le monde environnant.

– *de l'anxiété* : Les tracés mixtes (droites et courbes) peuvent signifier de la tension, de la nervosité.

– *de l'agressivité* : Les lignes droites, mais imparfaites et la pression forte peuvent être révélatrices d'agressivité, ce qui rejoindrait la perception des soignants à son égard.

Commentaires

L'estime de soi de madame J. est élevée, mais défensive et fragile, en lien avec une grande fragilité de l'image du corps. En effet, l'image du corps de madame J. est morcelée. L'enveloppe corporelle existe, mais est trouée. Cette discontinuité est associée à une dissolution des limites spatio-temporelles. Le passé et le présent, l'extérieur et l'intérieur sont confondus. Cette fragilité ébranle son narcissisme et est génératrice d'anxiété. Le regard, le contact et la reconnaissance d'autrui sont des domaines particulièrement touchés. Le déni, l'agressivité et les réponses allant dans le sens d'une valorisation de soi peuvent être envisagés comme des défenses. Elles lui permettraient dans une tentative de restauration narcissique et de masque protecteur face au monde de retrouver une délimitation entre soi et l'autre. Cette délimitation a toujours fait souffrance dans l'histoire de vie de madame J. jalonnée par des décisions imposées par son père, son mari, puis maintenant le médecin et ses filles.

Prise en charge thérapeutique

Un groupe de parole est mis en place avec quatre résidents autour d'un travail sur l'histoire de vie. Madame J. se révèle très bienveillante dans le groupe. Elle propose de laisser son siège aux participants qui arrivent en fauteuil roulant. Elle est active et participe beaucoup. Une alliance se crée entre madame J. et une autre participante, ayant intégré l'EHPAD très récemment et évoquant ses difficultés ainsi que son désir de retourner vivre à domicile. Madame J. lui fait part de sentiments similaires. Une autre participante, résidente depuis quinze ans dans l'institution, essaie alors de les rassurer en exprimant les ressentis positifs de sa propre expérience. Dès la deuxième séance, madame J. demande aux soignantes de lui rappeler de se préparer pour le groupe. Elle investit ce temps qui semble lui procurer du plaisir. L'anxiété et l'agressivité de madame J. semblent transformées et métabolisées par la dynamique groupale. Ce dispositif lui permet de redécouvrir et réinvestir son histoire et d'y trouver un écho dans celles des autres membres du groupe. Des liens se tissent entre les participants, rétablissant une socialisation altérée.

Bibliographie

ALAPHILIPPE, D. (2008). Évolution de l'estime de soi chez l'adulte âgé. *Psychologie et neuropsychiatrie du vieillissement, 6, 3,* 167-176.

ANCET, P., DREUIL, D., SIMONE, K.S., DELABBE, J., BERNARD, A. (2010). *Le corps vécu chez la personne âgée et la personne handicapée.* Paris : Dunod.

ANZIEU, D. (1985). *Le Moi-Peau.* Paris : Dunod.

BADEY-RODRIGUEZ, C. (2008). Familles et professionnels en gérontologie : quelles difficultés ? Quelle place pour chacun ? *Recherche en soins infirmiers, 3,94,* 70-79.

BAKER, L., GRINGART, E. (2009). Body image and self-esteem in older adulthood. *Ageing and Society, 29,6,* 977-985.

BRUCHON-SCHWEITZER, M. (1990). *Une psychologie du corps.* Paris: PUF.

COLLINS, A.L., SMYER M.A. (2005). The resilience of self-esteem in late adulthood. *Journal of aging and health, 17,4,* 471-489.

COOPERSMITH, S. (1984). *Coopersmith Self-esteem inventory.* Chicago: Palo Alto consulting psychologists press.

DOLTO, F. (1984). *L'image inconsciente du corps.* Paris : Le seuil.

FERRARI, A. (2007). Habitat et espace psychique chez le sujet âgé. *Le journal des psychologues, 7,250,* 47-50.

FERREIRA, E. (2011). Démence et fonction de contenance dans les unités protégées. *Cliniques, 1,1,* 110-124.

GIL, R., FARGEAU, M-N., JAAFARI, N. (2011). Conscience de Soi, Maintien du Soi et identité humaine au cours de la maladie d'Alzheimer. *Annales Médico-psychologiques, 169,* 416-419.

HOENNER, C., GARDEY, A.M. (2004). La démence sénile de type Alzheimer (DSTA) : Pertinence d'une prise en charge psychothérapeutique à médiation corporelle. *L'information psychiatrique, 80,10,* 829-40.

L'ÉCUYER, R. (1994). *Le développement du concept de soi de l'enfance à la vieillesse.* Montréal : Les presses de l'Université de Montréal.

MACIA, E., BOËTSCH, G., CHAPUIS-LUCCIANI, N. (2008). Relations entre l'estime de soi et l'état de santé « objectif » des aînés. *Bulletins et Mémoires de la Société d'Anthropologie de Paris,* 20 (3-4), 189-204.

MAISONDIEU, J. (1989). *Le crépuscule de la raison.* Paris : Bayard.

MC MULLIN, J. A., CAIRNEY, J. (2004). Self-esteem and the intersection of age, class and gender. *Journal of Aging Studies, 18,1,* 1–29.

MESSY, J. (1992). *La personne âgée n'existe pas.* Paris : Petite Bibliothèque Payot.

MONTANI, C., HOULEMARE, A. (1987). Étude du dessin du personnage dans une population âgée non hospitalisée, *Psychologie médicale, 19,8,* 1389-1390.

MONTANI, C., RUFFIOT, M. (2009). L'image du corps à l'épreuve de la démence, *Cliniques méditerranéennes, 1,79,* 103-116.

PAXTON, S.J., PHYTIAN, K. (1999). Body image, self-esteem, and health status in middle and late adulthood. *Australian Psychologist, 34,2,* 116-121.

PERSONNE, M. (2011). Protéger et construire l'identité de la personne âgée : Psychologie et psychomotricité des accompagnements. *Pratiques gérontologiques, 12,68,* 97-98.

PIQUEMAL-VIEU, L. (1999). *Vieillir chez soi ou en maison de retraite... Impact du lieu de vie sur la dynamique socio-personnelle.* Thèse de psychologie. Toulouse: Université Le Mirail

PLINER, P., CHAIKEN, S., FLETT, G.L. (1990). Gender differences in concern with body weight and physical appearance over the life span. *Personality and Social Psychology Bulletin*, 16,2, 263-273.

SCHILDER, P. (1935). *L'image du corps : étude des forces constructives de la psyché*. Paris : Gallimard.

SCHILDER, P. (1968). *L'image du corps*. Paris: Gallimard.

SEDIKIEDS, C., RUDICH, E., GREGG, A.P., KUMASHIRO, M., RUSBULT, C. (2004). Are normal narcissists psychologically healthy? Self-esteem matters. *Journal of personality and social psychology,* 87,3, 400-416.

SHU, B.C., HUANG, C., & CHEN, B.C. (2003). Factors related to self-concept in ederly residing in a retirement center. *Journal of Nursing Research*, 11,1, 1-7.

TAUZIA, N. (2009). Vers où mon corps me mène ? Derniers échanges entre Freud et Abraham. *Cliniques méditerranéennes*, 1,79, 49-62.

TALPIN, J.M. (2005). Les structures psychiques à l'épreuve du vieillissement. In J.M TALPIN, M. PERUCHON, P.CHARAZAC, C.JOUBERT, D. BROUILLET, S. MARTIN., A CHEVANCE (Eds), *Cinq paradigmes cliniques du vieillissement*. Paris : Dunod, 1-21.

TRZESNIEWSKI, K.H., DONELLAN, M.B., ROBINS, R.W. (2003). Stability of self-esteem across the life span. *Journal of Personality and Social Psychology*, 84,1, 205-220.

VERINIS, J.S., LICHTENBERG, E.F., & HEINRICH, L. (1974). The draw-a-person in the rain technique: its relashionship to diagnostic category and other personality indicators. *Journal of Clinical Psychology*, 30,3, 407-414.

ZARIT, S.H., WHITLATCHT, C.J. (1992). Institutional placement : phases of the transition. *The gerontologist,* 32,5, 665-672.

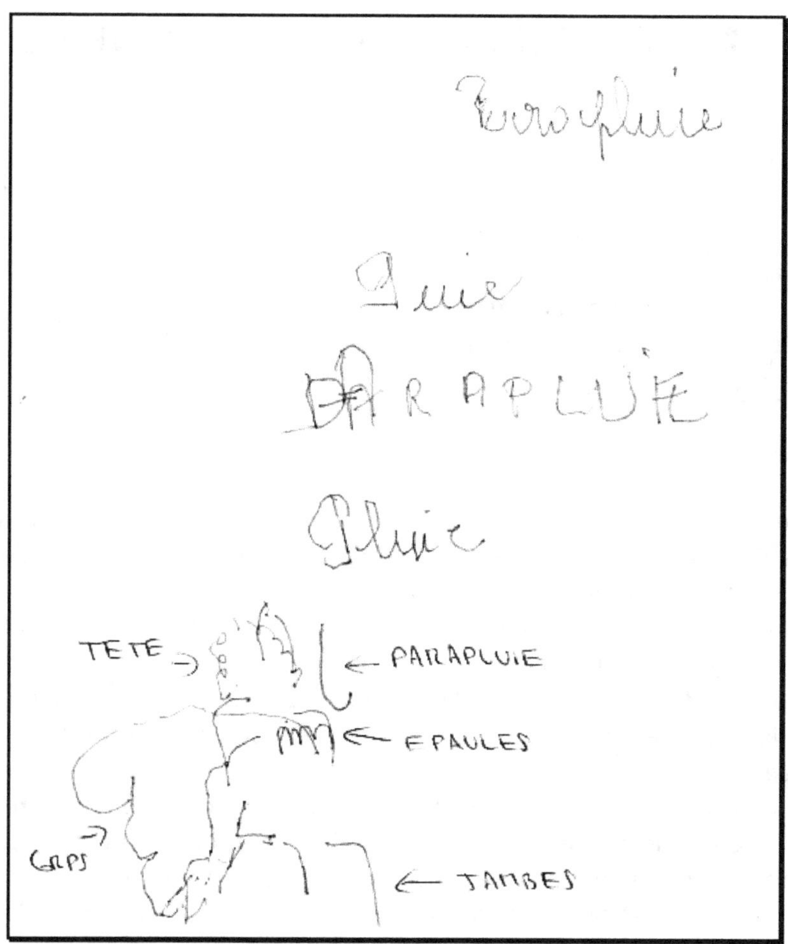

**Dessin de la personne sous la pluie de madame J., 85 ans
(il est dessiné en feutre vert foncé)**

AMPUTATION ET IMAGE DU CORPS

1. L'amputation
2. Amputation et handicap
3. Schéma corporel et image du corps
4. Amputation et image du corps
5. Les conséquences psychologiques de l'amputation
6. Rupture de la temporalité et vieillissement
7. Cas cliniques

1. L'amputation

On peut estimer à 10 000 par an le nombre d'amputations majeures des membres inférieurs liées à une pathologie vasculaire, et à 50 000 le nombre de patients vivant avec une amputation en France.

L'amputation d'un membre inférieur constitue, pour la personne qui la subit, une épreuve à la fois physique et psychologique majeure. L'évidence de la déficience, associée à celle de la perte corporelle, est immédiate, et l'espoir d'une éventuelle récupération de la fonction repose entièrement sur les vertus du futur appareillage.

Une amputation consiste en une ablation d'un segment de membre ou d'un membre en entier lors d'une intervention chirurgicale ou d'un traumatisme. Lors d'une amputation, un lambeau de recouvrement est créé par la section des tissus (peau et chair) qui est faite la plupart du temps au-dessous de la section de l'os, permettant ainsi de constituer le moignon.

Les causes de l'amputation sont multiples. On divise classiquement les causes principales d'amputation en trois grandes catégories : les causes traumatiques, les causes pathologiques et les causes congénitales où le défaut de développement d'un membre, appelé *agénésie*, constitue l'amputation.

-    Les accidents (20 %) : accidents de la route, domestiques, du travail, de la voie publique, gelures ou brûlures-électrocutions.

-    Les maladies : 80 % des étiologies des amputations sont dues à des causes pathologiques dont 65 % touchent les personnes de plus de 65 ans (tumeurs, cancers, fractures ouvertes, infections de tissus ou osseuses, insuffisance artérielle des membres inférieurs, par le diabète et le tabac par exemple, gangrène ischémique, lésions sceptiques, etc.).

-    Les amputations congénitales (10 à 15 cas pour 100 000 naissances) : Dans un membre, l'aplasie ou l'absence congénitale de tissu ou d'organe réalise une lésion qui peut être l'équivalent d'une amputation, mais aussi, plus souvent, produire un membre malformé, pourvu d'une extrémité normale ou non. La fréquence est difficile à établir, elle varie en fonction des critères de sévérité des lésions.

L'amputation, quelles que soient ses causes, touche douloureusement la personne dans son intégrité physique (déficiences dans le fonctionnement physique). Elle conditionne ou bouleverse sa manière de vivre (activités de la vie quotidienne : soins personnels, habillage, transferts, déplacements). Lorsqu'elle est provoquée, comme dans les cas de maladies ou d'accidents, elle pose également le problème de la remise en question de l'identité à travers la modification l'image corporelle et l'acceptation d'une nouvelle identité (Desmond, 2007). Nous nous intéresserons dans ce chapitre à ces deux derniers cas de par les difficultés psychologiques particulières qu'ils impliquent.

En effet, ce type d'amputation confronte la personne à l'immense difficulté de faire face au choc psychologique provoqué par la réalité même de l'opération et les conséquences qui en découlent, c'est-à-dire une incapacité rééducable en postopératoire (massages, marches, mobilisations, etc.), mais aussi par l'altération de l'image de soi qu'elle provoque (modification des sentiments et des perceptions liés à l'apparence corporelle).

La réaction à la perte d'une partie de soi (entraînant une diminution d'une partie du potentiel d'activité physique) est vécue comme une atteinte généralisée et se marque par une sorte de sentiment d'anéantissement. La personne est effondrée, souvent dépressive et anxieuse. Dépossédée d'une partie de son corps désormais mutilé, elle est privée d'une image d'elle-même qui lui apportait satisfaction ou du moins qu'elle avait faite sienne et qu'elle avait totalement intégrée. Elle ne peut plus trouver dans le regard porté sur son corps et donc sur elle-même des raisons de s'admirer, de s'aimer ou de s'accepter. Bien sûr, les réponses à des altérations de l'image du corps sont personnelles et subjectives et dépendent des caractéristiques individuelles de chaque personne autant que de son vécu. Cependant, on peut affirmer que l'amputation d'un membre entraîne non seulement une perte de la fonction et de la sensation, mais nécessite également une acceptation et une révision de l'image corporelle (Flannery, 1999 ; Tatar, 2010).

Un travail de deuil sera donc nécessaire afin de reconnaître progressivement que, même privé d'une partie de son corps, le sujet reste un être vivant, et non morcelé, conservant une entité globale. L'aboutissement de ce travail de deuil de ce que l'on était avant et d'acceptation de ce que l'on est maintenant va ainsi permettre l'élaboration d'une nouvelle image corporelle.

2. Amputation et handicap

Le handicap représente une atteinte du corps et/ou du psychisme de l'individu ; il vient interroger le corps du sujet, et ce que ce corps représente pour lui. Le corps inscrit tout autant qu'il témoigne d'une réalité. Le handicap physique et/ou psychique affecte la représentation que le sujet peut avoir de lui-même et vient trouver un écho au sein de la dynamique psychique de celui-ci. Ce contexte suppose que les altérations du corps réel ou biologique trouvent un écho sur la scène psychique, ce dont témoigne la psychopathologie. L'amputation est un acte chirurgical consécutif à un certain nombre d'affections médicales (insuffisance artérielle, artérite, tumeurs, gangrènes, etc.) ou traumatiques (accidents domestiques, de la route...) dont sont l'objet, en grande partie, les personnes âgées. Dans ce cas précis, le psychologue considère, outre la réalité clinique, son inscription dans la période de vie considérée. En effet, le vieillissement correspond à un processus biologique et corporel accompagné de manifestations psychiques particulières. L'amputation intervient ainsi dans une temporalité propre au sujet et l'inscription dans son histoire, le confronte à une logique de l'événement pouvant faire trauma. Le lieu du somatique est ainsi au premier plan et l'image du corps altéré révèle des problématiques psychiques à prendre en compte. La détresse psychique du sujet âgé subissant une amputation témoigne de l'importance à considérer l'impact psychologique de l'acte médical, mais aussi la mesure du handicap et ses conséquences psychopathologiques.

3. Schéma corporel et image du corps

Avant d'être l'objet de représentations personnelles et sociales, le corps est d'ordre biologique. Il est le lieu des organes et donc du vivant. La psychanalyse parle de corps vivant en référence à la dimension du réel du corps, confrontation du sujet à ce qui l'anime. Le corps vivant est aussi le lieu d'investissements libidinaux par l'intermédiaire de ses zones érogènes. Il est dit alors pulsionnel et témoigne des prises de la pulsion dans le corps. Le corps est le support de la libido. Support de projections et objet de représentations individuelles et subjectives, il est aussi une image. Il constitue ainsi une élaboration secondaire résultant de notre activité fantasmatique. Le corps correspond aussi à une construction sociale (Le Breton, 1992), objet de représentations liées au contexte social et culturel. À ce titre, il peut être considéré comme vecteur sémantique permettant une relation au monde à travers les gestes, postures, expressions, etc.

Le schéma corporel est défini comme une représentation permanente du sujet relative à la position spatiale du corps et de ses objets. Il correspond au modèle psychique interne reposant sur la neurologie qui permet de situer le corps dans l'espace en trois dimensions. Le schéma corporel n'intègre pas les données de l'ordre de l'affectif et du relationnel, mais est constitué des éléments issus de la proprioception (musculaire, articulaire, etc.), des éléments extéroceptifs (olfactifs, gustatifs, auditifs, cutanés, visuels) et intéroceptifs (tout ce qui provient des viscères). Le corps, en tant qu'image, témoigne de la structuration du sujet. La notion d'image du corps implique de prendre en compte différentes composantes : biologique, libidinale et sociale. Il s'agit, selon Schilder (1968), d'une configuration globale. Si cet auteur ne distingue pas le schéma corporel de l'image du corps, d'autres considèrent que le corps vécu (de l'ordre des sensations corporelles) relève du schéma corporel et témoigne d'une dimension innée (nécessaire, mais non suffisante), alors que l'image du corps est une représentation du corps vécu et correspond donc à une appréhension secondaire de celui-ci. Freud (1923) établit un lien entre image du corps et investissement libidinal ; le narcissisme en effet repose sur l'étayage libidinal sur le corps lui-même pour constituer l'image de ce dernier.

L'image se construit et se reconstruit suite au vécu, aux expériences et au développement. L'image que nous avons de notre corps est imaginaire, construite à partir des fantasmes infantiles ainsi que par ceux des expériences de notre vie. Pour Lacan (1946, 1949), le stade du miroir est constitutif de l'image du corps. Il s'agit du moment de vie du sujet lors duquel il s'éprouve dans l'image que lui renvoie le miroir de lui-même à travers le regard de l'autre qui le porte. Ce moment structurant de la vie du sujet l'amène à se représenter dans sa globalité, dans son unité. L'image inconsciente du corps (Dolto, 1984) est une image singulière et personnelle idéalisée. Nous devons la distinguer de l'image de soi qui correspond à la représentation consciente que l'individu se fait de lui-même. Elle est le produit d'une construction personnelle étayée sur le rôle social de l'individu.

Le processus de vieillissement confronte le sujet à la réalité organique en dépit du maintien du fantasme d'éternité que la société alimente ; en effet, elle offre aux personnes âgées, à travers le développement des techniques et prises en charge médicales, un sentiment de réassurance quant au fonctionnement de leur corps. Le désir *« de rester vivant »* est souvent couplé au désir de contrôler son corps et son aspect physique, et au désir de rester en bonne santé. Mais *« rester vivant »* implique également toute la sphère psychique, en particulier de maintenir du désir. L'altération réelle du corps amène à la modification de l'image du corps dont les aléas constituent la psychopathologie du vieillissement. Le sentiment de dévalorisation et la diminution de l'estime de soi induits par la confrontation du sujet au miroir (réalité de la peau ridée, flétrie, etc.) conduisent le sujet à éprouver une vulnérabilité physique et psychique. Les pertes successives liées au vieillissement (capacités physiques, psychiques, amis, partenaire, travail, lieu de vie, etc.) réactivent l'angoisse de castration et introduisent l'angoisse de mort. En effet, le corps de la personne âgée est un obstacle à la réalisation des désirs ; toutefois, le corps est toujours désirant du fait de l'atemporalité de l'inconscient. Aussi, les bouleversements du corps ont un impact sur les investissements objectaux de la personne âgée. La personne âgée aurait ainsi tendance à retirer sa libido des objets extérieurs et à *« la retourner sur le moi »*. En tant que tel, le vieillissement débute à la mort du fantasme d'éternité, lorsque le sujet rencontre un certain nombre de limites, notamment sur le versant libidinal (Le Gouès, 2000). L'appareil psychique entre alors dans un processus qui l'amène à évoluer par différentes crises successives, qui sont autant internes (pertes concernant le soi, ses capacités) qu'externes (liées à un objet extérieur et à sa perte, par exemple). Ces crises demandent une réorganisation au moi et, souvent, impliquent des réinvestissements là où quelque chose est perdu. La difficulté que le sujet rencontre tient à la possibilité d'investir une quantité suffisante de libido sur de nouveaux objets. Il apparaît, en effet, un appauvrissement du désir ; si le désir existe, il est néanmoins appauvri et renvoie aussi à un écart entre sa nature et ses possibilités de réalisation. Le vieillissement correspond ainsi à un processus de mise en tension du Moi avec le Ça : l'appareil psychique entre en conflit topique. Il s'agit d'un conflit de finitude entre le moi qui sait qu'il va mourir et le ça qui l'ignore, par la confrontation avec l'épreuve de la réalité qui rappelle au sujet vieillissant qu'il perd à la fois du côté de ses performances et capacités, et du plaisir qu'il prend à vivre. La réélaboration tardive du complexe de castration permettra alors au sujet vieillissant de négocier son processus de vieillissement psychique.

4. Amputation et image du corps

Une amputation consiste en une ablation d'un segment de membre ou d'un membre entier lors d'une intervention chirurgicale ou d'un traumatisme. On peut relever de multiples causes médicales (tumeurs, fractures ouvertes, infections, insuffisance artérielle, gangrènes ischémiques, etc.) ou accidentelles. Outre les conséquences fonctionnelles, l'acte chirurgical d'amputation a un impact sur le schéma corporel et l'image du corps. Un changement du corps entraîne conjointement une perturbation du schéma corporel, de l'image du corps et de l'image de soi, notamment du fait des sensations nouvelles et des modifications libidinales du corps et de ses représentations (Razavi et Delvaux, 2002). Le corps réel modifié, objet d'investissement libidinal, est l'occasion d'un réaménagement libidinal du fait des modifications de la perception de soi induites par la modification corporelle. L'atteinte de l'intégrité corporelle va de pair avec l'atteinte de l'intégrité psychique ; le sujet va devoir réaménager ses relations affectives vis-à-vis de son corps amputé, mutilé... Ces changements subis par le corps peuvent le conduire à une « crise d'identité » : du fait de l'étrangeté de ce corps modifié, le sujet éprouve un sentiment de vulnérabilité et de l'angoisse face à ce corps qui vient, par l'amputation, rejouer les angoisses de castration du sujet, amputation qui rappelle au sujet la mort inévitable. Le travail psychique doit permettre l'élaboration de ces changements à la manière d'un travail de deuil, de restauration narcissique, voire d'un réaménagement identitaire.

5. Les conséquences psychologiques de l'amputation

L'amputation du fait de l'atteinte corporelle peut faire un trauma pour le sujet ; menaçant l'intégrité physique et psychique du sujet, elle implique une reprise par les processus psychiques pour être élaborée. En effet, elle vient faire rupture dans l'équilibre somato-psychique et provoque un bouleversement qui comprend trois phases (Dufour, 1994) : 1) une phase de perturbation de l'équilibre social, affectif, relationnel du sujet avec son environnement amenée par la rupture liée à l'amputation ; cette dernière induit un changement corporel et affecte l'image du corps ; 2) dans la seconde phase, le sujet est confronté à des questions existentielles, remises en question associées à l'angoisse liée au handicap, au corps amoindri, etc. ; 3) la crise ouvre sur un travail de deuil ; s'il s'opère, l'issue est alors la source d'un « renouveau » ; sinon, la douleur reste alors la seule expression du sujet. Le travail psychique mobilisé par l'expérience de l'amputation rappelle que la psyché garde une trace des événements vécus, pensées, perceptions, sensations et vécus traumatiques ; l'expérience du membre fantôme, en tant que signal somato-psychique, apparaît ainsi comme une solution psychique au comblement de l'expérience du vide du fait du membre amputé (Mc Dougall, 1978). Le dysfonctionnement psychosomatique peut être interprété comme une tentative de la psyché d'envoyer des messages au corps qui seront donc interprétés somatiquement par le biais de moyens primitifs et infra verbaux.

6. Rupture de la temporalité et vieillissement

L'amputation instaure, du fait de l'altération corporelle, un décalage entre le schéma corporel et l'image du corps ; bien que tous deux soient concernés par le changement (modification visuelle du corps par le vide créé et modification de la représentation personnelle du corps liée à la perte), l'image du corps serait la plus précoce à se modifier (De Fonclare, 2010). Face à cette réalité considérée comme un « *turning point* », on relève une grande variabilité de réactions. Le tournant réside en l'adoption d'un nouvel ensemble de rôles et de relations ainsi qu'une nouvelle représentation de soi pour le sujet. Toutefois, l'ancienne image du corps resterait comme « une ombre planant sur le corps » comme un souvenir passé. L'affection narcissique suppose un réaménagement libidinal dépendant des ressources psychiques du sujet étayées sur la réalité. En effet, des auteurs ont mis en évidence que la reconstruction physique externe (à l'aide d'une prothèse) favorisait la reconstruction de l'image (Mechin et al., 2000). Malgré un support externe, la rupture temporelle peut s'avérer avoir un double impact du fait du vieillissement et de la manière dont les sujets y font face. La possibilité de mobilité serait un facteur important dans l'élaboration de la double crise (traumatisme de l'amputation et vieillissement) traversée par le sujet. Les mobilités physique et psychique seraient nécessaires et dépendraient des ressources subjectives dont la plasticité psychique.

7. Cas cliniques

Cas clinique 1

Le cas présenté propose d'appréhender la représentation de l'image subjective d'une personne âgée et de rendre compte des répercussions de l'amputation d'un membre inférieur (jambe gauche) sur l'image du corps à travers l'utilisation d'entretiens cliniques, d'un questionnaire sur l'image du corps et de tests de dessins (personne et arbre).

Monsieur C, 65 ans, est divorcé et père d'un homme de quarante ans. Il est resté en très bons termes avec sa femme, mais se plaint de son fils avec lequel il est souvent en conflit, qui ne prend jamais de ses nouvelles et qui ne vient pas lui rendre visite.

Monsieur C. est en invalidité depuis 1982 à la suite d'un grave accident de voiture. Été 2009, il est hospitalisé suite à un accident vasculaire cérébral. Il est resté un mois dans le coma. Il est atteint d'une hémiplégie gauche [19] avec épilepsie secondaire[20]. Quelques jours après son hospitalisation, toujours dans le coma, il présente une ischémie aiguë du membre inférieur gauche [21] nécessitant une amputation de la cuisse.

Il présente par ailleurs une embolie pulmonaire[22] et atélectasie droite[23].

L'annonce de l'amputation n'a pas pu être faite avant l'intervention chirurgicale. À son réveil du coma, il s'aperçoit qu'il a été amputé.

Monsieur C. est en semi-autonomie grâce à un fauteuil roulant mécanique. Il revendique plus d'autonomie et de liberté et fugue plusieurs fois du centre de rééducation fonctionnelle, car *« il veut faire ce qu'il veut quand il veut, sortir de l'hôpital et aller en ville quand il en a envie »*.

Les entretiens

Les entretiens réalisés avec le patient permettent de mettre en évidence :
* les difficultés rencontrées au niveau :

- <u>de la découverte de l'amputation</u> : Quand monsieur C. se réveille de son coma, il ne sait pas ce qui s'est passé, excepté qu'il était dans le coma. Il n'a pas été prévenu de l'amputation. *« Je m'en suis aperçu moi-même... j'crois que j'ai encore ma jambe et j'essaie de me lever... et je m'aperçois qu'ils l'ont arrachée »*. Le terme *« arraché »* témoigne d'un vécu de violence subie, autant physique que psychique et traduit également l'imprévu et un bouleversement dans la vie de monsieur C.
- <u>du sens donné à cette amputation</u> : il explique qu'il n'a pas eu le choix, et qu'il n'a pas pu prendre de décision. *« Il paraît qu'elle devait... est devenue toute noire, la gangrène... »*. *« Après, ils m'ont dit c'est pas possible, on n'a pas pu vous l'arranger... »*.
- <u>du vécu de cette amputation</u> : *« Tout, toute ma vie a été changée à partir de ce moment-là... »*. *« Ça peut vous arriver du jour du jour au lendemain, vous vous cassez la figure et hop... c'est fini. Ça, casse tout, ça casse*

---

[19] Une hémiplégie est la paralysie totale ou partielle de la moitié du corps. Autrement dit, il s'agit d'une paralysie affectant la moitié gauche ou la moitié droite du corps.

[20] Épilepsie secondaire à un AVC qui survient généralement dans les 15 jours suivants l'AVC.

[21] Insuffisance circulatoire récente (<15 jours) et de survenue brutale. Elle est la conséquence d'une oblitération artérielle non ou mal compensée par le développement d'une circulation collatérale.

[22] Il s'agit en général d'un caillot ambulant qui circule dans le sang et finit par boucher une ramification artérielle irriguant le poumon.

[23] Absence d'expansion alvéolaire entraînant une réduction du volume de tout ou partie du poumon. Il y a alors une absence de ventilation dans la zone pulmonaire concernée.

tout… ». « Mais avec tout ce que j'ai passé… Pff… Je suis résistant… toutes les opérations tout çà… ». Le *« c'est fini »* peut faire penser à une vision de fin de vie, en tous cas, il montre le caractère inéluctable de l'événement. La fatalité de la situation est évoquée comme une sorte de destin hasardeux, qui peut arriver à tout un chacun.

- <u>du soutien familial</u> : *« Je suis resté en très bons termes avec mon ex-femme qui m'a rendu plusieurs fois sa visite à l'hôpital ». « Par contre, c'est plus difficile avec mon fils qui ne prend pas de mes nouvelles et ne vient pas me voir ».*

* les besoins du patient au niveau :

- <u>de la préservation au maximum son autonomie</u> : monsieur C. revendique son autonomie qu'il considère possible avec un appareillage. *« Je voudrais faire ce que je veux quand je veux… (liberté) c'est pour ça que je veux une prothèse ». « Avec une prothèse je pourrais me débrouiller de faire des choses comme avant, faire ce que je veux… aller me balader en ville des trucs comme çà, avant j'avais une voiture je partais en voiture… je faisais les magasins, je faisais tout… je faisais tout… la cuisine aussi je la faisais hein… la cuisine… (mobilité) même avec une main on arrive à faire pas mal de choses… ». « Je fais des exercices tous les jours avec ma jambe… à part ma jambe gauche qui me manque sinon il est bien mon corps… çà va très bien… mon corps à part ma jambe, et mon bras ».*

- <u>du projet de refaire sa vie</u> : *« Je connais une femme, je voudrais refaire ma vie avec elle… ».*

Il veut retrouver ses capacités d'avant l'intervention, la prothèse espérée est vécue comme libératrice d'une contention, d'un emprisonnement.

Monsieur C. veut qu'on lui explique ce qui est arrivé, pourquoi il s'est retrouvé dans le coma et pourquoi il a été amputé de sa jambe droite. Il a le sentiment d'avoir perdu le contrôle de son existence. Il veut reprendre *« sa vie en main ».* Il souhaite bénéficier d'une prise en charge fonctionnelle et orthopédique en centre de rééducation. Inquiet et déprimé, il demande à bénéficier d'une prise en charge psychologique, car il a besoin de soutien.

Présentation du cadre thérapeutique et bilan psychologique

La rencontre avec la psychologue lui permet d'exprimer ce qu'il a ressenti quand il s'est réveillé du coma et qu'il s'est retrouvé sans sa jambe gauche (incompréhension, inquiétude) et de manifester sa détresse émotionnelle (tristesse notamment).

Dans ce contexte, un bilan psychologique est réalisé comprenant des entretiens cliniques non directifs qui se centrent sur le récit du vécu de l'amputation, sur ses difficultés et ses besoins ; un questionnaire d'évaluation de l'image du corps (QIC,

Bruchon-Schweitzer, 1987) et le dessin du bonhomme (Baldy, 2002), deux outils liés directement à la représentation de soi et à l'image du corps et le dessin de l'arbre (Fernandez, 2014, Fromage, 2011), parce qu'il permet de situer le sujet dans sa globalité, son vécu, ses conflits, ses traumas, ses capacités de stabilité et ses aspirations — l'arbre représentant la vie, la force, mais aussi le corps.

Le questionnaire de l'image du corps

Le score total au QIC de monsieur C. est 79. Les scores totaux par facteurs sont les suivants : accessibilité/fermeture = 32 ; satisfaction/insatisfaction = 39 ; corps actif/passif = 27 ; corps serein/tendu = 11.

Le score au QIC indique une satisfaction corporelle élevée. Les scores maximums sont atteints aux items : masculin, exprimant l'audace, plein, expressif, jeune, et résistant-fort.

En effet, monsieur C. considère son corps comme étant jeune, fort, résistant, plein et très énergique. Ce qui entraîne une vision positive du corps, physiquement attirant et érotique. Mais le sujet se positionnera neutre pour l'item source de plaisir/déplaisir. Il n'est pas encore en mesure de se prononcer quant à la bonne ou mauvaise santé de son corps. De même, il ne réussit pas à faire un choix entre calme-serein, et nerveux-inquiet, étant sujet aux deux propositions selon les situations. Son corps est plutôt quelque chose que l'on touche, que l'on montre, et quelque chose que l'on regarde. Même s'il se dit *« renfermé »*, la dimension relationnelle apparaît par ces items. En effet, le corps pour être regardé, touché, montré, nécessite la présence de l'autre, d'autant plus que monsieur C. se considère comme chaleureux et tendre. Il semble satisfait de son corps, accessible dans la dimension relationnelle et actif, manifestant ainsi un corps résistant, expressif, joyeux et énergique. L'identité sexuelle du sujet reconnue est mise en valeur « fort, résistant, physiquement attirant, propre, pur, expressif, érotique, joyeux… ».

Les dessins

Nous avons proposé à Monsieur C. deux dessins à exécuter : le dessin de la personne et le dessin de l'arbre.

Le dessin de la personne

Monsieur C. réalise le dessin de la personne sur une feuille A4 dans le sens de la hauteur. La personne mesure 14 centimètres et est dessinée dans son entièreté. Elle est représentée de face, la position des pieds est indéterminable. Elle est de type « stéréotype enfantin », en effet, elle est debout et les bras s'écartent du tronc. La personne impose par sa carrure et la largeur du tronc (il s'agit certainement d'un adulte), elle a quatre jambes. Chaque pied est représenté différemment, on peut constater qu'il manque un pied à une jambe sur le côté gauche de la feuille. Il n'y a aucun mouvement visible. L'axe médian est représenté par une simple ligne verticale au milieu du tronc de la personne, il est impossible de déterminer s'il s'agit d'un élément vestimentaire ou anatomique. D'après monsieur C., il s'agirait d'une *« braguette.* Les pieds étant écartés et la perpendiculaire qui passe entre les pieds sans les toucher déterminent l'aplomb de la personne. Cependant, l'aspect global du dessin donne l'impression d'un déséquilibre sur la partie gauche de la feuille, monsieur dira de son dessin *« qu'il est tout de travers ».* La personne est située sur une ligne de base dédoublée qui situe la personne à côté d'une route où circule une voiture tractant une caravane.

La structure de la personne est de type différencié. Le mode d'intégration du personnage est mixte, on constate une juxtaposition d'éléments qui ne sont pas forcément géométriques. Les éléments dessinés sont ajoutés les uns aux autres, additionnés et mis bout à bout. La représentation est abstraite (quatre jambes, trois pieds, quatre épaules…). La différenciation vêtements/corps est élémentaire : on peut distinguer deux poches séparées par l'axe médian, et selon monsieur C. *« une braguette »,* mais il y a une indifférenciation pantalon/jambes. Le type d'habillement est indéterminable à cause du peu de détails vestimentaires. Le dessin présente une zone de transparence identifiable au niveau du bras situé à droite de la feuille : une simple ligne semble représenter l'armature du bras autour de laquelle est dessiné le bras en deux dimensions.

La position du dessin dans le haut gauche de la feuille semble vouloir montrer une fuite, un déni peut-être, de la réalité présente, et une évasion dans le fantasme, comme en témoigne le dessin de quatre jambes, tout se passant comme si le sujet cherchait à en rajouter là où le manque dû à l'amputation est intervenu.

Pourtant, malgré le renforcement perceptible des épaules et l'ajout de jambes, le mécanisme compensatoire ne fonctionne pas totalement. La réalité douloureuse réapparaît avec un pied manquant et la représentation d'un personnage est dévalorisée par les tracés discontinus, les traits entrecoupés, tremblotants, et le griffonnage. Malgré un surinvestissement du nombre de jambes, la dévalorisation est marquée par l'absence d'un pied du côté gauche du dessin (projection en miroir du côté gauche du corps de monsieur C., côté de l'amputation et de l'hémiplégie.).

La tête de la personne est identifiable par plusieurs détails du visage (le nez, les yeux, la bouche, les oreilles, et les *« pommettes »*). *La représentation de l'œil* est simple, de type élémentaire, l'œil du côté gauche est représenté par un seul trait alors que l'œil sur le côté droit de la feuille est de forme ovoïde. Il n'y a pas de *sourcils* identifiables comme tels. *Le nez* est de type visuel, et est représenté par une surface autre qu'un concept géométrique simple. Il est situé entre les deux yeux, mais ne présente pas de caractère caricatural. *L'effacement du nez* pourrait signifier une crainte grandissante de castration, et un sentiment de culpabilité. *La bouche* est représentée par une surface circonscrite, et par des petits traits juxtaposés. La bouche semble ouverte, tenant une cigarette. Les lèvres et les dents ne sont pas visibles. La personne semble sourire, les extrémités de la bouche s'élèvent. Les oreilles sont représentées par une allusion graphique schématique simple, en une dimension. *Le visage* semble complet (yeux, nez, bouche, pommettes, oreilles) et ouvert, cependant, les traits sont gommés, ce qui pourrait traduire un effacement du sujet du point de vue social, des échanges, les yeux et la bouche étant des organes sociaux qui symbolisent les contacts relationnels, la communication avec le milieu. La pauvreté des échanges est également repérable par un regard vide, les yeux n'ont pas de pupilles, ils sont creux, ce qui indique l'introversion du sujet. La grande bouche vient signifier la dépendance orale du sujet (tabagisme).

La personne est représentée tête nue. *La chevelure* est peu importante, la représentation est simple, naïve, les traits des cheveux sont presque effacés. *Les cheveux courts et dégarnis* permettent de déduire la catégorie sexuelle de la personne, il s'agit d'un homme, cela est confirmé par les commentaires et l'histoire racontée par monsieur C. *« c'est pas le gars le mieux foutu quand même », « C'est un homme ».* Il y aurait donc projection de l'identité sexuelle dans le dessin.

Le cou est représenté sans détails, il est de type intégratif organique. Selon Machover (1949), le cou est un élément qui fait le lien entre les pulsions du corps et le contrôle conscient de l'esprit.
La présence des épaules est déterminée par leur caractère franchement bizarre, anormal ; en effet, on constate la représentation de quatre épaules, avec des tentatives de liaisons aux bras et au tronc. Les épaules sont doublées, refaites plus larges, les traits sont plus accentués, ce qui montre une volonté de s'affirmer (elles ressemblent à des épaulettes), de s'imposer au milieu, ce sentiment est traduit également par la taille gigantesque et impossible du vis-à-vis de l'environnement. Il existe une symbolique forte dans la notion d'épaules : elles portent le poids des choses, les fardeaux, c'est le lieu sur lequel l'autre aussi peut poser sa tête ; les épaules basses ou affaissées démontrent l'échec, la fatigue, la reddition. Des expressions du langage courant montrent bien d'ailleurs combien les épaules peuvent être liées à des émotions : hausser les épaules (indifférence), jeter par-dessus l'épaule (dédain) par exemple.
Concernant *la poitrine*, il n'y a ni indication de celle-ci ni éléments la suggérant. La taille du personnage est clairement et simultanément représentée pas un élargissement accentué de la base du tronc, et par une ligne horizontale se confondant avec un éventuel bord de vêtement. Pour ce qui concerne la partie génitale, monsieur B. a représenté un élément vestimentaire isolé : *« la braguette ».*

Tous *les membres* sont représentés, et il y a la présence de membres surajoutés. En effet, le caractère bizarre et anormal de la personne tient au fait qu'il possède quatre jambes, trois pieds, la représentation des mains est primitive, mais on constate une différence entre la partie gauche et la partie droite du dessin.

Monsieur C. a dessiné les deux *bras,* ils représentent la mobilité volontaire du bonhomme. Leur orientation est bilatérale, même si le bras droit est utilisé par le sujet pour tenir une cigarette, on peut constater que les deux bras semblent avoir la même position. Les deux bras sont représentés en deux dimensions, ils s'éloignent du corps en s'orientant vers le bas de la feuille. Sur la partie droite du dessin, le bras est relié en un point plus ou moins acceptable du tronc, au niveau de l'épaule. Ce bras est plus petit que le bras du côté gauche, la main est représentée de manière primitive, mais on distingue une tentative de représentation de doigts remplacée par du gribouillage pour la main située du côté gauche. Le bras gauche de la personne a une insertion additive au cou. Il semble que le bras du côté gauche de la personne soit articulé, en raison de la présence d'un angle arrondi au niveau du milieu du bras. Il n'y a pas de présence d'articulation pour l'autre bras. Les bras sont longs (« *et pendent* »). Il n'y a aucun contact manuel perceptible, pourtant monsieur C. dira que son personnage tient une cigarette dans sa main (main du côté droit de la feuille) et qu'il plie le bras droit.

Pour Prudhommeau (1947), lorsque la personne tient quelque chose ou lorsqu'il a une main active, c'est le plus souvent avec la main/le bras gauche. Il explique cette prédilection par le fait que le dessinateur est situé en face de la personne, et s'il est droitier il projette alors en miroir son côté actif dans la personne. Monsieur C. est droitier et sa personne tient une cigarette dans sa main gauche, ce qui pourrait traduire une projection du sujet dans le dessin. Le bras droit de la personne (situé à gauche de la feuille) est dessiné plus grand et plus gros que l'autre bras. Monsieur C. est atteint d'une hémiplégie gauche. Cette différence de taille, de grosseur peut vouloir montrer le déséquilibre corporel vécu par le sujet, et la prédominance du côté droit du sujet dans sa vie de tous les jours. Les bras sont dessinés pour tenir quelque chose : la cigarette. Leur présence est peut-être due au fait que la personne en a besoin, ils sont dessinés en premier par le sujet et retouchés à la fin.

Les mains sont primitives, cette partie du corps est selon Baldy (2002) difficile à dessiner étant donné le nombre de paramètres à prendre en compte : le dessin des mains exige un contrôle logique pour le respect du nombre de doigts (non respecté par monsieur C.), un contrôle spatial pour l'orientation, et les dimensions (démesurées pour le sujet, l'une petite, et l'autre grande), un contrôle esthétique et grapho-moteur pour la modulation fine du geste. Leur positionnement semble cependant correct puisqu'elles ne dépassent pas le positionnement du genou. La main située à gauche du dessin est grosse, empâtée, cela peut être un signe d'agressivité de la part du sujet. Le côté droit du corps par rapport à la feuille (qui correspond au côté gauche à la personne) semble diminué, rétréci, et symbolise l'hémiplégie, le sentiment d'incapacité dû au handicap physique, et à l'amputation (qui correspond à la partie gauche du corps de monsieur C.).

Les quatre jambes sont représentées par des « jambes tuyaux » en deux dimensions. Il y a deux jambes de part et d'autre de l'axe médian. On constate une différence entre le côté droit et le côté gauche, en effet, le tracé est plus investi et détaillé du côté droit que du côté gauche du dessin. De plus, on peut s'apercevoir que l'une des deux jambes du côté gauche est dédoublée et a un pied manquant.

Les pieds/chaussures sont indifférenciés, représentés de manière primitive et différemment pour chaque extrémité des jambes. Les jambes sont indispensables pour marquer la hauteur de la personne et lui donner une silhouette « réaliste », les jambes sont selon Baldy (2002), au service de la motricité automatique (la marche), ce qui implique des mouvements répétitifs (peut être en lien à la répétition des jambes dans le dessin) et d'une ampleur relativement réduite autour des articulations. Leur positionnement ne semble pas maintenir une stabilité de la personne, qui penche sur le côté gauche de la feuille, d'autant plus qu'il manque un pied du côté gauche, côté de l'amputation, de l'hémiplégie, et côté où le sujet semble tomber, de même le sol n'est pas droit, les pieds n'y reposent pas. Monsieur C. évoque ce déséquilibre « *il est tout de travers* » qui peut être dû à la représentation de la personne. En effet, selon Zazzo (1948), lorsque la personne est dessinée de face, les pieds sont le plus souvent de profil et tournés sur la gauche. C'est le cas ici, ce qui, par conséquent, donne une tenue debout difficile à réaliser.

Dessin du personne de monsieur C., 65 ans

Le dessin de l'arbre

Le dessin de l'arbre (hauteur : 9,5 cm) est situé au centre droit de la feuille. Un sol incliné et montant est représenté par une multitude de traits fins irréguliers figurant un chemin cabossé. Monsieur C. précisera qu'il s'agit de « *terre* ». En haut du chemin, un « *tracteur* » est dessiné « *c'est la campagne… Ça fait longtemps que j'ai pas vu de tracteur… ici y'a que des ambulances… ».)* : Roues arrière motrices plus grandes que les roues avant, cabine de conduite, moteur à l'avant. Le tronc hachuré est formé par deux traits. La base du tronc semble très fragile, en équilibre instable, prêt à basculer (« *Le tronc, ça ballotte, ça ballotte* »). Il est lié par une boule, rattachée à une partie centrale (« *ici, j'ai refait le tronc que j'ai vu, j'ai scié le tronc d'un bel arbre… »)*, à un système de branchages bidimensionnels pourvus de feuilles dont certains sont noircis.

Le dessin de l'arbre est anthropomorphique. Les branches dessinées montantes ou descendantes sont assimilées à des bras et à une jambe en équilibre ne reposant pas sur le sol. La partie centrale composée de deux niveaux ressemble à une tête et à un corps. La boule semble représenter la zone des fessiers.

L'analyse des tracés du dessin de l'arbre permet de mettre en évidence chez monsieur C. :
- une personnalité lunatique : *(paysages, branches tubes noircies, traits spasmodiques et acérés dans la frondaison)* ; le sujet apparaît tantôt souriant et aimable, tantôt agressif, injurieux et coléreux ce qui indique un manque de contrôle des affects ; il connaît par ailleurs des périodes de tristesse liée à son handicap qui alternent avec des périodes d'excitation où il met en avant ses projets ; on relève également une personnalité imprévisible : *(branches tubes)* ; monsieur C. est fugueur (il s'est enfui plusieurs fois de l'hôpital).
- un manque de confiance en soi ; un sentiment d'infériorité et d'incompétence *(arbre petit)* : « *J'vais essayer d'vous faire ça, c'est pas évident* » ; « *ça ressemble à rien ça… ça ressemble à rien c'est tout* » ;
- une image négative et dévalorisée de soi *(arbre petit)* : « *Il est mal foutu… mal foutu* ».
- une tendance au repli sur soi *(branche descendante)* : « *je me suis refermé sur moi* ».
- une anxiété liée à sa situation et au sentiment d'un avenir bouleversé *(branches noircies)* :
  « *J'étais très anxieux pour l'avenir, je me disais plus rien ne sera comme avant* ».
- une fragilité pour malgré un effort pour conserver une stabilité *(sol en pente)* : sensibilité, vulnérabilité.
- la volonté d'échapper aux consignes strictes, de franchir les obstacles et de parvenir à ses buts en ayant des initiatives et en s'imposant *(sols divers ;*

branche coupée, cassée ; arbre position haut, branches montantes) : « *Je voudrais faire ce que je veux quand je veux, pour pouvoir faire les choses comme avant, me balader seul sur les chemins du jardin de l'hôpital et hors de l'hôpital* ».

- <u>un désir de réaliser des projets</u> *(branches montantes)* en lien avec sa prothèse pour retrouver une certaine liberté de mouvement et d'action et le souhait de refaire sa vie.
- <u>un besoin de soutien</u> : « *Cet arbre, il a besoin d'aide* ».

Dessin de l'arbre de monsieur C., 65 ans

Diagnostic

Après l'amputation, monsieur C. présente un état dépressif réactionnel à cette intervention chirurgicale. Un certain nombre de signes cliniques attestent de cette dépression (tristesse, anxiété, autodépréciation, vision négative de soi et du futur. Aucun antécédent dépressif n'est rapporté. Le suivi psychologique et la rééducation orthopédique vont lui permettre doucement de « *faire surface* ». La rééducation fonctionnelle lui permet de progresser : « *ça va impeccable, je fais des exercices tous les jours avec ma jambe… à part ma jambe qui me manque sinon il est bien mon corps… ça va très bien… mon corps à part ma jambe, et mon bras… »* et de pouvoir espérer d'être appareillé (prothèse). Il dira à la psychologue : « *je suis un dur, je suis résistant, tout le monde me le dit, je veux m'en sortir* ».

Il présente également une intoxication tabagique importante (un paquet de cigarettes par jour), consommation débutée avant l'amputation et poursuivie après l'amputation. Il ne souhaite pas arrêter de fumer.

Pour conclure

La rééducation de la personne amputée semble simple en soi, mais est très complexe dans la relation avec des patients lourdement handicapés ou avec une atteinte psychologique et un devenir fonctionnel difficile. La rééducation en postopératoire, à l'hôpital ou dans un centre de rééducation, est faite dans le cadre d'une prise en charge globale du patient avec des actions à visée fonctionnelle (marche, mobilisation, physiothérapie, etc.) sur de nombreuses heures et un travail thérapeutique à visée réadaptative tant au niveau physique que psychologique et ce, quel que soit l'âge du patient.

Le soignant doit apporter une écoute attentive et empathique à l'expression du patient et de son entourage, l'aider à verbaliser son deuil, à accepter la perte de son membre, à se construire une image différente. Le patient est au centre de la prise en charge. Les différents intervenants, membres de l'équipe pluridisciplinaire, doivent s'alerter mutuellement de tout incident physique ou psychologique afin d'adapter leur action. Ils doivent également relayer l'expression du patient (questionnements, angoisses), le convaincre de son potentiel et de ses capacités à se soigner, développer ou réinstaurer l'affirmation de soi. Ils doivent rechercher ensemble avec le patient et son entourage des solutions pour son avenir, cela doit se mettre en place dès le début de l'hospitalisation afin de préparer ensemble la sortie. Le succès du retour au domicile dépend de cette préparation qui doit donc être autant soigneuse que précoce. Les soins éducatifs sont également primordiaux (recommandations de surveillance médicale de sa pathologie ; préventions des complications évitables, etc.) (Lamandé et al., 2010 a ; Lamandé et al., 2010 b).

Cas clinique 2

Madame S., 85 ans, est hospitalisée depuis six mois après une amputation pour raisons médicales. Les données préopératoires indiquent qu'elle est entrée en service de moyen séjour pour une durée indéterminée, après un transfert de la polyclinique dans laquelle elle était hospitalisée suite à une luxation post-traumatique de la hanche droite, compliquée d'un hématome s'étant infecté. Suite à de nombreuses interventions chirurgicales destinées à nettoyer la plaie, une infection a nécessité l'amputation du membre inférieur gauche jusqu'à mi-cuisse. Il n'y a pas eu d'annonce de l'amputation par le corps médical, ni en amont de l'intervention (l'amputation ayant été décidée au cours de celle-ci), ni après. Les données post-opératoires indiquent que l'annonce a été faite par son fils venu lui rendre visite quelques jours après l'intervention ; madame S. ne s'était jusqu'alors rendue compte de rien. D'après elle, une erreur médicale serait à l'origine de l'amputation, mais ceci n'a pas été confirmé par le service.

L'histoire de madame S., son évaluation et sa prise en charge, permet d'illustrer la conjonction de deux problématiques, celle des conséquences psychologiques de l'amputation et du vieillissement. Dans ces deux cas, la problématique du corps est centrale et ouvre vers la question du handicap à travers l'élaboration ou non de la situation par la patiente. Le rôle du psychologue est ici important à considérer.

Madame S. est veuve et a eu trois enfants dont un est décédé. Son mari est mort du cancer il y a quelques années. Avant son hospitalisation, elle vivait à son domicile et bénéficiait d'aides pour la vie quotidienne. Depuis son entrée à l'hôpital, elle a de rares visites : une de ses belles filles et son fils. Madame S. est une agricultrice retraitée ; elle évoque avec fierté ses petits enfants qui lui téléphonent de temps à autre.

Madame S. a été rencontrée suite à sa demande d'appareillage. Celui-ci n'étant pas envisageable, il a été proposé de commander un fauteuil roulant adapté à sa situation qui, au moment de nos rencontres, n'avait pas été livré. Madame S. témoigne d'une plainte portant sur son ennui et les répercussions de l'amputation ; toutefois, on entend chez elle une demande d'étayage dans l'élaboration psychique de l'amputation vécue comme traumatique, notamment du fait de l'absence d'annonce et du contexte du processus de vieillissement dans lequel elle s'inscrit.

Premiers entretiens

Les premiers entretiens sont l'occasion de parler des circonstances et de l'histoire de l'amputation. Elle évoque ainsi son opération : *« c'est arrivé que j'ai été bien opérée, oui très bien opérée… dix-sept jours après, je suis descendue à A., ensuite… je commençais déjà à aller à la rééducation tout çà, et un jour euh… J'ai voulu me lever sans demander du secours puis je suis tombée et je suis restée trois heures dans les cabinets à terre… »*. Nous lui demandons si la chute qu'elle évoque a un rapport avec l'amputation : *« Bah ! j'ai été réopérée… l'os avait bougé et puis à part çà trois semaines après ils m'ont réopérée pour me nettoyer toute la plaie et tout et tout, puis quinze jours après ils ont recommencé, donc endormie toujours hein… Et puis là, un jour au matin arrive mon fils, mon premier fils qui était venu me voir et il m'a dit qu'ils ont été obligés d'amputer. « Vous savez on a été obligé d'amputer votre maman, elle a des hémorragies ». « Donc c'est comme ça que je l'ai su sinon je ne l'aurais pas su tout de suite vous savez, et ça a très vite guéri après… ».*

Madame S. parle d'événements qui ont précédé son hospitalisation, elle évoque la chute à l'origine des nombreuses interventions chirurgicales. Cependant, elle ne sait pas expliquer les raisons médicales ayant nécessité l'amputation de sa jambe à la mi-cuisse. Madame S. laisse entendre qu'il y aurait eu erreur médicale lors de son intervention. Elle dit, en effet, que les médecins se seraient *« trompés de cachets, ils se sont peut-être trompés, on ne saura jamais rien… c'est mon fils qui m'a mise au courant que j'avais la jambe fauchée, découpée… »* Madame S.

témoigne d'un sentiment d'impuissance *« c'est comme ça »* qui reviendra à plusieurs reprises. En effet, elle se souvient très bien de l'annonce de l'amputation et évoque l'absence de choix dans la décision qui l'a concernée : *« C'était déjà fait au réveil… Oh oui ! Y'avait déjà cinq, six jours que c'était déjà fait, il est venu me le dire plus tard pour pas m'effrayer… c'était fait… on pouvait rien y faire… ».* Elle exprime ainsi un sentiment d'impuissance, de la résignation et la prise de conscience dans l'après-coup. Le discours laisse entrevoir la présence de fantasmes autour de l'acte chirurgical qui témoigne de la non-intégration de celui-ci *: « jambe fauchée, découpée ».*

L'abord des répercussions de l'amputation sur la vie de madame S. est l'occasion de l'expression d'une plainte autour de ses limitations fonctionnelles, de l'incapacité nouvelle qui est la sienne : *« Depuis ce temps-là, je traîne, c'est malheureux de traîner comme çà hein »*, *« Même que j'sois avec une jambe en moins, pouvoir aller à la salle quoi »*, *« Je peux pas marcher avec deux jambes que j'en ai qu'une… ».* La tristesse exprimée laisse rapidement place à un sentiment de colère, madame S. étant constamment alitée suite aux problèmes liés au fauteuil roulant et à la prothèse. Cette situation la désespère et suscite un sentiment vif de colère *« … mais là-dedans* (elle désigne le fauteuil démonté dans le fond de la chambre), *je peux plus y aller ; à chaque fois que je me mettais dans ce fauteuil, d'abord il était pas large assez, alors quand on me soulevait j'avais… des écorchures ».* L'attente crée un sentiment d'impatience chez madame S. et de la revendication afin que les choses se rétablissent rapidement. Cela fait, en effet, plus de cinq mois qu'elle attend la livraison de son fauteuil roulant. On constate, malgré les nombreux sentiments exprimés, que madame S. semble vouloir investir son corps, et recréer une dynamique sociale avec les résidents avec lesquels elle voudrait pouvoir aller en salle à manger : *« Même que j'sois avec une jambe en moins euh pouvoir aller à la salle quoi ».* Elle exprime également son ennui et sa solitude, liés au manque d'activité et à son isolement, du fait de son incapacité à se déplacer. Madame S. insiste sur le bouleversement qu'a entraîné l'amputation et plus particulièrement sur le fait d'être hospitalisée. Les répétitions de même que les coupures (…) dans le discours semblent témoigner d'une angoisse sous-jacente. De plus, madame S. éprouve des difficultés à évoquer les répercussions de l'amputation dans sa vie quotidienne, elle semble éviter la question en revenant sur la fatalité de sa situation : *« Oui, oui, ma vie est complètement, complètement, complètement bouleversée… oui, oui complètement. Là, je m'ennuie, je m'ennuie, je m'ennuie c'est dur… »*, *« Oh ! ça change beaucoup de choses pour moi ça »*, *« La vie, la vie de tous les jours, elle n'est pas, elle n'est plus normale quoi, elle est tout à l'envers… »*, *« Oui, oui, ma vie est complètement, complètement, complètement bouleversée… oui complètement ».*

Elle se réfère à la norme, qui serait d'être chez elle et non à l'hôpital, où elle ne s'ennuierait pas, mais aussi d'avoir ses deux jambes. Le bouleversement physique entraîne chez elle un bouleversement de sa vie quotidienne, mais aussi peut-être de la représentation d'elle-même par rapport à une norme. Son sentiment d'isolement est également renforcé par une réalité d'hospitalisation depuis un an ; elle dit, en effet, « *ça fait bientôt un an que je suis enfermée hein…* ». Madame S. se sent enfermée ; aucun retour au domicile n'est envisagé pour l'instant en raison de la perte d'autonomie et de l'impossibilité d'avoir suffisamment d'aides à domicile pour des raisons économiques. Ceci d'ailleurs est un des motifs de nos rencontres. L'enfermement dans la structure de l'hôpital est également en lien à l'enfermement dans la chambre puisqu'elle ne peut ni se déplacer ni en sortir. La coupure avec le milieu extérieur, et les relations sociales du sujet sont donc affectées. Toutefois, le désir de vie chez madame S. semble toujours présent ; outre le fait de réclamer et d'attendre impatiemment son fauteuil, elle se plaît à envisager la venue de ses enfants : « *À l'occasion mes enfants quand ils viennent et puis qu'il fait beau se promener un petit peu, ça me ferait pas de mal hein ? »*. Sa demande de prothèse n'a pu être réalisée. Elle évoque ainsi une erreur de livraison d'une prothèse qui aurait été de la mauvaise jambe. L'appareillage n'est toutefois pas envisageable pour l'instant pour raisons médicales. Elle aborde son sentiment de culpabilité de n'avoir pas su prendre soin de son corps : « *quand j'ai vu le médecin, j'aurais dû lui demander pour avoir de l'homéopathie, quand j'ai passé ma radio pour ma hanche qu'elle été bien esquintée bien sûr, mais j'aurais dû lui demander pour avoir quelque chose pour fortifier ma hanche. Il aurait pu le faire… Malheureusement, j'ai perdu une jambe, hein… On m'a amputée. »* Madame S. cherche à mettre du sens sur cet événement qui a fait rupture et qu'elle tente d'élaborer.

L'abord des répercussions de l'amputation nous permet de constater que madame S. alterne entre des interprétations, une tentative d'historiser l'événement, et une attitude de soumission, voire de résignation. Elle évoque ainsi la fatalité : « *C'était fait… on pouvait rien y faire… c'était fini, après que j'suis rentrée à l'hôpital c'était fini »*, « *La vie n'est pas toujours rose à tout le monde hein… »*, « *Faut se remettre d'une opération comme çà, faut faire avec »* et la coupure engendrée dans sa vie suite à l'amputation, interruption sur un continuum. La guérison semble être le seul élément auquel elle semble se rattacher concernant la nécessité de l'amputation ; elle évoque ainsi la cicatrisation de l'acte chirurgical comme la seule réussite. Toutefois, madame S. se sent diminuée, diminution qui peut être en lien avec le vieillissement éprouvé. Elle dit être « *diminuée d'un an »*, cela correspond à la durée de son hospitalisation à la suite de l'amputation. La dimension physique est ici évoquée, mais pour être mise en lien avec la mobilité. Les répétitions sont nombreuses : « *C'est là que je suis diminuée, beaucoup… »*, « *Oh oui ! Oh diminuée… oh j'étais diminuée, je vous dis j'étais diminuée d'1 an, ah oui au moins… »*, « *j'ai vieilli d'un seul coup ! »*, « *ça vieillit beaucoup… … Ça me vieillit beaucoup… Selon ce que je fais, oui beaucoup… »*. Madame S. émet des difficultés à illustrer ses propos, le vieillissement semble être lié à la mobilité ; en effet, elle le met en lien avec l'attente du fauteuil roulant, mais aussi avec le rétablissement difficile. Madame S. semble évoquer les difficultés psychiques liées à la perte de sa jambe, puisque physiquement évoque la guérison : « *ça a très vite guéri après...* ».

Il y a un paradoxe lorsque madame S. évoque le vieillissement ; elle se dit « *vieillie* » par l'amputation selon ce qu'elle fait, mais ne peut en réalité rien faire et reste alitée. Cela évoque davantage une fatigue psychique, une dimension psychique du vieillissement du fait de l'amputation et des limitations fonctionnelles et narcissiques qu'elle implique.

L'élaboration de l'événement de l'amputation du membre doit être pensée dans un contexte et une temporalité propre au vieillissement. Son sentiment d'être diminuée, s'il témoigne d'une image du corps et d'un narcissisme altérés, rappelle aussi au sujet les limitations et impossibilités du fait de l'avancée en âge. Par ailleurs, la plasticité psychique diminuant avec l'âge, l'accent thérapeutique sera mis sur les ressources psychiques qu'elle pourra trouver pour faire face à cette situation, en tenant compte de la réalité.

Présentation du cadre thérapeutique

L'altération fonctionnelle a fait rupture dans la vie du sujet et les ressources psychiques affectées par le processus de vieillissement ne permettent pas de l'élaborer. Afin d'envisager une orientation pour sa sortie (domicile, institution) et de la préparer, nous lui proposons d'effectuer un bilan de son état psychologique articulé à sa problématique actuelle.

Nous avons effectué la passation de trois épreuves distinctes destinées à évaluer l'image du corps, les altérations éventuelles de celles-ci et les éléments de la dynamique psychique : le Questionnaire d'Image du Corps (QIC, Bruchon-Schwzeitzer, 1987), le dessin de la personne (Oster & Gould, 1987 ; Fernandez, 2016) et le test de l'arbre (Koch, 1978, Fernandez, 2014).

Le QIC est un auto-questionnaire français mesurant la satisfaction liée à son propre corps en 19 items. L'étendue des scores varie entre 19 et 95. Il comprend quatre facteurs bipolaires : l'accessibilité/fermeture du corps (sphère sensorielle, sensuelle, esthétique, toucher, réceptivité aux expériences corporelles) ; la satisfaction/insatisfaction (perception des aspects agréables liés au corps, ou au contraire désagréables renvoyant à un corps sans vie, non investi) ; l'activité/passivité (dimension énergétique du corps comme la bonne santé, force, audace en opposition à la mauvaise santé, faiblesse, crainte) ; la sérénité/tension (apaisement, calme en opposition à la colère, nervosité, vide).

Le dessin de la personne (Fernandez, 2016) est un test projectif donnant des informations qualitatives sur l'image du corps du sujet qui le dessine ; il est plus utilisé chez les enfants que chez les adultes ; il est utile pour l'expression des besoins et conflits corporels du sujet. Chez la personne âgée, des études ont montré que les bonshommes dessinés étaient plus petits, courts et mal centrés en comparaison avec des dessins d'enfants. Sa facilité et rapidité de passation en font un test aisé à utiliser avec cette population. L'analyse du dessin est interprétative, mais également formelle, portant sur le contenu manifeste du dessin : la position de la personne dans l'espace, son aspect global, sa forme, l'expression de son visage, son sexe, les détails du corps, la présence/absence de vêtements, la qualité du tracé, la taille, la posture, les mouvements, l'impression de l'examinateur, le décor... Le dessin de la personne peut se révéler être un indicateur de l'image du corps, de l'identité sexuelle du sujet, de l'estime de soi, des affects... il sera ainsi utilisé comme support d'étude de l'image du corps de la personne âgée amputée.

Le test de l'arbre est un test projectif permettant d'évaluer certains traits de personnalité, le sujet se projetant dans l'arbre qu'il dessine (Koch, 1978). Le vécu interne du sujet est matérialisé par la forme que le sujet donne à son arbre (extériorisation). Cet outil est à utiliser comme un outil intermédiaire, car il crée un lien entre le sujet et l'examinateur ; le vécu intime et personnel du sujet étant révélé indirectement par le dessin (ce qu'il fait et ce qu'il en dit). Notre consigne se limitera à un seul arbre dessiné et nous ferons une analyse sur trois niveaux : la sphère affective, intellectuelle et sociale, en tenant compte du temps de passation, des commentaires produits durant la réalisation du dessin, de l'analyse du tracé, des détails constituant le dessin de l'arbre (position de l'arbre sur la feuille, type d'arbre dessiné, présence/absence de racines, sol, base de tronc, tronc, surface et contour du tronc, branches, traits/tracé, feuilles, présence de noircissement, le décor...) (Fernandez, 2014).

Nous compléterons ensuite cette passation par le Questionnaire du Dessin de l'Arbre Achevé (QDAA, Fernandez, 2014). Ce questionnaire comporte dix questions auxquelles le sujet doit répondre oralement à la suite du dessin de l'arbre. Les réponses au questionnaire, ainsi que l'histoire de l'arbre, nous serviront pour l'analyse du dessin de l'arbre.

Description des temps forts de la thérapie

Les résultats du bilan d'évaluation de l'image du corps nous renseignent sur la problématique de madame S. et nous permettent d'envisager un accompagnement psychologique.

Le score total au QIC est de 44 (/95) se répartissant sur de la manière suivante : Facteur accessibilité/fermeture (24), satisfaction/insatisfaction (19), activité/passivité (15), sérénité/tension (3). Le score total permet de dire que madame S. semble avoir une faible satisfaction corporelle ; la patiente donne des réponses ambivalentes concernant les facteurs accessibilité, satisfaction, et activité qui pourraient être en relation avec son humeur. Si l'on examine les réponses au questionnaire d'un point de vue qualitatif, elle semble éprouver un corps vieux, non attirant, vidé de son énergie, fragile et faible, ayant perdu son expressivité ; toutefois, même si elle le ressent plutôt en bonne santé, elle semble exprimer la colère, peut-être liée à sa situation actuelle de frustration, d'impuissance et d'attente (du fauteuil par exemple). Son corps ne semble pas fermé aux relations, madame S. ne le considérant pas comme quelque chose à cacher, mais plutôt comme quelque chose de visible, que l'on peut regarder et toucher.

L'analyse du dessin de la personne est formelle et interprétative. Sur le plan formel (voir infra, figure 1), *le graphisme* est simple, l'aspect global permet de dire qu'il s'agit d'un adulte ; la catégorie sexuelle est peu lisible, *les cheveux courts et touffus* nous orientant plutôt du côté du genre masculin (confirmé par madame S. lors de l'histoire de la personne). *Il n'y a aucun élément ou accessoire de valorisation corporelle.* Les femmes ayant tendance à dessiner des personnes de leur genre, il ne semble pas y avoir pour madame S. de projection sexuelle. De la même manière, *l'absence de vêtements* interroge l'identité sociale, même si la patiente évoque, la présence d'une « cravate » et d'une « poche ». *Le tronc présent et bien dessiné* sert de support à l'identification humaine, de même que *la tête, le bras et les jambes*. L'analyse de la composition du dessin retient la mixité de sa composition : des éléments géométriques (tête, tronc, cheveux), des éléments figuratifs (l'oreille, le nez), des éléments syncrétiques (l'œil, le bras).

Dessin de la personne de madame S., 85 ans

La façon de représenter la personne atteste d'une conservation du schéma corporel de madame S., dans le sens d'un maintien de la représentation du corps avec les éléments constitutifs d'un corps humain. *Les yeux* notamment sont retenus comme signes de vie. Aussi, nous observons que la personne de madame

S. possède un *œil de profil*, il regarde et se dirige sur la gauche. Le discours sur l'histoire de la personne permettra de confirmer la dimension nostalgique du dessin. Par contre, *le visage* dans son ensemble est plutôt fermé, et on note une *absence de bouche*. En tant qu'organe de la parole, son absence peut renvoyer aux difficultés de communication de madame S., voire même à son enfermement ou ses difficultés à mettre des mots sur son expérience. Elle semble en effet, observer, pouvoir écouter, mais a des difficultés à s'exprimer ; par contre, le menton en angle signifierait une affirmation de soi, et une attitude volontaire, ce qui convient bien au discours de madame S. notamment concernant l'attente du fauteuil et ses rencontres possibles avec les autres. *Le dessin de profil* témoignerait d'un certain dynamisme ; même si la personne n'a pas d'articulation, on peut constater la volonté de mobilité de la personne par sa position qui casse la position fixe de la personne de face. Selon elle, il « *marche* », mais on ne sait pas où il va ; cela pourrait traduire son désir de mobilité ou à l'inverse, sa frustration. *La représentation peu assurée des jambes* témoigne d'un sentiment d'insécurité, d'un manque de stabilité. On peut dire qu'il y a une certaine dévalorisation de l'image du corps, par les traits tremblotants, l'absence de détails et d'accessoires ainsi que dans le commentaire du sujet « *pour dire qu'il soit moins minable* ». L'histoire de la personne nous apprend que la personne est « son cabotin ». Son discours est insistant autour du fait *qu'il « marche… il a sa main dans sa poche, il prend la route quoi* ». Le tracé imparfait témoigne d'un manque de confiance en elle ; il s'associe aux commentaires et rires, pouvant faire office de défenses maniaques : « *je vais essayer de faire la tête du cabotin… On va essayer de faire ça, hein… J'ai essayé de faire mon cabotin… Je rigole parce que j'en ai jamais fait autant même à l'école* ». Enfin, l'absence du dessin du cou pose question ; madame S. dit qu'il est dissimulé derrière la « cravate ». En effet, faisant le lien entre la tête et le tronc, il est d'une grande importance dans la dynamique corporelle ; en tant que tel, il serait un lieu de projection entre les pulsions internes du corps et le contrôle de l'esprit. Ici, son absence évoque une rupture dans la continuité corps/psychisme.

L'analyse du test de l'arbre permet de préciser le fonctionnement du sujet et nous paraît préciser sa problématique actuelle. Le tableau de synthèse du détail du tracé et la signification des tracés ne sont pas donnés ici ; toutefois, il permet d'avancer les conclusions suivantes concernant les différentes sphères.

Dessin de l'arbre de madame S., 85 ans

Concernant la *sphère affective*, madame S. semble peu sûre d'elle-même, renfermée et introvertie ; elle témoigne d'un sentiment d'infériorité et d'impuissance. Le repli sur soi, l'inhibition ainsi que le sentiment d'insuffisance, et d'insécurité traduiraient un Moi faible et une tendance aux troubles dépressifs. L'alitement, la chambre seule, ainsi que l'absence de toute mobilité pourraient être à l'origine de ce sentiment dépressif, d'enfermement et du manque de liberté. Le sujet semble montrer des signes de découragement, de déception et semble ne plus pouvoir venir à bout des pressions de l'environnement. Cela peut être mis en rapport avec les difficultés de madame S. à obtenir son fauteuil roulant. L'agressivité et la colère traduites dans l'entretien par rapport à l'attente de la livraison du fauteuil roulant, mais aussi le fait d'avoir « *perdu une jambe* » sont des sentiments intériorisés par le sujet. Madame S. paraît sensible à l'environnement, l'équipe de soins confirmera cette information ; elle établit des contacts plutôt familiers et faciles avec le personnel de soins. L'avenir est envisagé avec le rétablissement de la situation problématique actuelle. Ses projets sont évoqués ultérieurement lors des entretiens ; en effet, une fois le « problème » du fauteuil réglé, elle compte se faire opérer de la cataracte pour retrouver une vision satisfaisante afin de pouvoir tricoter, regarder la télévision et faire des mots croisés. Ainsi, Madame S. témoigne d'un désir vivant. On peut également constater une tendance à l'autoreproche et à l'agressivité dirigée envers elle-même, pouvant être mise en lien avec sa culpabilité d'avoir « écouté » son fils aîné l'ayant incitée à se faire opérer « *... j'ai voulu écouter mon fils et résultat je suis là* ».

L'analyse de la *sphère intellectuelle* témoigne d'une certaine curiosité liée à son désir de savoir « *le fin mot de l'histoire* » concernant notamment « *l'arnaque* » à la mutuelle (entraînant le retard de livraison du fauteuil). Elle semble avoir eu un développement intellectuel normal avec des capacités d'adaptation, de concentration, des idées claires, imaginatives, et une réceptivité aux impressions. Les préoccupations diverses de madame S. semblent traduire un manque de confiance en ses capacités, et des doutes concernant son intelligence.

D'un point de vue social, la réalité de madame S. est qu'elle a peu de contacts avec l'environnement extérieur à l'hôpital. Elle souffre de cette situation et sa plainte en témoigne lors de nos entretiens. Le tracé de l'arbre témoigne d'une recherche d'appui, de soutien dans l'environnement ; le désir d'aller de l'avant, d'entreprendre des contacts traduit une sociabilité du sujet et un optimisme concernant le futur. Elle semble cependant avoir des difficultés pour communiquer ce qui peut être lié à l'introversion et au manque de contacts avec l'extérieur. Le sentiment d'insécurité crée chez le sujet une dépendance du milieu et la recherche d'un appui.

Si l'on considère les résultats du QDAA et l'analyse de la symbolique spatiale de l'arbre, le dessin semble révéler une personnalité plutôt passive à tendance dépressive. Le sentiment d'insécurité est visible au QDAA et se traduit par ces mots : « *peut-être que ça n'ira pas si bien que ça... ...* » et « *il voulait toujours le faire abattre... il finira peut-être par y arriver...* » La zone des projets et des aspirations est majoritairement investie, ce qui traduit la volonté de madame S. d'aller de l'avant et ses projets divers concernant le futur même si on peut constater une certaine nostalgie du sujet (« *il ressemble à un frêne, celui qu'il y avait dans mon jardin...* »« *Oh !... Bah, il était dans mon jardin, maintenant j'ai plus ma maison vous savez alors...* »). L'investissement de la partie droite du dessin semble traduire un désir d'extraversion, et est symbolique de projets pour l'avenir. L'arbre est situé dans la zone des activités et de l'affrontement de la vie, ce qui peut être mis en lien avec son impatience ainsi que ses revendications. Ses projets concernent la reprise d'une vie sociale, des contacts relationnels avec les autres résidents, une certaine mobilité pouvant réduire son sentiment d'enfermement et de manque de liberté. Le projet de l'opération de la cataracte, constituant le point ultime, lui permettra de pallier au sentiment d'ennui. Madame S. dit qu'elle a dessiné *un frêne*, celui qu'elle avait dans son jardin. Le frêne est un arbre de « *solidité puissante* » (Rocray, 1997) ; dans les traditions scandinaves, le frêne représente l'immortalité, tandis que pour les pays baltes, il sert de qualificatif aux personnes étourdies qui sont alors qualifiées de « frênes » et considérées comme aveugles. Véritable arbre ressource, sa solidité peut être mise en lien avec ce que dit madame S. durant la réalisation du dessin « *Pendant un moment ils avaient cru qu'il avait un champignon, mais vous pouvez toujours y aller ah ! ah ! Ils l'ont sondé tout ça tout ça, il est solide ah ouais, c'est un vrai frêne et il s'y porte bien »* ; ces éléments de discours témoignent de capacités d'adaptation de madame S. et de sa volonté d'aller de l'avant. L'arbre semble vivant : *« Il est vivant… Oui, il est vivant… » « Actif, actif… »… « Il a des feuilles puis y'a des machins là… des… des graines, dans des pins… »*, ce qui semble témoigner des ressources de l'arbre mais également du sujet. Madame S. parle également d'un tilleul, elle hésite pour le dessin *« un arbre qui ne sois pas un sapin… alors un frêne !...Ou un tilleul… un frêne… »*, *« J'avais ça puis un tilleul dans ma maison »* (arbre représenté par un gribouillage à gauche de la feuille, à gauche du frêne). Elle dit *« le tilleul, le tilleul, il pousse dans tous les sens »*. Arbre de la liberté, il pourrait renvoyer à la revendication de madame S. de contacts et de sortie.

Diagnostic

Nous observons des éléments récurrents chez madame S. repris lors des entretiens, et du bilan psychologique. Il apparaît que l'image du corps est faible et semble altérée ; l'amputation entraîne, en effet, des bouleversements physiques et psychiques amenant le sujet à constater l'altération fonctionnelle et ses limitations, les nouvelles limites s'ajoutant à celles liées au processus de vieillissement.

Nous notons ainsi que les thèmes de l'incapacité, de l'impuissance, du vieillissement, de la nostalgie, ainsi que des éléments de dévalorisation de soi retrouvés à travers les différents outils témoignent d'une image du corps altérée, diminuée, déficitaire. L'altération fonctionnelle est aussi narcissique ; l'amputation vécue comme traumatique crée ainsi des perturbations de l'image du corps dans un contexte de fragilité narcissique liée au vieillissement. Ceci peut en outre être expliqué par une non-adéquation entre les transformations corporelles et l'image psychique que le sujet âgé a de son corps modifié ; il y aurait un décalage entre le Moi corporel et le Moi psychique, écart entre le corps réel et désiré ; un déphasage entre l'image et la réalité pourrait témoigner de la difficulté à différencier le corps vu et le corps senti, mais aussi de la fixation du sujet à une image antérieure à l'amputation, dans un mouvement de régression psychosomatique pour faire face à une insupportable réalité. Toutefois, la subjectivité réside dans l'appropriation du dispositif par notre patiente pour témoigner de la manière dont elle se vit ; les dessins sont des représentations d'adultes d'âge mûr. Les références au vieillissement et les éléments de nostalgie présents dans le discours et les dessins témoignent d'un processus en cours chez madame S., dont l'élaboration est d'autant plus difficile que les limitations et pertes inévitables sont réactualisées et doublées par le vécu traumatique (de perte) de l'amputation et ses conséquences corporelles. L'estime de soi faible, altérée, diminuée, entraîne à son tour, par un lien de causalité une image du corps dévalorisée, diminuée, affaiblie qui est traduit au dessin de la personne, mais aussi dans les différents tests utilisés. Chez madame S., l'amputation qui est une épreuve traumatique face à laquelle elle doit faire face, intervient à une période de la vie propice à la diminution de l'estime de soi. Il apparaît ainsi un lien entre image du corps affectée et narcissisme.

Par contre, les dessins de madame S. montrent un schéma corporel conservé bien que discutable ; ils renvoient à une unicité corporelle. Ceci indique que madame S. s'inscrit probablement dans un va-et-vient permanent et nécessaire entre la réalité que constituent les données du schéma corporel et la réalité psychique de l'image du corps pour maintenir cette unicité corporelle. L'amputation entraîne une modification du corps du sujet, dont la « *trace* » est un vide physique, mais aussi un « *vide psychique* » que le sujet essaie de combler. Le schéma corporel est défini pour lui en fonction de sa localisation et de ses déplacements dans l'espace. Il est identique pour tous les individus de même sexe et de même culture et ne serait modifié que lorsqu'il y a mutilations et interventions chirurgicales. Le dessin d'un corps entier sans absence d'un membre pourrait témoigner d'une tentative du sujet de combler le vide engendré par l'amputation.

Enfin, la qualité de l'image corporelle semble liée à la mobilité physique comme certains travaux l'avancent. Madame S. exprime le manque de liberté, de mouvement, le thème de l'enfermement est évoqué aux entretiens. De plus, l'absence d'articulations au dessin de la personne témoigne d'une fixité, d'un immobilisme et d'une rigidité du corps. Les traits tremblotants aux jambes et aux pieds montrent un sentiment d'insécurité, mais surtout un manque de stabilité. Madame S. manifeste ses désirs de déplacement, de mobilité (notamment aux entretiens, mais traduit aussi au dessin de l'arbre). Le vieillissement évoqué à l'entretien est directement lié à la durée d'hospitalisation du sujet. Le sentiment de faiblesse lié au corps est en lien au fait que madame S. est alitée et qu'elle n'a pas les possibilités de se déplacer malgré son envie de mobilité. Le fait de ne pas pouvoir se déplacer, et d'être entièrement dépendante de l'environnement, entraîne une dévalorisation de l'image du corps chez le sujet. Le thème de la mobilité, de l'impuissance et de la frustration du fait de son impossibilité, et du désir de mouvement et d'aller de l'avant renvoient à l'importance de cette dimension chez madame S. Ceci nous amène à insister sur le nécessaire accompagnement de la demande d'appareillage de la patiente. En effet, le vécu des patients amputés est influencé par leur qualité de vie. Cette dernière semble surtout dépendre des possibilités du sujet à conserver des relations sociales, et pour cela, un travail d'autonomisation physique doit être effectué. L'amputation ne doit pas marquer la fin du parcours médical chez ces personnes, mais être considérée comme un point de départ dans la réhabilitation.

Prise en charge

La prise en charge s'est organisée autour d'un accompagnement à l'élaboration d'un vécu traumatique, d'une part, dont la nécessaire historisation permet la poursuite du processus de vieillissement non pathologique. D'autre part, des rencontres bihebdomadaires ont permis de soutenir le narcissisme du sujet et d'introduire une temporalité propre au temps psychique perturbé par la conjonction des facteurs physiques et psychiques et la rupture traumatique chez madame S. Ceci avait pour but de permettre à madame S. de maintenir un fonctionnement économique autour du corps et de soutenir son désir.

Commentaire du cas, ouverture, perspectives thérapeutiques

Le premier axe de réflexion à partir de cette rencontre clinique concerne l'altération fonctionnelle et l'image du corps. Cette dernière semble recouvrir plusieurs réalités temporelles. Ainsi, le vieillissement entraîne de nombreuses modifications corporelles auxquelles se confronte la personne âgée. Dans le cas d'une amputation, elle doit faire face à une altération corporelle traumatique en plus des « ravages » du temps. Les images du corps et les images de soi que le patient avait avant l'acte chirurgical sont primordiales quant à ses réactions face à la perte de son intégrité corporelle après l'amputation. En effet, ses capacités d'adaptation vont dépendre, d'une part de l'impact psychopathologique de l'acte (et donc des antécédents), et, d'autre part, des ressources qu'elle va pouvoir développer en appui sur son environnement. La perception de soi étant modifiée et l'image altérée, le sujet âgé doit pouvoir construire une représentation de lui-même qui préserve son narcissisme. Ce travail psychique correspondant au travail de deuil opérant dans celui du « vieillir » (Bianchi, 1980) s'appuiera ainsi sur la recherche de nouvelles identifications plus appropriées à la réalité. C'est selon l'affection de son narcissisme qu'il trouvera les voies d'élaboration de ce conflit, du côté du renoncement, ou du côté de sources secondaires de narcissisation à travers les interactions avec l'autre, et ce qu'il lui renvoie. Ce processus est alimenté par un certain nombre de changements liés au corps social, au corps biologique, et aux multiples pertes qui les accompagnent.

Le second axe de réflexion concerne la dimension de rencontre du réel du corps à la manière d'un traumatisme par l'amputation, dans un contexte de vieillissement. Le vécu douloureux de la vieillesse et du corps témoigne du décalage entre l'image renvoyée par le miroir et l'image de soi conservée ; le sujet doit donc apprivoiser ce corps vieillissant pour éviter la douleur narcissique (Le Goues et Ferrey, 2003). Ceci correspond au temps du « miroir brisé » pouvant conduire le sujet à un sentiment d'étrangeté. La douleur narcissique s'entend comme la conséquence des limitations du moi du fait du corps réel. Le trauma de l'amputation introduit une rupture dans la psyché du fait de l'effraction réelle et fantasmatique de l'acte chirurgical. Dans le contexte du vieillissement, le moi doit mettre en place des mécanismes de défense lui permettant d'opérer un dégagement de ce réel ; aussi, la régression massivement utilisée par les sujets âgées en difficulté psychique doit laisser place aux processus de sublimation pour que le travail corporel laisse la place au travail mental favorisant l'adaptation du sujet.

Enfin, *le troisième axe* aborde la temporalité perturbée par l'amputation, l'intégration du corps réel et la modification consécutive de l'image du corps. L'amputation peut conduire à l'utilisation de mécanismes tels que le déni de l'absence d'un organe ; plus souvent, le psychisme traite l'absence du membre devenu alors « fantôme » avec un temps de décalage. Dans des états psychosomatiques, un organe peut donc être amené à répondre psychiquement à une situation ressentie comme conflictuelle. La réponse somatopsychique est une solution qu'a trouvée la psyché pour parer aux angoisses. Face à l'amputation, la clinique témoigne d'un vide physique du membre perdu, et d'un psychisme « *non amputé* » de ses sensations (Pirlot, 2009). Le corps pourrait apparaître comme la matérialité physique d'un rapport conflictuel entre le réel (l'amputation) et le fantasme (avoir ses membres). Le psychisme, pour se défendre de l'atteinte du corps, continuerait de percevoir, de ressentir le membre devenu « fantôme » du fait de son absence. Le corps continue d'être perçu dans sa totalité malgré la réalité physique du membre disparu. Le membre fantôme peut intervenir comme un refus du psychisme d'admettre la réalité ; le sujet continue de voir son membre, il trouve par ce phénomène une défense contre l'atteinte de son corps, un retardement à l'épreuve du deuil et de la confrontation à la perte d'une partie physique de lui-même.

L'objectif d'une prise en charge psychologique dans ce cadre à moyen terme sera de relancer le travail du vieillir interrompu par l'amputation et de permettre au sujet de s'adapter le mieux possible à sa nouvelle situation, en maintenant une qualité de vie satisfaisante. Le recours à une technique de réhabilitation fonctionnelle et psychomotrice telle que la thérapie « miroir » permettrait la diminution de la douleur et l'amélioration de la motricité (Al Sayegh, 2013).

Recommandations pratiques

L'amputation est à l'origine de nombreuses modifications sur le plan physique, mais aussi sur le plan psychique. En plus des modifications liées au vieillissement du corps à cette période de la vie (aspects physiques, esthétiques, cognitifs, moteurs, relationnels…), le sujet âgé doit faire face à l'épreuve de l'amputation. À la vue de nos résultats, il semble que la personne âgée amputée ait une image du corps altérée, déficitaire, l'amputation entraînant une perturbation du schéma corporel. L'image du corps altérée ne semble pas en lien avec une image du corps esthétique, mais plutôt en rapport aux capacités de mobilité, d'indépendance, d'autonomie du sujet âgé vis-à-vis de l'environnement. La dévalorisation, les sentiments d'infériorité, et d'impuissance marqués aux différents tests pour chaque sujet nous montrent le rapport existant entre image du corps et mobilité. La patiente n'ayant pas la possibilité de se déplacer librement, en dehors de l'institution, en dehors de la chambre voire même de son lit dévoile une image du corps déficitaire et exprime une souffrance liée à un manque de liberté, de mobilité, révélant un désir d'aller de l'avant, et d'autonomie. Le rôle du psychologue dans ce contexte doit permettre de soutenir sa demande, d'accompagner le travail d'élaboration des modifications de l'image du corps et la restauration narcissique nécessaire à la poursuite du « travail du vieillir », voire la reprise identitaire. Il nous semble que c'est là l'intérêt d'une prise en charge clinique du vieillissement et de ses aléas (Fernandez, Sagne, 2013).

Bibliographie

AL SAYEGH, S., FILEN, T., JOHANSSONC, M., SANDSTROMD, S., STIEWE, G., BUTLER, S. (2013). Mirror therapy for Complex Regional Pain Syndrome (CRPS). A literature review and an illustrative case report». *Scandinavian journal of pain*, 4, 200-207.

BALDY R. (2002). *Dessine-moi une personne. Dessin d'enfants et développement cognitif.* Paris : Éditions In Press, collection Psycho.

BIANCHI H. (1987). *Le moi et le temps. Psychanalyse du temps et du vieillissement.* Paris : Dunod, collection Psychismes.

BRUCHON-SCHWEITZER M. (1987). Dimensionality of the Body Image Questionnaire. *Perceptual, Motor Skills,* 65.

DE FONCLARE G. (2010). *Dans ma peau.* Paris: Broché.

DESMOND D. M. (2007). Coping, affective distress, and psychosocial adjustment among people with traumatic upper limb amputations. *Journal of Psychosomatic Research,* 62, 15-21.

DOLTO F. (1984). *L'image inconsciente du corps.* Paris : Le seuil.

DUFOUR J. (1994). Les éléments psychologiques des séquelles douloureuses post chirurgicales et/ou accidentelles : prévention ». *Revue douleur et analgésie,* 3, 7, 87-93.

FERNANDEZ, L. (2014). *Le test de l'arbre. Un dessin pour comprendre et interpréter.* Paris : Éditions In Press, 3e édition.

FERNANDEZ, L. (2016). *Le dessin de la personne.* Paris : Éditions In Press, collection concept psy.

FERNANDEZ, L., FROMAGE B., MAUREL CAITUCOLI M. (2010). Contribution du dessin de l'arbre en psychogérontologie : évaluation et accompagnement », *Neurologie-psychiatrie-gériatrie,* 10, 77-84.

FERNANDEZ, L., SAGNE, A. (2013). *Psychologie clinique du vieillissement : 15 études de cas,* Paris : Éditions In Press.

FERREY, G., LE GOUES, G. (2003). *Psychopathologie du sujet âgé.* Paris, Masson, collection Les âges de la vie.

FLANNERY, J.C. (1999). Limb loss: Alterations in body image. *Journal of Vascular Nursing,* 17, 4, 100-106.

FREUD, S. (1923). Le moi et le ça. In S. FREUD, *Œuvres complètes*, vol. XVI, Paris, P. U. F., 1991, 265-301.

FROMAGE, B. (2011). *L'épreuve des trois arbres.* Paris : Éditions In Press, collection Psycho.

KOCH, K. (1978). *Le test de l'arbre. Le diagnostic psychologique par le dessin de l'arbre.* Bruxelles, Éditest.

LACAN, J. (1949). Le stade du miroir comme formateur de la fonction du Je telle qu'elle nous est révélée dans l'expérience psychanalytique. In J. LACAN, *Écrits,* Paris: Seuil, 90-97.

LAMANDÉ, F., DUPRÉ, J.C., BAUDIN, O., CÉCILE, J., FRISON, V., MANGIN, C. (2010a). Rééducation de la personne amputée de membre inférieur. *EMC Kinésithérapie-Médecine physique -Réadaptation*, 26-270-A-10, 1-21.

LAMANDÉ, F., DUPRÉ, J. C., CÉCILE, J., SÉNÉGAS-ROUVIÈRE, J., PETIT, I., SALZE, O. (2010). Réadaptation de la personne amputée de membre inférieur. *EMC Kinésithérapie-Médecine physique -Réadaptation*, 26-610-A-10, 1-11.

LE BRETON, D. (1992). *La sociologie du corps.*, Paris : P.U.F, Que sais-je ?

MCDOUGALL, J. (1978). Narcisse en quête d'une source. In J. MC DOUGALL, *Plaidoyer pour une certaine anormalité*. Paris : Gallimard, 139-161.

MECHIN C., BIANCHI-GASSER I., LE BRETON D. (2000). *Le corps, son ombre et ses double, Nouvelles études anthropologiques*. Paris, L'Harmattan.

PIRLOT G. (2009). *Déserts intérieurs*. Paris : Erès.

PRUDHOMMEAU M. (1947). *Le dessin chez l'enfant*. Paris : P.U.F.

RAVAZI, D., DELVAUX, N. (2002). *Psycho-Oncologie : Le cancer, le malade et sa famille*. Paris : Masson.

SCHILDER P. (1968). *L'image du corps*. Paris: Gallimard.

TATAR Y. (2010). Body image and its relationship with exercise and sports in Turkish lower-limb amputees who use prosthesis. *Science & Sports*, 25, 312-317.

ZAZZO R. (1948). Images du corps et conscience de soi. *Enfance*, 1, 29-43.

INCONTINENCE URINAIRE, INSTITUTIONNALISATION ET IMAGE DU CORPS

1. **L'incontinence urinaire**
2. **Incontinence urinaire et institutionnalisation**
3. **Incontinence urinaire et image du corps**
4. **Cas clinique**
5. **Bibliographie**

1. L'incontinence urinaire

Plus de trois millions de personnes souffrent d'incontinence urinaire (IU) en France (Haab, 2007). Les trois quarts sont des femmes. Cette forte proportion est due, d'une part, à l'anatomie féminine (l'urètre est plus court) et d'autre part, aux modifications du corps liées à la vie féminine (grossesses, accouchements, changements hormonaux de la ménopause). Elle est la résultante d'un problème physique qui touche le plancher pelvien, mais son origine souvent multifactorielle rend sa prise en charge complexe (Haab, 2007). Son incidence augmente avec l'avancée en âge. On estime en effet que 15 à 20 % des femmes de plus de 60 ans souffrent d'IU. Minaire et al. (1995) précisent l'incidence du milieu de vie sur l'incontinence : elle touche 7 à 18 % des personnes de plus de 65 ans vivant à domicile, ce chiffre passant de 30 à 80 % pour les personnes âgées vivant en institution (Robain et al., 2006).

L'IU est une perte involontaire d'urine dont se plaint le patient. Pour Haab et al. (2004), le terme d'IU doit être précisé selon : « *le mécanisme et les circonstances de survenue des fuites, leur sévérité, leur fréquence, l'existence d'éventuels facteurs favorisants, leur impact social, hygiénique ou sur la qualité de vie, l'existence d'éventuelles mesures prises pour éviter les fuites et enfin la notion de demande médicale de la part du patient* ».

On distingue deux catégories d'IU :
- *celles dues à des atteintes du système vésico-sphinctérien (IU organiques)*, c'est-à-dire liées à des problèmes physiologiques (perte musculaire, défaut de constriction, carence en œstrogène chez la femme ménopausée).
- *celles induites par l'environnement ou l'état physique et/ou psychologique de la personne (IU fonctionnelles)*, c'est-à-dire liées au handicap, aux traitements, aux difficultés de communication, à l'éloignement des toilettes, à la non-connaissance de nouveaux lieux, à certaines maladies comme la sclérose en plaques et la maladie d'Alzheimer, à la dépression, etc.

2. Incontinence urinaire et institutionnalisation

L'IU (ou fécale) peut être une des raisons d'entrée en EHPAD ou de placement institutionnel, même s'il est difficile de chiffrer avec précision, à cause de la rareté des travaux de la littérature, son influence sur le nombre de placements (Haab, 2007). L'IU est prédictrice de l'institutionnalisation. Elle est souvent associée à d'autres troubles (déficiences visuelles, troubles de la parole, restrictions des activités de la vie quotidienne et confinement au domicile par peur d'aller aux toilettes ou de ne pas en trouver, anxiété, dépression, diminution de l'estime de soi, etc.) (Bonniaud et al., 2005 ; Matsumoto, 2007).

Roe et al. (2011) montrent que les personnes âgées institutionnalisées sont peu impliquées dans les décisions pour gérer leur IU. Elles sont dépendantes de la structure institutionnelle et de la vision médicale de l'IU à un âge avancé.

La gestion de l'IU sera différente suivant le degré de dépendance de la personne. Pour celles qui n'ont pas besoin d'aide, le personnel mettra discrètement à disposition le nécessaire de toilette. Inversement, si la personne a des difficultés pour se déplacer, si elle est alitée ou confuse, elle sera tributaire des soins des soignants. Les personnes dépendantes deviennent alors seulement des corps qu'il faut laver et habiller, selon les disponibilités du personnel.

Pourtant, l'incontinence et le besoin d'uriner sont aussi un objet de demande permettant à la personne âgée d'obtenir une présence humaine (Robain et al., 2006). La personne âgée ne peut se réduire seulement à un corps, il convient de tenir compte de son histoire et du cadre dans lequel elle vit. La vision déficitaire de l'âgé, véhiculée par les instances médicales et la société, pose la question de la responsabilité que nous avons dans le mal-être des personnes malades.

3. Incontinence urinaire et image du corps

Les normes sociales et les symboles culturels qui entourent les parties intimes du corps affectent la façon dont les soins sont organisés selon l'âge, le sexe, la culture et la stratification sociale.

L'IU urinaire (ou fécale) renvoie souvent à une image déficitaire de la vieillesse et conduit à faire une analogie entre personnes âgées et déchet à cause par exemple, de la présence dérangeante des odeurs.

Perdre le contrôle physique sur les fluides corporels semble mettre l'identité de l'individu et de la dignité humaine en danger et a un effet perturbateur sur les relations sociales (arrêt de certaines activités entraînant un isolement social) et intimes (Widding Isaksen, 2002).

Chez les femmes âgées, l'IU a un impact négatif sur l'image de soi. Elles soignent moins leur apparence, car elles se sentent moins féminines et moins attirantes sexuellement (Ratner et al., 2011).

Farage (2009) a montré que l'IU chez les femmes peut avoir un impact sur les perceptions relatives à la sensibilité de la peau (sensibilité générale, corporelle générale et génitale). Certaines parties spécifiques du corps sont particulièrement concernées comme le visage. Chez des personnes incontinentes à la différence des personnes non incontinentes, la sensibilité au froid est plus élevée et provoque une irritation au niveau du visage. Elles sont aussi plus sensibles que les personnes non incontinentes au niveau des parties génitales (sensibilité perçue).

4. Cas clinique

Éléments d'anamnèse

Madame U., 82 ans, fille de marchands, était mariée à un commerçant, décédé depuis environ quinze ans. De cette union sont nés quatre enfants (deux filles et deux garçons). Elle est très proche de ses fils. Le plus jeune encore célibataire lui rend visite régulièrement. Elle est entrée en institution après plusieurs hospitalisations suite à des problèmes de santé au niveau :
– <u>somatique</u> : elle a subi l'ablation des deux seins à la suite d'un cancer, il y a dix ans. Elle a également soigné pour une cirrhose éthylique de stade avancé et elle été traitée pour son alcoolisme.
– <u>articulaire</u> : le traitement du cancer du sein ayant occasionné des lésions articulaires scapulaires, la mobilité des membres supérieurs est affectée et madame U. a besoin d'une aide partielle pour la toilette, notamment pour se doucher.
– <u>sphinctérien</u> : elle souffre d'incontinence urinaire fonctionnelle depuis trois ans. Elle suit son traitement et se change seule.
– <u>auditif</u> : elle porte un appareil auditif depuis cinq ans à la suite à d'une presbyacousie[24].
– <u>locomoteur</u> : elle a des difficultés pour marcher (« *mes jambes ne sont pas très solides* ») et utilise quelquefois un fauteuil roulant pour se déplacer.
Elle ne présente pas de pathologie démentielle ni de troubles cognitifs.

Cadre thérapeutique et entretiens

La psychologue rencontre madame U. dans sa chambre. Celle-ci l'invite à s'asseoir près d'elle et engage la conversation. Au fil des semaines, les entrevues s'enchaînent.

Dans ce contexte, un bilan psychologique est réalisé comprenant des entretiens cliniques non directifs (vécu de l'IU, regard porté sur le corps depuis l'IU, etc.), qui se centre sur une échelle de qualité de vie pour les troubles mictionnels (Amarenco, Ditrovie et al., 1997) ; un questionnaire d'évaluation de l'image du corps (QIC, Bruchon-Schweitzer, 1987) et le dessin de la personne (Montani, Vial-Awada, 2004), deux outils liés directement à la représentation de soi et à l'image du corps.

---

[24] Altération de l'audition liée à l'âge.

Lors des entretiens, madame U. est confortablement assise sur un fauteuil dans sa chambre, endroit où elle passe la matinée, en attendant d'être conduite en fauteuil roulant dans le salon pour déjeuner. Dès le départ, elle nous avertit qu'elle ne souhaite pas aborder les éléments de son histoire de vie relatifs à son alcoolisme. En revanche, elle veut bien raconter dans les grandes lignes les difficultés qu'elle a rencontrées lors de son IU et de son cancer.

Les entretiens cliniques réalisés avec madame U. permettent de mettre en évidence :

Le vécu de l'incontinence urinaire et l'image du corps :
Elle évoque facilement son incontinence urinaire (consultation et traitement). Elle exprime un vécu difficile *« je l'ai très mal vécue, on a l'impression de s'oublier, d'être mouillée »* et une certaine gêne fonctionnelle *« il faut se lever plusieurs fois la nuit et aller très souvent aux toilettes »*. Le regard sur son corps n'a pas vraiment changé depuis l'apparition de l'incontinence urinaire *« cela n'a rien changé, j'étais comme je suis, je prends mes précautions, il n'y a rien d'autre à faire, c'est vrai qu'ici, on ne sort pas beaucoup, alors ça a moins d'importance »*.

Cancer du sein et image du corps :
Elle parle de son cancer et de l'ablation des deux seins, il y a dix ans. Elle évoque la perte de sa féminité *« Vous savez c'est important, ça. J'avais mes amies qui étaient bien, et moi, j'avais plus rien ! »*. L'image du corps est clivée : elle aime son corps *« J'aime mon corps tel qu'il est »* et n'éprouve pas de gêne à se voir nue et en même temps, elle ne l'aime pas, car il est mutilé *« … Sauf ce qui manque, on m'a enlevé… »*.

Les échelles d'évaluation

L'échelle de Ditrovie

L'évaluation du retentissement des troubles vésicosphinctériens chez madame U. sur l'ensemble des dimensions testées (activités quotidiennes, retentissement émotionnel, image de soi, qualité du sommeil, bien-être) indique que l'IU :
-     n'a pas d'incidence sur ses activités quotidiennes (score de 4 sur 20), sur son image de soi (3 sur 10) ;
-     a une incidence sur son ressenti émotionnel (6 sur 10), sur son sommeil (3 sur 5) et sur son image de soi (sentiment de honte et de dégradation : 3 sur 5).
Le score total est de 1,9 sur 5 indique que madame U. a une bonne qualité de vie.

Le questionnaire de l'image du corps

Le score total au QIC de madame U est de 50 (sur 95). Les scores totaux par facteurs sont les suivants : accessibilité/fermeture = 20 ; satisfaction/insatisfaction = 21 ; corps actif/passif = 12 ; corps serein/tendu = 10.

Le score au QIC indique une bonne satisfaction corporelle. Les scores maximums (scores de 5) sont atteints aux items : bonne santé, plein, quelque chose que l'on ne touche pas, tendre-chaleureux, jeune. On note également des scores élevés (scores de 4) aux items : déplaisir, résistant-fort.

Madame U. considère son corps comme étant jeune, fort, résistant, plein et très énergique. Il est décrit comme physiquement attirant et érotique, tendre et chaleureux. Il est aussi source de déplaisir, car il est aussi un corps « meurtri » (ablation des deux seins par exemple) que l'on ne touche pas, que l'on ne montre pas et que l'on ne regarde pas. L'image du corps chez madame U. paraît clivée (corps sain/corps altéré). Ce clivage (sorte de désorganisation Moi-corps) permet à madame U. de conserver une image acceptable d'elle-même. Son corps est accessible dans la dimension relationnelle malgré une tendance au repli sur soi et au retrait, mais reste passif du fait de ses difficultés locomotrices et de son manque de vitalité.

Le dessin de la personne

La psychologue propose à madame U. de réaliser le dessin de la personne sur une feuille A4. La consigne est la suivante : *« dessinez une personne »*.

Elle choisit un crayon à papier pour dessiner en disant *« ça ira bien comme ça »*. Elle dessine d'abord la tête de la personne, puis le tronc et les jambes. Elle ne fait aucun commentaire pendant le dessin dont l'exécution ne dépassera pas deux minutes. Puis, elle dit : *« ici, ce sont les yeux. On ne voit pas ses bras, il les a derrière le dos »*. *« Il n'a pas de bouche ni de nez, non plus, c'est parce qu'on le voit toujours comme ça »*. Puis, madame U. se place de profil pour indiquer la position de la personne à la psychologue. Elle ajoute : *« C'est une personne très agréable et très gentille avec moi »*.

Principales caractéristiques du dessin

La personne d'une hauteur de 5 cm est située dans la partie supérieure de la feuille A4 au centre. Elle ressemble à un corps réduit à sa plus simple expression. Les éléments pris isolément évoquent difficilement les parties qu'ils représentent. Elle se rapproche de la personne têtard. Il est impossible de savoir si la personne est représentée nue ou vêtue. Il n'y a aucun indice vestimentaire ou anatomique visible indiquant son sexe.

Elle est debout, orientée de face, plus arrondie et plus courte à gauche qu'à droite. *Les jambes* représentées par un trait simple sont parallèles. Elles se rattachent au tronc et s'en différencient. La jambe gauche est plus courte. La forme dominante du tronc est ovoïde. La taille paraît suggérée par le contour du tronc. Le bas du corps arrondi peut faire allusion au modelé des hanches. Le tronc est ouvert au niveau de la zone génitale.

Les bras ne sont pas visibles (bras dans le dos). Les mains ne sont pas dessinées. Les pieds sont représentés de façon primitive, le droit étant surligné par griffonnages.

La tête, ouverte au sommet, est identifiable par sa forme et son emplacement. La hauteur est inférieure à ¼ de la hauteur totale. *Les yeux* sont réalisés par deux traits discordants, un vertical, un horizontal. Les cheveux, les sourcils, les oreilles, le cou, les épaules, la bouche et ne sont pas dessinés. Le nez est représenté par un point.

La pression du tracé est globalement *forte,* mais elle est *plus appuyée à droite* (côté gauche de la personne) sauf pour le pied droit, qui est fortement accentué. *Le trait est continu, homogène*, il n'y a pas de corrections, de ratures. Le dessin n'est pas fermé. Le tracé est mixte, curviligne pour la tête et le corps, droit pour les jambes. Il est nettement dissymétrique par le tracé et par la forme.

Principaux éléments d'analyse

La personne est dessinée au centre de la feuille A4, ce qui signifie un certain intérêt pour soi (égoïsme, égocentrisme) et un désir de s'ajuster à la réalité (contrôle de soi).

La simplification du dessin (*dessin petit et incomplet, sans détails – dessin enfantin*) indique un retour des archaïsmes (régression, immaturité, infantilisme).

Selon Bruchon-Schweitzer (1987), les dessins archaïques peuvent apparaître chez des sujets soumis à des expériences corporelles menaçantes (vécu corporel de souffrances, de morcellement ou de perte utilisant des mécanismes de défense de type déni ou clivage).

La taille réduite du dessin et les nombreuses omissions (*sourcils, oreilles, cou, bouche, bras*) mettent en évidence des particularités psychologiques comme :

– <u>le retrait</u> : *retrait social* explicable par des inhibitions et des peurs *(petite tête, petits pieds, petites jambes)* comme la crainte des contacts sociaux — timidité par exemple *(absence des* mains*)*, par le manque de préoccupation pour autrui *(absence des oreilles ; yeux sans pupilles ou fermés)* et l'absence de réciprocité (ne pas vouloir donner et recevoir – *absence des mains*), par la volonté de se couper du monde, par des difficultés de communication (*absence de la bouche*), mais également *retrait de la libido (absence des vêtements* ou *d'accessoires* permettant d'identifier la catégorie sexuelle ; *absence du nez et des cheveux*).

– <u>le repli sur soi</u> *(yeux sans pupilles ou fermés)* : une sorte de fuite pour ne pas faire d'efforts, pour ne pas affronter les problèmes (*absence des bras ou bras dans le dos*) du fait d'un ralentissement psychique (par exemple, impossibilité de joindre le sentiment à l'action – *absence de cou*).

– <u>le manque de vitalité et la passivité</u> *(absence de cou ; absence de cheveux ; absence des oreilles ; bras dans le dos*).

– <u>une perception de soi inadéquate</u> *(dévalorisation de soi et complexe d'infériorité — tête petite ; yeux sans pupilles)* par crainte de son monde intérieur, par

méconnaissance de sa propre intégrité corporelle et mentale *(dessin incomplet) et* par crainte de se regarder *(yeux fermés).*
– des manques affectifs *(absence de la bouche)* en rapport avec une problématique orale (sans doute son alcoolisme).

Les tracés du dessin, la pauvreté des détails et la forme réduite du dessin montrent qu'il existe :
- une anxiété intériorisée *(pression du trait faible)* et une anxiété liée au corps *(lignes avec des tremblements, traits repassés ou noircissements)* ;
- des traits dépressifs *(pression du trait faible ; petite tête, petites jambes, pauvreté des détails)* : difficulté pour planifier le futur, sensation de vide, sentiment d'écrasement, un certain détachement *(position en hauteur),* etc.

La personne se caractérise par des ouvertures au niveau de la tête et du tronc, de la zone uro-génitale) qui peuvent témoigner de conduites de fuite [crainte de la fuite des idées ou « de perdre la tête » ; fuite d'une substance corporelle – l'urine (incontinence urinaire)].

Les représentations de contenance et narcissique sont altérées (représentation humaine difficile, base du tronc ouverte, pas de détails corporels, pas d'identité sexuée).
Les membres inférieurs *(petites jambes et petits pieds)* sont dessinés. Ils indiquent que la capacité locomotrice est préservée pour l'instant, mais que madame U. éprouve un sentiment d'insécurité dans la position debout *(petits pieds, griffonnés ou noircis, jambe gauche plus courte)* et une anxiété liée à des troubles de la marche.
Le dessin de la personne montre que même si la représentation d'un corps est conservée, l'image du corps est altérée et l'image de soi est dévalorisée.

Prise en charge de l'incontinence urinaire chez la personne âgée

Chez la personne âgée, institutionnalisée, polymédicamentée, la prise en charge sera limitée, sachant que coexistent souvent une IU et une incontinence anale. La prise en charge de l'IU de la personne âgée nécessite une double approche : une approche gériatrique des facteurs de risques spécifiques de la personne âgée et une approche spécifique de l'incontinence (Robain et al., 2006). Elle implique une multidisciplinarité. La prise en charge se centrera sur la rééducation comportementale qui repose sur les mictions (programmes horaires imposés ou en fonction des épisodes d'incontinence). Elle peut être associée à d'autres types de prises en charge rééducative ou médicamenteuse.
Les techniques comportementales induisent en institution une surcharge de travail importante pour le personnel, ce qui explique leur fréquent abandon et l'utilisation de changes, qui quand ils ne sont pas nécessaires constituent une double atteinte :

atteinte corporelle, car il y a risque d'abîmer la peau par macération, et atteinte de la personne dans sa dimension humaine.

Il semble que le bénéfice de la prise en charge comportementale ne soit durable que chez les personnes âgées non dépendantes. Les thérapies comportementales sont actuellement moins utilisées en institution.

L'intérêt majeur de la rééducation est qu'elle n'est pas iatrogénique.

Les autres traitements chirurgicaux (bandelettes sous-urétrales -TVT, TOT) et pharmacologiques (médicaments de l'incontinence, traitements hormonaux, alphabloquants, anticholinergiques) sont des traitements de deuxième intention.

À l'heure actuelle, les procédures permettant l'approche globale de l'incontinence urinaire de la personne âgée restent malheureusement encore mal codifiées.

Pour conclure

L'IU affecte la qualité de vie de la personne âgée (Bonniaud et al., 2005 ; Haab, 2007). Elle n'est pas qu'un problème physiologique. Amarenco et Chantraine (2006) et Bonniaud et al. (2005) ont montré l'incidence de cette maladie sur la qualité de vie, dans la sphère relationnelle, privée et émotionnelle.

Il importe compte tenu de l'impact de la qualité de vie sur l'IU de prendre en considération la personne âgée dans sa globalité, en incluant la dimension psychologique, sociale et environnementale.

Accompagner l'IU chez une personne âgée n'est pas seulement proposer un traitement, une rééducation ou des protections, mais c'est aussi et surtout accompagner la personne âgée dans ce que cette pathologie représente pour elle (gêne, honte, atteinte narcissique, diminution de l'estime de soi, etc., mais également pour son environnement [vision déficitaire et faillibilité du corps, somme de symptômes, etc.].

Si une personne âgée se sent dévalorisée par l'IU, il importe de la renarcissiser et de lui redonner confiance en elle afin qu'elle s'investisse dans la prise en charge de son IU.

Encore faut-il repérer ces fragilités et en tenir compte pour savoir quels sont les points à améliorer pour servir de leviers thérapeutiques efficaces.

Bibliographie

AMARENCO, G., CHANTRAINE, A. (2006). *Les Fonctions Sphinctériennes*. Paris : Springer.

AMARENCO, G., MARQUIS, P., LERICHE A., RICHARD. F., ZERBIB, F., JACQUETIN, B. (1997). Une échelle spécifique d'évaluation de la perturbation de la qualité de vie au cours des troubles mictionnels : l'échelle Ditrovie. *Ann Readapt Med Phys*, 40, 21-22.

BRUCHON-SCHWEITZER M. (1987). Dimensionality of the Body Image Questionnaire. *Perceptual, Motor Skills,* 65.

MONTANI, C., VIAL-AWADA, I. (2004). Le test du personnage chez la personne âgée. Analyse de la phrase attribuée au personnage. *Neurologie-Psychiatrie-Gériatrie*, 4, 24, 27-32.

BONNIAUD, V., RAIBAUD, P., GUYATT, G., AMARENCO, G., PARATTE, B. (2005). Scores de symptômes et de qualité de vie au cours des troubles vésicosphinctériens. *Annales de réadaptation et de médecine physique*, 48, 392-403.

FARAGE, M.A. (2009). Perceptions of sensitive skin: women with urinary incontinence. *Archives of Gynecology and Obstetrics*, 280, 49-57.

HAAB, F. (2007). *Rapport sur le thème de l'incontinence urinaire*. Paris : Ministère de la Santé et des Solidarités.

HAAB, F., AMARENCO, G., COLOBY, P., GRISE, P., JACQUETIN, B., LABAT, J.J., CHARTIER-KASTLER, E., RICHARD, F. (2004). Terminologie des troubles fonctionnels du bas appareil urinaire : adaptation française de la terminologie de l'International Continence Society. *Progrès en urologie*, 14, 1103-1111.

MATSUMOTO, M. (2007). Predictors of institutionalization in elderly people living at home: The impact of incontinence and commode use in rural Japan'. *Journal of Cross-Cultural Gerontology,* 22, 4, 421-432.

MINAIRE, P., SENGLER, J., JACQUETIN, B. (1995). Épidémiologie de l'incontinence urinaire ». *Annales de réadaptation et de médecine physique,* 38, 1, 1-8.

RATNER, E.S., EREKSON, E.A, MINKIN, M.J., FORAN-TULLER, K.A. (2011). Sexual satisfaction in the elderly female population: A special focus on women with gynecologic pathology. *Maturitas*, 70, 3, 210-215.

ROBAIN, G., VINCENT, H., HENNEBELLE, D., CHAPELLE, O., VU, P., MARTI, B., VALENTINI, F. (2006). Spécificités de la prise en charge de l'incontinence urinaire chez la personne âgée. *Pelvi-Périneologie*, 1, 237-241.

ROE, B., FLANAGAN, L., JACK, B., BARETT, J., CHUNG, A., SHAW, C., WILLIAMS, K. (2011). Systematic review of the management of incontinence and promotion of continence in older people in care homes: descriptive studies with urinary incontinence as primary focus'. *Journal of Advanced Nursing*, 67, 228-250.

WIDDING ISAKSEN, L. (2002). Toward a sociology of – gendered – disgust: Images of bodily decay and the social organization of care work. *Journal of Family Issues*, 2002, 23, 7, Special issue: Care and kinship, Part 2, 791-811.

Dessin de la personne de madame U., 82 ans

ÉMOTIONS, DÉMENCE ET THÉRAPIE ASSISTÉE PAR L'ANIMAL

> **1. Émotions et différents types d'émotions**
> **2. Émotions et troubles émotionnels chez les personnes âgées**
> **3. Démence et émotions**
> **4. La thérapie assistée par l'animal auprès des personnes âgées atteintes de démence (patient, thérapeute, chien)**
> **5. Les effets de la thérapie assistée par l'animal auprès des âgés atteints de démence**
> **6. Cas clinique**
> **Bibliographie**

1. Émotions et différents types d'émotions

L'émotion est un phénomène subjectif intra-personnel se rapportant aux ressentis que suscite une situation évaluée comme importante pour l'individu. Pour Fernandez (2012), une pluralité de discipline s'intéresse aux émotions. Chacune de ces disciplines détermine ce concept au regard de la spécificité du domaine étudié. Certains chercheurs étudient les manifestations émotionnelles en se centrant sur l'analyse du discours et d'autres sur l'observation de l'activité corporelle de l'homme.

Klaus Scherer (2005) propose de classer les manifestations émotionnelles en cinq dimensions :

- les pensées suscitées par un événement interne ou externe (véhicule roulant à vive allure ; souvenir pénible) ;
- les modifications neurophysiologiques (activation du circuit de la récompense) et neuro-végétatives (modification du fonctionnement digestif) ;
- les tendances à l'action (continuum entre fuite/combat) ;
- les modifications expressives et comportementales (mimiques faciales, posture, intonation de la voix, etc.) ;
- l'expérience subjective à partir du ressenti du sujet.

Pour Philippot (2011), les émotions sont classées en deux types de catégories : les émotions de base et les émotions mixtes. Les émotions de base sont caractérisées par des manifestations réflexes, universelles, innées et a-culturelles. Les émotions de base sont : la peur, la colère, la joie, la tristesse et le dégoût. Les émotions mixtes sont plus élaborées et nécessitent une évaluation cognitive (honte, humilité, jalousie, etc.).

2. Émotions et troubles émotionnels chez les personnes âgées

Pour Charles et al. (2003), l'ensemble des compétences émotionnelles ne s'améliorent pas au cours de l'avancée en âge sans pathologie. Il semble que les ressources et le fonctionnement des processus psychiques utilisés pour réaliser la régulation des émotions déclinent au cours du vieillissement. En effet, ces processus de régulation utilisent des compétences cognitives, physiologiques et comportementales, autant de domaines qui sont plus ou moins altérés lors du vieillissement. Mikolajczak et al. (2009) montrent qu'au cours du vieillissement, les compétences d'identification, d'expression et de compréhension diminuent.

3. Démence et émotions

La démence est définie comme un syndrome insidieux et progressif se caractérisant par (DSM-IV-TR, 2004) :
- un déficit mnésique (diminution de la capacité à apprendre de nouvelles informations ou à restituer des informations précédemment acquises) associé à au moins un des troubles cognitifs suivants : une aphasie (trouble du langage) ;
- une apraxie (diminution de la capacité à effectuer des activités motrices alors que les fonctions motrices sont intactes), une agnosie (incapacité de reconnaître ou d'identifier des objets alors que les fonctions sensorielles ne sont pas altérées),
- et/ou des troubles des fonctions exécutives (organiser, ordonner dans le temps et réaliser des projets ; avoir une pensée abstraite).
Ces déficits doivent s'accompagner d'un déclin du fonctionnement par rapport aux capacités antérieures à la personne, et ils doivent compromettre les activités professionnelles ou sociales du sujet. Mais ces altérations ne doivent pas être liées à un delirium, à une affection psychique ou physique.
Dans le DSM-V (2013), le terme de démence a été remplacé par celui de trouble neuro-cognitif majeur.

Communication émotionnelle et démence

La communication avec le sujet atteint de démence, qu'elle soit dégénérative ou vasculaire, devient difficile avec l'avancée de la maladie. Rousseau (2011) a étudié l'influence de la prise de conscience de l'émotion sur les fonctions cognitives et communicationnelles chez les sujets atteints de démence de type Alzheimer (DTA). Il constate que ces derniers gardent l'envie d'exprimer leurs émotions et ressentis et leur valence émotionnelle. Ainsi, l'auteur postule que l'échange autour d'une valeur émotionnelle favorise le maintien de la communication, même si les capacités langagières sont altérées. Dans le cas contraire, les personnes atteintes de DTA risquent d'entrer dans un mutisme, ou de s'exprimer par des processus psycho-comportementaux inadaptés.

Symptômes psychologiques et comportementaux des démences

Les personnes âgées atteintes de démence présentent des troubles cognitifs, d'orientation spatiale et temporelle, des fonctions exécutives et langagières. Elles ont des difficultés pour comprendre les actes d'autrui envers elles-mêmes et pour exprimer leurs émotions et leurs besoins de manière compréhensible. L'entourage familial et professionnel constate des modifications comportementales, nommées symptômes psychologiques et comportementaux des démences (SPCD). La présence de ces troubles précipite la prise de décision d'institutionnalisation de la personne âgée.

Dans les établissements et services spécialisés en gérontopsychologie, les SPCD sont évalués à partir d'un Inventaire Neuropsychiatrique pour équipe soignante (NPI-ES, Robert, 1996). Cette échelle permet d'évaluer : les idées délirantes, les hallucinations, l'agitation, l'agressivité, les dysphories, l'anxiété, les exaltations de l'humeur, l'apathie, les désinhibitions, l'irritabilité, les troubles du comportement aberrants, le sommeil et l'appétit. Cette échelle est utilisée par l'équipe pluridisciplinaire qui s'occupe de la personne âgée avec l'aide ou non d'un psychologue. Pour chaque trouble, il doit être recherché dans un premier temps les dysfonctionnements organiques.

Il semble indispensable de préciser que les SPCD doivent être compris comme l'expression de la personne âgée atteinte de démence, face à une situation qu'elle n'arrive pas à comprendre ou à un inconfort physique et/ou psychique. Ainsi, l'évaluation des SPCD n'est que la première étape de l'organisation adaptée de la prise en soin. Le psychologue participe à la diminution de cet inconfort psychique de la personne âgée atteinte de démence. Cependant, les psychothérapies de soutien en face à face ne sont pas toujours adaptées à ce type de population, surtout dans les stades sévères de démence. Par conséquent, ces dernières années, diverses thérapies non médicamenteuses ont été développées afin de proposer une prise en soin psychique en respectant les spécificités des déficits. Nous allons présenter l'une de ces thérapies : la thérapie assistée par l'animal (TAA).

4. La thérapie assistée par l'animal (T.A.A) auprès des personnes âgées atteintes de démence

La TAA (Delta Society, 1996) *« est une intervention dirigée dans laquelle un animal rencontrant des critères spécifiques fait partie intégrante du processus de traitement. La TAA est dispensée ou dirigée par un pourvoyeur de services de santé ou de services sociaux travaillant dans le registre de sa profession en intégrant un animal comme un volet à sa pratique. La TAA est conçue pour promouvoir l'amélioration du fonctionnement humain physique, social, émotionnel ou cognitif. Elle est dispensée dans une variété de milieux et peut être de nature individuelle ou de groupe. Le processus est documenté et évalué. Des objectifs spécifiques pour chaque patient sont identifiés par le professionnel et les progrès sont mesurés et consignés ».* Il faut savoir que le chien est l'animal le plus fréquemment utilisé dans ce type de thérapie, compte tenu de ses caractéristiques sociales et physiques.

La TAA se distingue de l'activité assistée par l'animal (AAA) par deux éléments essentiels : le thérapeute formé permet de poser des mots et de mettre du sens à l'interaction entre le patient et l'animal ; et des objectifs thérapeutiques sont fixés à l'avance (Delta society, 1996). Ainsi, l'AAA n'a pas de fonction thérapeutique.

Les caractéristiques du chien

Didier (2013) décrit les spécificités du chien pertinentes pour un travail avec l'humain : 1) sa spécificité faciale ressemble au visage de l'homme ; 2) sa docilité lui permet d'être éduqué et de s'adapter aux besoins de l'homme. De plus, le chien séduit grâce à sa disponibilité de présence et d'écoute. Il apporte un amour inconditionnel à l'homme.

Cyrulnick (2001) explique que les animaux sont sensibles à la reconnaissance de certains indices de l'état émotionnel de l'homme (prosodie, comportements et attitudes) et y réagissent de manière adaptée. En outre, l'animal exprime aussi ses émotions (le plaisir, le déplaisir, la peur…) par différentes vocalisations, expressions et postures du corps, faciles à décoder et à comprendre pour l'homme (Didier, 2013).

La place du patient, du thérapeute et du chien dans la TAA

La TAA est caractérisée par deux types d'interactions : relation dyadique ou triangulaire (Parish-Plass, 2013).

Trois relations dyadiques sont possibles :

1. *Une relation entre le thérapeute et le patient* : il n'y a pas d'interaction avec le chien, mais il est observé. Ceci facilite la mise en place d'une communication autour de l'animal.

2. *Une relation entre le patient et l'animal* : le thérapeute observe les interactions entre le patient et l'animal, il relève les éléments subjectifs pertinents et favorise les comportements adaptés du patient envers l'animal.

3. *La relation entre le thérapeute et l'animal* : cette observation peut permettre au patient de juger les qualités du psychologue, en fonction de sa manière de percevoir comment le thérapeute interagit avec l'animal.

Il peut y avoir une interaction triangulaire, permettant au patient de ressentir un sentiment d'unité ou de diminuer sa peur de l'animal.

Les processus psychiques mis en jeu par la présence du chien

Le chien facilite la mise en place de l'alliance thérapeutique : la manière dont le thérapeute prend soin de l'animal est interprétée comme une preuve d'authenticité, de fiabilité, d'attention, de sympathie et de bienveillance. La présence de l'animal facilite l'instauration de l'alliance thérapeutique et accélère l'activation des processus permettant d'atteindre l'objectif thérapeutique élaboré.

Le chien a une fonction de médian : l'animal offre une stimulation sensori-motrice, par ses caractéristiques propres (mouvements, odeur, forme, texture, chaleur, aboiement...). Cette stimulation sensorielle contourne les problématiques cognitives, émotionnelles et les mécanismes de défense de la personne (Melson et Fine, 2010). Par la stimulation sensorielle, le sujet reconnecte son corps avec son monde psychique interne. D'ailleurs, Mormann et al. (2011) l'affirme en disant que la mobilisation sensorielle est un moyen favorisant l'introspection et la (re) mise en route du processus de pensée, à partir des liens avec les sensations et les émotions enracinées dans la psyché du patient. Ainsi, la sensorialité est reliée avec les expériences émotionnelles mémorisées. Pour finir, il est possible de constater que l'animal est un moyen de lier dans un espace-temps (la durée de la séance) le monde interne et externe du sujet (Didier, 2013).

Le chien a une fonction de support projectif : l'animal semble être utilisé comme un support de projection des émotions, des traits de personnalité et des problématiques réactualisées lors de la thérapie. Ainsi, l'animal est le contenant d'une partie du monde interne du sujet. Cette projection est une manière de communiquer son monde intérieur de manière inconsciente, non intrusive et non douloureuse (car il y a un respect des mécanismes de défense du sujet). Le thérapeute doit prendre conscience de ce qui est projeté dans l'ici et maintenant de la rencontre et le conserver en attendant qu'il soit possible avec le patient de l'élaborer.

Le chien a une fonction de support du transfert : selon Freud (1912), le transfert est un processus psychique où les relations problématiques avec des personnes rencontrées dans le passé sont réactualisées dans le présent, par un phénomène de transfert sur un objet (le thérapeute ou le chien) inconscient. Cette répétition (non strictement identique) des attitudes et expériences donne l'occasion à l'élaboration de ce qui n'a pas pu être fait par le passé. Didier (2013) explique, en effet, que l'animal peut être perçu comme l'extension du thérapeute et que le sujet peut déplacer ses sentiments du thérapeute sur l'animal.

Le chien a aussi une fonction de miroir des émotions de l'âgé : l'animal est une vraie « éponge » des émotions exprimées verbalement (prosodie de la voix) et de manière non verbale (grâce à la vision des micro-mouvements faciaux et posturaux). De plus, il est capable d'accorder automatiquement et de manière très subtile son comportement avec l'émotion qui est ressentie par le patient. Cette réaction reflète l'état émotionnel au patient, qui peut l'intérioriser, et facilite le sentiment d'existence et d'unification.

5. Les effets de la T.A.A. auprès des âgés atteints de démence

Au niveau social

La présence de l'animal a un impact positif sur le langage non verbal des personnes âgées atteintes de démence. Des études montrent une augmentation de la fréquence et de la durée des sourires, des regards, des contacts tactiles, des mouvements d'approches spontanés vers l'animal. Il est aussi constaté une augmentation significative des interactions verbales et non verbales entre les personnes, lorsque l'animal est présent. Ainsi, le chien est un catalyseur social.

Au niveau cognitif

Dans les temps de rencontre, les fonctions langagières et praxiques sont utilisées (notamment la praxie idéatoire et la praxie constructive visuo-spatiale par le lancer de balles, le brossage...). Taillefer (1997) ajoute que les souvenirs de la mémoire « affective » sont remémorés par la présence de l'animal. Ce dernier facilite les récupérations des procédures de soins à effectuer. Il est important que l'ensemble des capacités du résident soit valorisé par le thérapeute, afin de renforcer positivement les processus de pensées et d'apprentissages (Didier, 2013).

Au niveau des émotions

Les effets de la T.A.A. portent :

- *sur le renforcement d'un éveil de l'état émotionnel interne* des personnes atteintes de démence. La simple vue du chien et la stimulation sensori-motrice du sujet suscitent des sentiments tels que la sensation de bien-être, une répulsion, de la gaieté, de la tristesse, de l'émoi, de l'agressivité, de la peur, etc.

- *les soins et exercices réalisés pour le bien-être de l'animal* renforcent l'estime de soi de la personne âgée. Ainsi, avec l'aide du thérapeute, le sujet prend conscience de ses capacités de contrôle de l'animal, ce qui renforce la confiance en soi, et le sentiment d'utilité. De même, le désir du chien à interagir avec le résident est une preuve que ce dernier est digne d'amour, et a une importance pour les autres. Ces éléments renforcent l'identité du sujet âgé et motivent la personne à poursuivre la psychothérapie (Didier, 2013).

- *sur les troubles psycho-comportementaux consécutifs à la maladie*. Certaines études montrent une diminution de l'agitation, de l'agressivité, de l'irritabilité et des comportements perturbateurs (Mc Cabe et al., 2002) ainsi que des effets positifs sur l'apathie, la dépression, et le sentiment d'isolement. De plus, la simple vue d'un chien et le fait de le caresser diminuent le rythme cardiaque et la pression artérielle, ce qui témoigne d'un apaisement physique et psychique (Walsh et al., 1995). Ainsi, les personnes âgées durant les séances de TAA sont apaisées, et n'ont presque pas de trouble du comportement (Tribet et al., 2008).

Cependant, de nombreuses études (Walsh et al., 1995) mettent en avant que les effets de la T.A.A. durent peu de temps après la fin du suivi de la personne âgée atteinte de démence. D'autre part, cette thérapie ne peut être proposée qu'aux personnes sensibles aux relations avec les animaux.

1.   Cas clinique

Éléments d'anamnèse

Monsieur E., 81 ans, est veuf et vit seul chez lui. Il n'a plus de contact avec ses frères et sœurs à cause d'un conflit familial. Il n'a pas d'enfant.

Il est hospitalisé en unité de soins de suite et de réadaptation suite à une chute sur la voie publique (fracture du col fémoral). Pendant son hospitalisation, il manifeste des troubles cognitifs, des troubles du comportement de type agressif (verbal et physique) et des troubles de la communication (propos embrouillés, discours ralenti, manque du mot). Une consultation avec un psychiatre est programmée dans l'objectif d'explorer ces divers troubles. Le compte rendu décrit des troubles des fonctions exécutives et des troubles de la mémoire. Les signes cliniques manifestes sont : agnosognosie, manque du mot, labilité émotionnelle et psycho-rigidité. Un diagnostic de démence de type mixte avec atteinte frontale est posé. Son retour à domicile n'est pas envisageable. À la fin de l'hospitalisation, il est placé en EHPAD sans préparation. Il n'a pas choisi de rentrer en EHPAD. L'établissement possède très peu d'informations sur l'histoire de vie de monsieur E, ainsi il est difficile de mettre en œuvre une prise en soins adaptée et individualisée et d'établir un projet de vie, car l'équipe ne connaît pas ses habitudes, ses goûts, son passé.

Monsieur E. est atteint d'une aphasie d'expression. Nous ne connaissons pas l'étiologie de ses troubles du langage (AVC, traumatisme crânien), ni leur date de commencement. Son discours est caractérisé principalement par un manque du mot et des paraphasies. Il fait des phrases courtes qui ne sont pas construites grammaticalement, c'est-à-dire qu'il énonce seulement les mots importants pour que son interlocuteur comprenne le sens de la phrase. Pour se faire comprendre, il compense son manque de mots par des gestes (qui aident à la compréhension du discours). Par ailleurs, il ne présente pas une aphasie de compréhension.

Monsieur E. manifeste des comportements d'agressivité verbale et/ou physique envers :
- les autres résidents, notamment ceux qui ont des troubles psycho-comportementaux (déambulation, cris, etc.). Il s'énerve rapidement face aux troubles du comportement de certains résidents lors des activités collectives. Les animations en groupe sont génératrices d'angoisse et d'anxiété pour lui.

- L'équipe soignante à deux moments de la journée : durant les soins de nursing, s'il n'a pas envie de prendre la douche, il manifeste une phase d'agressivité pour exprimer son refus, son opposition et au moment des repas, quand celui-ci n'est pas servi à l'heure, il s'énerve envers les soignants et part dans sa chambre.

Les troubles du comportement isolent monsieur E. dans l'établissement. En effet, les autres résidents et certaines familles évitent tout contact avec ce dernier, par peur de créer une phase d'agressivité. Par ailleurs, l'équipe est en souffrance face à cette prise en soins. Une thérapie médicamenteuse à base de neuroleptiques a été mise en place, quatre mois après son entrée dans l'institution. L'objectif était de diminuer les troubles du comportement, mais elle n'a duré que deux mois, car elle a engendré d'importants effets iatrogènes. Ainsi, après l'arrêt du traitement médicamenteux, les troubles sont revenus. Les soignants se sentent impuissants face à ce trouble de comportement. La plupart des soignants limitent le contact avec lui, car ils en ont assez de se faire agresser verbalement et/ou physiquement. L'équipe est épuisée face à cette situation, et demande en urgence une prise en charge adaptée pour ce monsieur afin de diminuer cette agressivité. Ainsi, une réflexion autour de ces troubles s'effectue en équipe pluridisciplinaire lors d'une analyse des pratiques.

Mise en place de la T.A.A.

Sachant que monsieur E. a une grande confiance en l'animal, il lui est proposé la TAA par le psychologue de l'établissement et la stagiaire-psychologue. Les séances de TAA se déroulent sur une période de six semaines, à une fréquence d'une séance par semaine. Les séances durent trente à quarante minutes et s'effectuent généralement dans le salon ou dans le jardin de l'établissement.

Les objectifs de la prise en charge sont :
– d'améliorer la qualité de vie de M. A au sein de l'établissement ;
– de l'aider à investir l'établissement en créant des liens avec le monde extérieur ;
– de lui donner un espace pour qu'il puisse déposer ses angoisses ;
– et de diminuer ses pulsions internes ;
– de travailler sur la confiance en soi, l'estime de soi, la socialisation, le toucher, la mémoire et l'ajustement des comportements.

Les séances se déroulent essentiellement autour des besoins de l'animal. Monsieur E. crée un lien étroit avec l'animal, il lui parle avec un jargon difficilement compréhensible, mais avec un ton de voix calme et rassurant. Il lui donne un surnom, « chouchou », se montre très affectueux envers lui et s'occupe de manière autonome et responsable du chien (il lui donne à manger, le brosse, le promène en laisse, etc.). Les séances de T.A.A. lui ont permis d'avoir un espace pour s'exprimer, se raconter et déposer ses angoisses. Un code de communication s'est installé au fur et à mesure des séances. Il pallie son manque de mots par des gestes. Il exprime son contentement, sa satisfaction par des attentions. Il a fait des progrès au niveau de la communication. Il parvient, par exemple, à évoquer des bribes de son histoire personnelle. Il est tendre avec le chien, moins anxieux quand il caresse le chien.

Au fil des séances, monsieur E. est apaisé, il a les traits du visage détendus et il est souriant. Cette détente permet d'améliorer la qualité de sa communication et de ses échanges verbaux. Il arrive à parler de ses préoccupations concernant sa vie au sein de l'institution et de la façon dont les gens le perçoivent (« *comme quelqu'un d'agressif* »).

L'équipe soignante constate une nette amélioration de ces troubles du comportement (diminution de la fréquence et de l'intensité des phases d'agressivité). Leur regard change. Il est plus positif, ce qui contribue à l'amélioration de l'image de soi que le résident a de lui-même et l'aide à amorcer un changement de modalité de lien entre le résident et les soignants.

Pour conclure

La T.A.A. semble avoir eu un effet bénéfique pour monsieur E. : réduction de l'agressivité verbale et physique, des tensions et du stress, des troubles du langage. Ces séances lui ont permis grâce à l'animal de créer du lien d'abord avec le chien et ensuite avec les soignants. Elles lui ont aussi permis de parler de ses préoccupations et de ses souffrances.

Bibliographie

AMERICAN PSYCHIATRIC ASSOCIATION (2004). *DSM-IV-TR : manuel diagnostique et statistique des troubles mentaux.* Traduit par J.-D. GUELFI, & M.-A. CROCQ. Paris : Masson, 4e édition.

AMERICAN PSYCHIATRIC ASSOCIATION (2013). *Diagnostic and statistical manual of mental disorders DSM-5* (5e Ed.). Washington (DC): American Psychiatric Publishing.

CHARLES, S. T., MATHER, M., CARSTENSEN, L. L. (2003). Aging and emotional memory: The forgettable nature of negative images for older adults. *Journal of Experimental Psychology General*, 132, 310.

FANTINI-HAUWEL, C., GELY-NORGEOT, M.-C., RAFFARD, S. (2014). *Psychologie et psychopathologie de la personne âgée vieillissante.* Paris : Dunod.

CUMMINGS, J. L., MEGA, M.S., GRAY, K., ROSEMBERG-THOMPSON, S., GORNBEIN, T. (1994). The Neuropsychiatric Inventory: Comprehensive assessment of psychopathology in dementia. *Neurology*, 41, 1374-1382.

CYRULINK, B., MATIGNON K. L., FOUGEA, F. (2001). *La fabuleuse aventure des hommes et des animaux.* Paris : Hachette Littérature, Éditions du Chêne.

DELTA SOCIETY (1996). *Standards of Practice for Animal-Assisted and Animal-Assisted Therapy* Renton W.A.: Author (2d Edition).

DIDIER, P. (2013). *Les bienfaits de l'animal à tout âge. Rôles et fonctions de l'animal en psychothérapie psychoaffective*, socio-affective et cognitive. Mérignac : Copy Media.

FERNANDEZ, L. (2012). Émotion. In M. FORMARIER, L. JOVIC, *Les concepts en sciences infirmières*. Lyon : Mallet-Conseil, 2ᵉ edition, 158-161.

FREUD, S. (1912). La dynamique du transfert. In S. FREUD, *La technique psychanalytique*, Paris: PUF, 2002, 50-60.

MC CABE, B., BAUN, M.M., SPEICH, D., AGRAWALS, S. (2002). Resident dog in the alzheimer's special care unit. *West Journal of Nursing Research*, 24, 684-696.

MELSON, G.-F., FINE, A. (2010). Animals in the lives of children. In A. Fine (Ed.), *Handbook of animal-assisted therapy*, 3ᵉ (Ed). New York (NY): Academic Press, 223-245.

MORMANN, F., DUBOIS, J., KORNBLITH, S., MILOSAVLJEVIC, M., CERF, M., ISON, M., TSUCHIYA, N., KRASKOV, A., QUIROGA, R.Q., ADOLPHS, R., FRIED, I., KOCH, C. (2011). A category-specific response to animals in the right human amygdala. *Nature neuroscience*, 14, 10, 1247-1249.

PARISH-PLASS, N. (2013). *Animal-assisted psychotherapy: theory, issues, and practice*. West Lafayette: Purdue University Press.

PHILIPPOT, P. (2011). *Emotions et psychothérapie*. Wavre : Éditions Mardaga.

REICHERTS, M., GRENOUD, P.A., ZIMMERMANN, G. (2012). *L'ouverture émotionnelle : une nouvelle approche du vécu et du traitement émotionnel*. Wavre : Éditions Mardaga.

ROUSSEAU, T. (2011). Communication et émotion dans la maladie d'Alzheimer. *Neurologie-Psychiatrie-Gériatrie,* 11, 65, 221-228.

TAILLEFER, D. (1997). Stratégies de diversion dans la gestion de l'agitation pathologique lors d'actes de soins critiques chez la personne atteinte de démence de type Alzheimer. *3ᵉ colloque de psychogériatrie. Intervention chez la personne âgée atteinte de démence.* Saint-Hyacinthe : Québec : Centre de Consultation et de Formation en Psychogériatrie.

TRIBET, J., BOUCHARLAT, M., MYSLINSKI, M. (2008). Le soutien psychologique assisté par l'animal à des personnes atteintes de pathologies démentielles sévères. *L'Encéphale*, 34, 2, 183-186.

SCHERER, K. (2005). Trend sand development: research on emotions. *Social Science Information*, 4, 4, 695-729.

WALSH, P.G., MERTIN, P.G., VERLANDER, D.J. (1995). Effects of a 'pets as therapy' dog on persons with dementia in a psychiatric ward. *Australian Occupational Therapy Journal*. 42, 4, 161-166.

SENSORIALITÉ, ÉMOTIONS ET MALADIE D'ALZHEIMER

1. Naissance de la sensorialité et mise en place des systèmes sensoriels
2. Sensorialité, émotions et rapport au monde
3. Maladie d'Alzheimer et rapport au monde
4. Maladie d'Alzheimer et déficits sensoriels
5. Maladie d'Alzheimer et troubles émotionnels
6. Choix, intérêt et spécificité de l'utilisation du dessin de l'arbre avec la personne âgée atteinte de la maladie d'Alzheimer
7. Dessin de l'arbre, maladie d'Alzheimer, émotions et troubles émotionnels
8. Cas clinique
Bibliographie

1. Naissance de la sensorialité et mise en place des systèmes sensoriels

La sensorialité naît de l'ensemble des informations afférentes qui, issues des récepteurs sensoriels (rétine, vestibule, cochlée, récepteurs olfactifs et gustatifs), donnent lieu à une sensation extra-corporelle consciente de l'environnement individuel.

Chez l'homme, la mise en place des systèmes sensoriels s'effectue toujours selon le même ordre : sensorialité chimique (olfactive et gustative), sensibilité cutanée (le toucher) et sensorialité vestibulaire[25], audition et vision (Relier, 1996).

2. Sensorialité, émotions et rapport au monde

Lorsque Freud prête attention à la sensorialité, dans l'Esquisse pour une psychologie scientifique (1895) ou dans Au-delà du principe de plaisir (1920), il est toujours question des organes de sens, sans hiérarchie aucune, sans aucune prédominance du visuel ou de l'acoustique. Les organes de sens sont présentés comme des dispositifs complexes à fonctions multiples. En particulier, ils sont le lieu d'une opération par laquelle les sens tournent, comme des antennes, pour

---

[25] Le *système vestibulaire* est un organe sensoriel barosensible, situé dans l'oreille interne, qui contribue à la sensation de mouvement et à l'équilibre. Il capte les stimuli via l'appareil vestibulaire dans l'oreille interne (canaux semi-circulaires, utricule et saccule).
- Sa fonction : il joue un rôle dans le développement de l'équilibre et aide à coordonner les mouvements des yeux, de la tête et du corps ; il a aussi pour rôle de fournir l'information au cerveau à propos du mouvement et de la gravité.
- Son rôle au plan de la modulation : il permet les réponses d'orientation, le maintien d'un champ visuel stable, un confort dans le mouvement de la tête, etc.

toucher et goûter le monde. Monde qui présente, par ses stimulations, une intention, une direction et des caractéristiques propres.

Lorsqu'il s'agit de sensorialité, Freud fait donc appel à une proximité, à un contact intime entre les sens et le monde. La sensorialité n'est donc pas uniquement une affaire d'organes de sens, mais une opération discontinue de rencontre par laquelle les sens « goûtent » le monde qui vient à eux par les stimulations qu'il présente. La sensorialité est dès lors un mouvement de rencontre entre les sens et le monde, rencontre attractive ou répulsive, plaisante ou déplaisante.

Qui dit rencontre, dit alors sensations, éprouvés, ressentis ou émotions, motricité qui mettent en scène corps et psyché.

Pour Roussillon (2008, p. 75), *« le corps "raconte", la gestuelle (qu'elle soit comportementale ou graphique[26]) est "narrative". Le corps raconte l'histoire de l'expérience subjective, parfois il raconte ce que la voix ne peut dire, ce que le sujet ne peut formuler. Il montre ce que le sujet ne vit pas de lui-même, fait sentir ce qu'il ne sent pas ou mal, ce que le sujet ne peut pas voir, ce qu'il ne peut signifier de lui, ce qui est clivé de la conscience réflexive, ce qui ne lui a jamais été reflété lors de la conversation première ».*

3.   Maladie d'Alzheimer et rapport au monde

Mais que se passe-t-il dans le cas de la MA où l'humain est dans l'entre-deux du physiologique et du psychique ?

La difficulté dans la lecture de MA réside dans le fait que la singularité humaine semble être résorbée dans l'impersonnel biologique de la maladie. L'histoire personnelle se réduit jusqu'à se dissoudre et faire silence dans le fond anonyme d'un corps/sujet défaillant qui n'a pas de capacité de réplique. Cette disparition du sujet au profit de la maladie tend à mettre à l'écart la dimension subjective et intersubjective de la maladie (Caron, 2009).

Qu'y a-t-il ou que reste-t-il encore d'humain dans cette histoire singulière qui s'efface ? Y a-t-il une continuité entre l'effacement lent et progressif de la singularité et l'expression de son histoire précédente ?

Ces questions nous laissent entrevoir que c'est bien la référence à cette histoire singulière, seule voie d'accès à la dimension humaine, subjective, qu'il s'agit de retrouver. L'histoire de la maladie serait inséparable de celle du malade.

La maladie, qui s'enkyste au cœur d'une l'histoire personnelle, vient bouleverser la position globale du sujet dans sa relation au monde, donc son expérience corporelle ou les différentes attitudes et « fonctions » (Merleau-Ponty, 1945). C'est bien l'unité du corps propre de l'individu qui l'inscrit dans un rapport au monde et aux autres que la MA vient secouer, défaire et fermer.

---

[26] Souligné par l'auteur.

Dès lors, la MA avec sa dégénération biophysiologique et sa destruction psychique est comme l'incarnation et comme l'étayage matériel du rétrécissement progressif de la vie subjective chez un individu qui continue pourtant d'exister.

4. Maladie d'Alzheimer (MA) et déficits sensoriels

La MA se caractérise par « une détérioration progressive des capacités intellectuelles, des pertes de mémoire, de reconnaissance, d'apprentissage, des difficultés liées à l'attention et des troubles du langage » (Schiaratura, 2008).

Des déficits sensoriels peuvent aussi exister.
Par exemple, des *symptômes visuels* peuvent être présents et parfois dominer le tableau de la MA, notamment lors de l'atrophie corticale postérieure[27], décrite comme la « variante visuelle de la MA » (Leruez et al., 2012). Mais également :

- *des troubles visuo-perceptifs :*
- un trouble de l'identification visuelle (*agnosie aperceptive* : Il existe un déficit dans l'analyse visuelle au niveau des caractéristiques élémentaires de forme) ; *agnosies associatives* : Il existe une difficulté à faire correspondre l'objet avec une image en mémoire, par un défaut de stock ou d'accès sémantique. Le patient arrive à copier parfaitement un dessin, mais n'arrive pas à le reconnaître ; *agnosie des visages (prosopagnosie)* : Le patient est incapable de reconnaître des visages qui leur étaient familiers auparavant. Une épouse sera ainsi visuellement reconnue non pas par son visage, mais par des boucles d'oreille ou un foulard. La reconnaissance des autres objets est souvent conservée.
- des difficultés de lecture (alexie) ou d'écriture (agraphie).
- *des troubles visuo-spatiaux :*
- Indistinction gauche/droite : L'héminégligence spatiale se caractérise par une difficulté à percevoir et à s'intéresser à l'hémiespace, mais aussi à son hémicorps controlatéral. En pratique, le patient ne mangera qu'une partie de son assiette, ne se coiffera que d'un côté. Lors d'une extinction visuelle, le patient cesse de percevoir un objet si un autre objet est présenté dans l'hémichamp visuel controlatéral. L'akinetopsie est l'absence de la perception des mouvements.
- Atteintes campimétriques : Des atteintes du champ visuel peuvent être décrites dans la MA ou dans l'atrophie corticale postérieure.
- Atteintes neurorétiniennes : Les patients atteints de la MA souffrent d'une perte neuronale cérébrale. Il existe également une diminution de l'épaisseur des fibres nerveuses rétiniennes et de l'épaisseur maculaire.

---

[27] caractérisée par la prédominance des troubles visuo-perceptifs et visuospatiaux. Les patients ont initialement des plaintes visuelles isolées (par exemple une hémianopsie), expliquées par une atrophie corticale, localisée spécifiquement au niveau des aires visuelles.

- <u>Les hallucinations visuelles</u> : Les hallucinations auditives ou tactiles, même si elles sont moins répandues que dans d'autres démences. Elles imposent d'éliminer d'autres diagnostics (psychiatriques, iatrogénie[28], syndrome de Charles Bonnet[29]).
- <u>Pathologies oculaires</u> : La co-morbidité par pathologies oculaires (glaucome, cataracte, la dégénérescence maculaire, la rétinopathie diabétique par exemple) semble être augmentée chez les patients atteints de la maladie d'Alzheimer.

Il peut exister également :

•*des troubles de la réalisation gestuelle ou « apraxie »* (Avez, 2008) : il s'agit de difficultés à réaliser les gestes. Au début, il s'agit de gestes fins (fermer un bouton), puis la maladie évoluant, la réalisation de gestes plus grossiers devient impossible. Cependant, il existe plusieurs types d'apraxies :

– <u>l'apraxie idéatoire</u> : impossibilité d'utiliser des objets courants (peigne, brosse à dents, fourchette) ou à exécuter un geste courant, qui a un fort retentissement sur la vie quotidienne,
– <u>l'apraxie réflexive</u> : impossibilité de reproduire un geste bimanuel réalisé par l'examinateur (par exemple : mettre les doigts en anneaux croisés),
– <u>l'apraxie visioconstructive</u> : impossibilité à reproduire un dessin en perspective (un cube) ou également l'impossibilité de dessiner sur ordre (l'apraxie constructive est assez précoce),
– <u>l'apraxie idéomotrice</u> : incapacité à reproduire un geste symbolique (salut militaire, signe de croix), qui est souvent couplé aux troubles du langage
– <u>l'apraxie de l'habillage</u> : il s'agit d'une incapacité à s'habiller seul (elle est plus tardive),
– <u>l'apraxie buccofaciale</u> : elle se voit dans les formes avancées de la maladie.
[*des troubles auditifs* (Pepersak, 2004) :

---

[28] Une maladie, un état, un effet secondaire, etc. sont iatrogènes lorsqu'ils sont occasionnés par le traitement médical.

[29] Il consiste en des hallucinations visuelles complexes survenant chez des sujets âgés ne présentant pas de troubles mentaux. Il s'agit d'hallucinations visuelles complexes survenant chez des sujets âgés ne présentant pas de troubles mentaux. Charles Bonnet relate le cas de son grand-père de 87 ans atteint d'une cataracte des deux yeux responsable d'une cécité presque complète, mais qui disait percevoir des personnages, des oiseaux, des voitures attelées, des bâtiments, des tapisseries et des motifs en échafaudages. Dans la plupart des cas, les patients sont des personnes souffrant d'un déficit visuel lié au vieillissement, de lésions oculaires ou d'une atteinte des nerfs optiques. En particulier, l'association d'une perte de la vision centrale observée dans la dégénérescence maculaire liée à l'âge et d'une perte de vision périphérique consécutive à un glaucome est un facteur prédisposant au syndrome de Charles Bonnet, qui ne survient toutefois que rarement. Les hallucinations sont strictement visuelles, ne concernant pas les autres sens. Le traitement n'est pas défini.

Le dépistage de troubles auditifs (TA) est souvent négligé chez les sujets âgés. La prévalence des TA augmente avec l'âge [> 50 % des sujets après 60 ans, > 65 % après 60-79 ans, 81 % après 80 ans]. La surdité marque profondément la vie des personnes âgées. La capacité de communiquer détermine l'autonomie, l'indépendance, le bien-être social. La présence de TA altère les fonctions cognitives, émotionnelles, sociales et physiques. Le port d'un amplificateur améliore ces fonctions. L'impact des TA sur la qualité de vie est probable parce qu'ils limitent par exemple la dimension conviviale du partage d'un repas.

Il peut exister encore (Bianchi et al., 2015) :

• *des troubles olfactifs* (TO) chez des sujets d'âge avancé et chez des sujets atteints de MA (anosmie - perte partielle ou totale de l'odorat notamment). Les TO concerneraient 85 à 90 % des patients atteints de MA. À l'opposé, l'absence de TO serait une valeur prédictive négative de la MA. Les TO surviendraient à un stade précoce, avant l'apparition des troubles cognitifs. Les personnes présentant un déficit olfactif auraient un risque 4 à 5 fois plus important de développer un déclin cognitif. Ils pourraient ainsi représenter un facteur prédictif de la MA et jouer un rôle majeur dans son dépistage. L'évolution des TO est progressive et parallèle à celle de la MA. Les déficits olfactifs exposent les PA à des conséquences sécuritaires potentiellement graves. Le déficit olfactif retentit sur la qualité de vie avec de possibles syndromes dépressifs et des troubles du comportement alimentaire avec risque accru d'intoxication et de dénutrition en raison de la perte des plaisirs de la table. Enfin, l'altération de la perception de l'odeur corporelle, personnelle ou d'autrui, peut avoir des conséquences sur les interactions sociales et le comportement sexuel avec notamment une perte de plaisir.

5. Maladie d'Alzheimer et troubles émotionnels

La maladie d'Alzheimer (MA) entraîne des modifications dans l'expression (Hazif-Thomas et al., 2007), la reconnaissance (Hargrave et al., 2002 ; Lavenu, Pasquier, 2005 ; Granato et al., 2009) et la régulation des émotions chez les sujets qui en sont atteints (Chaby, 2012), par exemple : difficultés à identifier les émotions, quelle que soit l'émotion exprimée ; moindre sensibilité aux émotions ; confusion des émotions, etc.

Pour P. Gatignol et al. (2011), un trouble de la perception des émotions pourrait expliquer les troubles du comportement, de la communication et l'indifférence affective que présentent les patients atteints de la MA.
Pour Hazif-Thomas et al. (2007) et Chaby (2012), les troubles démentiels chez le sujet âgé sont indissociables des perturbations émotionnelles qui sont de deux types : l'*émoussement affectif et l'incontinence émotionnelle.*
• *L'émoussement affectif* est caractérisé par une réduction de l'expression affective, une perte de la recherche de plaisir, une tendance au repli, à

l'indifférence, à l'apragmatisme[30]. Il participe à ce que d'autres ont décrit sous le terme d'« apathie »[31].

> Depuis sa maladie, madame R, 80 ans, présente un ralentissement, une apathie. Elle reste dans sa chambre à ne rien faire, assise sur son fauteuil. Elle n'en a pas envie. *« À quoi ça pourrait bien me servir de faire les activités qui me sont proposées, je suis indifférente à tout ».*

• *L'incontinence émotionnelle* intéresse surtout les formes modérées à sévères de démences. Elle se traduit par une tendance répétée à pleurer plus aisément ou de façon plus intense lors de circonstances favorisantes, telles des pensées tristes, des témoignages d'affection, le départ d'un proche, la présence d'un étranger, l'incapacité à réaliser une tâche, le fait de regarder des événements tristes à la télévision ou d'écouter de la musique. Elle est associée à une labilité émotionnelle importante, avec des changements brutaux d'humeur, voire des réactions de panique.

> Madame P, 85 ans : *« Je pleure comme une madeleine sans pouvoir me contrôler dès que j'écoute une musique qui me rappelle des souvenirs heureux. Cela m'arrive souvent même chaque fois que je regarde un film triste à la télévision. Je suis trop émotive ».*

6. Choix, intérêt et spécificité de l'utilisation du dessin de l'arbre avec la personne âgée atteinte de la maladie d'Alzheimer

Sellal et Musacchio (2008) ont montré que, en dépit de la perte des capacités intellectuelles, voire instrumentales (changements de style, simplifications, voire maladresses praxiques) imposés par l'évolution des troubles, certains malades Alzheimer peintres (W. de Kooning, W. Utermohlen et C. Horn) continuent à produire dans l'état parfois avancé de leur maladie et malgré les modifications de leurs habilités techniques et présentent encore une créativité artistique.

Malgré la perte des expressions cognitives et de la déstructuration personnelle, il reste encore souvent une capacité de communiquer les émotions. Les tableaux de ces malades Alzheimer font ressortir successivement l'anxiété, la perplexité, puis la tristesse du patient et témoignent d'une intention créatrice indéniable.

Malgré la communauté des lésions histologiques retrouvées chez un grand nombre de malades Alzheimer, le caractère profondément singulier des répercussions de la

---

[30] Troubles de l'activité apprise se caractérisant par l'incapacité pour un individu de réaliser des actes courants.

[31] L'apathie se définit comme un trouble de la motivation et de l'initiative. Elle comprend trois composantes : diminution de l'initiative motrice, perte d'intérêt cognitif et réduction du ressenti affectif. Souvent confondue avec la dépression, elle constitue une source de détresse pour l'aidant qui ne comprend pas pourquoi le patient semble indifférent, comme détaché de tout. Cependant, le patient apathique, contrairement au déprimé, réagit positivement à l'incitation.

maladie révèle toujours la marque éminemment subjective de chacun d'eux, marque dont la parole et l'histoire personnelle se font toujours le porteur. Cette parole témoigne jusqu'au bout d'une mise en mots d'une souffrance psychique et constitue un appel en direction du clinicien (Caron, 2006). Le malade n'existe pas que par son passé, mais reste un être pensant et sensible.

Ici, la création artistique assumerait la tâche d'une véritable « psychopathologie » en tant qu'elle porte à l'expression, au seuil de la parole, un pathos, une souffrance autrement inexprimable.

Mon expérience clinique auprès de ces malades Alzheimer et plus particulièrement des personnes âgées me permet d'appréhender à partir du dessin de l'arbre, le monde intérieur qui les anime qui porte le sceau de leur subjectivité qui ne se découvre que dans la relation à l'autre à travers l'activité de dessin.

Le dessin de l'arbre (DA), lorsqu'il est utilisé avec la personne âgée atteinte de la MA apporte au psychologue une compréhension psychologique liée à l'évaluation des besoins, des ressources toujours mobilisables et exploitables (du côté de l'affectif, de l'intelligence, de la pensée et du social) et des difficultés rencontrées relevant du domaine de la psychopathologie (mise en évidence de diverses altérations du fonctionnement psychique, mais également des fragilités, des dysfonctionnements ou des traumatismes).

Le choix d'utiliser le DA avec une personne âgée atteinte de la MA repose sur une double exigence : 1) la proposition d'une tâche simple, mais suffisamment standardisée autorisant une reproductibilité de la situation, en appui sur un matériel clairement identifiable ; 2) l'ouverture de la situation par une consigne qui rend possible le déploiement de l'imaginaire [Roman, 2006].

Le DA est à la fois un langage graphique [il apporte des informations d'une étonnante précision], une création [sorte d'élaboration]] et une médiation (pendant son exécution, la personne âgée peut évoquer des souvenirs, des émotions, donne son appréciation sur l'ensemble du dessin).

Le DA vient pour enrichir, chaque fois que le besoin s'en fait sentir, notre connaissance sur le vécu de la personne âgée atteinte de la MA qui dessine (Fernandez, 2014 ; De Haro et al., 2013 ; Fernandez et al., 2010 ; Fromage, 2006).

Avant de proposer la consigne, il est important de prendre le temps d'installer une relation authentique, avec la personne âgée, de se caler à son rythme, de tenir compte de sa fatigabilité. Ensuite, on se centrera sur la tâche à accomplir (dessiner un arbre) en expliquant posément la consigne. Au niveau cognitif, un processus interne d'imagerie mentale est initié. Souvent, la personne évoque son âge, des déficits fonctionnels, la maladie pour marquer sa réticence ou évaluer sa production. Il faut alors préciser : « *Vous faites du mieux que vous pouvez* ».

Il s'agit de regarder le sujet âgé qui dessine avec un regard posé par le psychologue qui n'est ni scrutateur, embarrassant ou réifiant. Regard qui peut permettre au sujet âgé de se constituer une identité, de se sentir soutenu et considéré par ce regard pendant qu'il dessine (Pedinielli, Fernandez, 2011).

Chez des sujets très âgés ou avec des pathologies, certains arbres dessinés avec application et satisfaction peuvent apparaître à l'observateur comme des non-arbres. Le recours au récit et la présence du psychologue lors du dessin sont alors très importants et permettent de moduler voire d'inverser l'impression de déficit et de déstructuration pouvant parfois apparaître.

De plus, il est utile de se rappeler que le regard spontané porté sur le dessin d'un arbre est marqué par des références implicites culturelles et botaniques (ce qui est pathologique dans l'hémisphère nord-est naturel au Sud ou sous des climats extrêmes), des souvenirs d'enfance (l'arbre de la maison familiale, de la cour de l'école, etc.). En cela, le DA peut aider à se dessaisir d'une vision adulto-centrée chronique en gérontologie.

Il est souvent nécessaire d'adapter la méthode et les procédures en fonction des problématiques psychopathologiques de la personne âgée (la MA fait partie de ces adaptations).

Par exemple, ne pas appliquer systématiquement une procédure évaluative (analyse des caractéristiques des tracés) et interprétative qui ne reposerait que sur la seule prise en compte du DA, mais favoriser l'expérience vécue (commentaires sur le dessin), s'intéresser aux associations verbales, identifier les difficultés, mais surtout les forces en présence et les ressources de la personne âgée.

Au travers du DA, la personne âgée s'exprime, rend compte de sa réalité et un discours subjectif est instauré qui articule les mouvements affectifs (de désir, de plaisir, de refus, d'attraction voire de répulsion) (Fromage, 2011).

7. Dessin de l'arbre, maladie d'Alzheimer, émotions et troubles émotionnels

Les travaux sur le DA et les démences de type Alzheimer (D.T.A.) ou la maladie d'Alzheimer (MA) de manière générale (Grewel, 1953 ; De Vries, 1953 ; Bour, 1961 ; Welman, 1968 ; Fernandez, De Haro, 2014), les émotions ou les troubles émotionnels sont rares (Fernandez, 2014).

Ils ont permis de mettre en évidence des tracés au DA spécifiques aux démences :

Racines	racines à trait unique
Sol	ligne de sol rarement présente
Tronc	tronc à trait unique
Branches	branche à trait unique
Feuillage	couronne : feuilles fréquemment représentées, couronne dans tous les sens, se tronçonne, se décolle, se sépare du tronc qui lui-même s'infléchit, se raidit, se dissout ou disparaît complètement
Fruits	fruits moins souvent représentés et quand ils sont représentés, ils le sont sous la forme de points
Caractéristiques des traits	Traits fins, tremblés, discontinus
Caractéristiques de l'arbre	Arbre petit, extrêmement stéréotypé, généralement réduit à peu de traits avec présence de représentations, avec présence de représentations graphiques d'immaturité (niveau mental de 4 à 5 ans), arbre dénudé, desséché avec un haut sommet, structure et contours de l'arbre ébranlés, absence de perspective, dessin pauvre.

Les travaux de Fernandez (2014) sur le DA ont permis également d'identifier des tracés concernant les émotions de base : joie, tristesse, peur, colère, dégoût, surprise et les troubles émotionnels. Ces tracés sont des indicateurs émotionnels utiles permettant au psychologue d'avoir accès au vécu émotionnel des personnes âgées ayant des difficultés avec la parole et l'expression des émotions (Fernandez, De Haro, 2014).

Troubles émotionnels	
Blocage de la charge émotionnelle	bTr rétrécie, bTr élargie à gauche, Tr assez large avec des renflements, élargissement/épaississement (bourrelets) et rétrécissement/resserrement du Tr, bourrelets, boursouflures, bosses, lignes droites, Fr fermée, en boule (sans relief).
Répression, refoulement, contrôle des émotions	Tr cerclé, enfermé à la base, Tr ou arbre incliné à gauche, suraccentuation des Br à droite, alternance rectiligne en tr, en F, formes contournées des Br, Br coupées de front, Br sciées, Br déformées, suraccentuation des Br à gauche, Br fermées.
Crainte des émotions spontanées	Tr ou arbre incliné à droite, Br coupées de front.
Développement psychologique et émotionnel ralenti	Tr stérile, tronqué, souches tronquées avec de petites Br avec des bourgeons.
Débordement, décharge émotionnelle	accentuation du Tr, Tr long avec une petite C, Tr plus grand que le F, traits morcelés bordant le Tr, arbre en trou de serrure, paysage complexe, suraccentuation des Br à gauche.
Labilité émotionnelle	Br noircies ou ombrées très acérées, aiguisées, gribouillage autour des Br, Br en contre-traits, C en gribouillis aux lignes confuses embrouillées.
Confusion des émotions	gribouillage autour des Br, C en gribouillis aux lignes confuses embrouillées.

8. Cas clinique

Éléments d'anamnèse

Madame K., 78 ans, atteinte de la MA est placée dans un EHPAD en juin 2011, à proximité de sa famille. Avant son arrivée à la résidence, elle ne sortait plus de chez elle depuis plusieurs mois. Elle a des difficultés à se déplacer. Elle marche par petits pas, pieds collés au sol.

Elle parle peu de sa vie passée et de sa vie actuelle à la résidence. Elle est en permanence dans la plainte somatique (douleurs ressenties).

Elle raconte cependant qu'elle a été mariée, qu'elle a eu trois enfants (deux filles et un garçon) et qu'elle a divorcé à l'âge de 38 ans. Puis, elle a travaillé comme coursière et a dû mener de front son activité professionnelle, son rôle de mère et de chef de famille. Elle est très entourée par ses enfants qui lui rendent régulièrement visite, même si selon elle, « *elle ne les voit jamais* ».

Elle présente une symptomatologie anxio-dépressive (baisse de moral, tristesse, fatigue, désintérêt, démotivation, etc.).
Elle ne présente pas de troubles auditifs ni de troubles praxiques même si les tracés de son dessin sont hésitants. Elle souffre de troubles olfactifs (anosmie partielle).

Contexte des rencontres et clinique de la passation

Les rencontres, dont l'objectif était de faire le point sur le vécu émotionnel de madame K., ont lieu dans sa chambre compte tenu de ses difficultés de déplacements. Je ne présenterai ici que la rencontre où le *dessin de l'arbre* (DA) est proposé.

Il a fallu rassurer madame K. qui craignait de ne pas savoir bien dessiner, en lui disant *« que cela n'était pas la qualité du dessin qui comptait »* pour qu'elle accepte de réaliser *« comme elle pouvait et voulait »* le DA. La consigne était la suivante : 1) *« Dessinez un arbre qui ne soit pas un sapin »* sur une feuille A4 présentée de champ[32]. 2) Une fois l'arbre dessiné, je demande à la personne âgée : a) « Supposons que cet arbre exprime une émotion, de quelle émotion s'agit-il ? (Joie ? Colère ? Tristesse ? Peur ? Dégoût ? Mépris ?) ; b) Qu'est-ce qui vous donne l'impression que cet arbre est… ? (reprendre l'émotion formulée).

Le dessin de l'arbre

Observation de la procédure du DA : madame K. prend un feutre vert et commence son dessin en haut de la feuille (du haut vers le bas). Elle ne fait aucun commentaire pendant qu'elle dessine.
Malgré la présence d'un déficit cognitif global, elle répond de manière ajustée à la consigne et achève le DA.

Caractéristiques du DA : L'arbre est petit (hauteur 1 : 2,6 cm, largeur 1 : 2,6 cm) et de couleur verte (en référence à la botanique, aux plantes). *L'arbre n'est-il pas une grande plante ?* Il comporte notamment un tronc cerclé à la base, sans ligne de sol et des branches pointues à un trait. Il est situé en haut à gauche de la feuille.

L'émotion qui caractérise l'arbre qu'elle dessine est la tristesse. Madame K. est une résidante qui exprime sa démotivation et qui manifeste sans retenue être triste et fatiguée. Son arbre vient traduire ce qu'elle ressent.
À la question « *qu'est-ce qui vous donne l'impression que cet arbre est triste* », madame K. répond : « *je sais pas* ». Elle manifeste un temps d'arrêt, puis ajoute « *Je suis pas bien en ce moment, je passe un mauvais passage de la vie* ». Madame K. exprime son mal être, mais ne peut expliquer sa tristesse. Ses difficultés

---

[32] On note les commentaires spontanés de la personne en train de faire le dessin.

d'expression des émotions peuvent être accentuées par la MA et ses conséquences. En effet, madame K. perd petit à petit avec l'avancée de la maladie, le sens des mots et la représentation des choses. Il lui est plus difficile de mettre des mots sur une idée, un souvenir, une émotion et cette difficulté pourrait chez madame K. l'empêcher de traduire en mots ce qu'elle ressent vraiment.

Principaux éléments d'analyse

Les caractéristiques du dessin de l'arbre attestent :

1) des déficits cognitifs et des troubles psychiques et comportementaux :
Elles révèlent par exemple :
- *des troubles de l'apraxie constructive* : madame K. a du mal à réaliser le DA, elle est hésitante, elle tremble un peu, mais s'applique pour dessiner.
Le DA n'est ici qu'une médiation pour donner l'occasion à madame K. de donner une forme, sa forme ; une visibilité, sa visibilité (signes) et un sens à sa propre organisation psychique, à son monde intérieur. Dessiner et regarder un arbre, c'est lever la tête, c'est prendre de la hauteur. L'arbre c'est de la verticalité. L'arbre rappelle à l'homme d'être vertical (Fernandez, De Haro, 2014).

- *des troubles cognitifs* : conceptions manquant de fondements, manque de réflexion (absence de ligne de sol, feuillage hauteur 1) ; manque du sens du réel, de jugement (absence de ligne de sol, tronc un trait, branches montantes).

Elles indiquent :
- *des troubles psychiques* : épisodes de dépression (arbre hauteur 1, feuillage largeur 1) et d'anxiété (tronc un trait) ; introversion, inhibition, timidité (arbre petit, tronc un trait, situé en haut à gauche, base du tronc, cerclé, enfermé à la base, branche à un trait, feuillage largeur 1), retrait ou repli sur soi ; sentiment d'enfermement, de solitude, d'isolement et d'abandon (base du tronc, cerclé, enfermé à la base, base du tronc fermée + arbre petit).
- *des troubles comportementaux* : sautes d'humeur fréquentes : irritabilité, colère voire agressivité verbale et physique (feuilles pointues, branches montantes), méfiance (base du tronc, cerclé, enfermé à la base, feuillage largeur 1), apathie, passivité (arbre situé en haut à gauche), régression (base du tronc, cerclé, enfermé à la base, branche à un trait).
Elles signalent également :
- une dépendance au milieu et une absence de liberté d'action dans le milieu de vie (arbre hauteur 1).
- des sentiments d'insécurité et d'insuffisance, un manque de confiance en soi (absence de racines et de ligne de fond, base du tronc, cerclé, enfermé à la base).
- des nostalgies (arbre situé en haut à gauche) : nostalgies de l'enfance (branche à un trait), aspirations et désirs non assouvis (branches montantes).

2) Les émotions et les troubles émotionnels :

Les *émotions positives* mises en évidence par le DA sont la *joie* (feuilles, branches montantes) et l'*euphorie* (branches courbées et terminaisons courbées des branches à droite).

Bien que ces émotions positives soient minoritaires dans le DA, elles viennent témoigner de ses ressources. Par exemple, lorsque madame K. est sollicitée pour se rendre aux animations, elle y prend plaisir et semble oublier pendant ce temps ses douleurs somatiques. Quant à l'euphorie, elle peut être due à la MA, qui peut engendrer à certains moments à une exaltation de l'humeur.

Les *émotions négatives* mises en évidence par le DA sont :

- la *tristesse* (arbre situé en haut à gauche) : la tristesse est ressentie par madame K. qui l'exprime au quotidien.
- La *peur* (tronc et branches à un trait, hauteur de l'arbre 1) : la peur de l'avenir pour madame K. qui est incertaine du fait de la MA, mais aussi peur de la mort, car elle répète sans cesse qu'elle va « *bientôt mourir* » (angoisses de mort).
- La *colère* (trait tordu et rapide bordant le tronc) : la colère renvoie à une des manifestations des troubles comportementaux dans la MA.

Les *troubles émotionnels* mis en évidence par le DA sont : le contrôle des émotions (base du tronc, cerclé, enfermé à la base).

D'une manière générale, on constate que, chez les sujets atteints de MA, plus le contrôle émotionnel est important, plus le DA et son histoire sont pauvres (tracés, récit).

Les résultats obtenus par madame K. confortent les travaux de Hazif-Thomas et al. (2007) indiquant une difficulté plus accrue des sujets âgés atteints de MA à réguler leurs émotions positivement et une tendance plus importante à inhiber leurs affects et leurs émotions. Les auteurs suggèrent qu'en déniant leurs affects ou en les inhibant, les sujets âgés atteints de MA éviteraient la confrontation à la réalité et aux pertes multiples engendrées par la maladie, préservant ainsi leur équilibre restant.

Avec son arbre, madame K. vient nous rappeler ses troubles (son arbre raconte son histoire médicale et psychopathologique), mais exprimer aussi :
des besoins :
- un besoin de cadre, de directives et de soutien, d'appui et de protection dans le milieu de vie pour se conformer à ce qui est demandé par l'entourage (arbre hauteur 1 absence de ligne de sol base du tronc, cerclé, enfermé à la base, tronc égal en hauteur au feuillage).
- un besoin de chercher un équilibre intérieur (tronc égal en hauteur au feuillage).

des ressources :
- des capacités d'observation (branches pointues).
- des aptitudes à manifester de l'optimisme, de l'enthousiasme et de la joie (branches montantes).

Ces éléments qui nous livrent le monde intérieur de madame K. et qui nous racontent son histoire témoignent d'une continuité d'existence (conduites visant le maintien en recherchant du soutien, visant l'ajustement en recherchant l'équilibre interne, visant l'épanouissement en manifestant des états d'esprit et émotions positifs).

Dessin de l'arbre de madame K, 78 ans
(il est dessiné au feutre vert pomme)

Bibliographie

AVEZ, S. (2008). La prise en soins d'un patient atteint de la maladie d'Alzheimer, au travers de situations spécifiques. *Neurologie-Psychiatrie-Gériatrie*, 8, 17-26.

BIANCHI, A.J., GUEPET-SORDET, H., MANCKOUNDIA, P. (2015). Modifications de l'olfaction au cours du vieillissement et de certaines pathologies neurodégénératives : mise au point. *La Revue de médecine interne*, 36, 31-37.

BOUR, P. (1961). Utilisation nouvelle du test de l'arbre dans un service d'adultes. *Annales médico-psychologiques,* 2, 3, 529-534.

CALDER, A.J., KEANE, J., MANLY, T., SPRENGELMEYER, R., SCOTT, S., NIMMO-SMITH, I., YOUNG, A.W. (2003). Facial expression recognition across the adult life span. *Neuropsychologia*, 41, 195-202.

CARON, R. (2006). L'expérience subjective et la maladie d'Alzheimer. *Rev Fr Geriatr Gerontol,* 128, 444-449.

CARON, R. (2009). Vivre avec une maladie d'Alzheimer. *Revue française de phénoménologie et psychanalyse.* Paris : L'Harmattan.

CHABY, L. (2012). Émotions et perception à l'épreuve de l'âge. *Cerveau & Psycho*, 53, 70-77.

DE HARO, E., FERNANDEZ, L., SAGNE, A., FINKELSTEIN-ROSSI, J. (2013). Maladie d'Alzheimer et symptomatologie anxio-dépressive en institution : Mme X, 98 ans. In L. FERNANDEZ, A. SAGNE, *Psychologie clinique du vieillissement : 15 études de cas.* Paris : In Press, Concept psy, 263-285.

DE VRIES, W.H M. (1953). Tree-drawings by dementia patients. *Anthropology & Medicine*, 2, 26-34.

GREWEL, F. (1953). Tree Drawings in dementia's. Fol. *Psychiat. Neurol. Neurochirurg. Neerl.*, 56, 305.

FERNANDEZ, L., FROMAGE, B., MAUREL-CAÏTUCOLI, M. (2010). Contributions du dessin de l'arbre en psychogérontologie : évaluation et accompagnement. *Neurologie-Psychiatrie-Gériatrie*, 10, 77-84.

FERNANDEZ, L., FINKELSTEIN-ROSSI, J., FROMAGE, B., MERMA CHOQUEHUANCA, R.K. (2013). Récits de vie et dessins d'arbre : une reconstruction de l'événement traumatique chez une personne âgée. *Neurologie-Psychiatrie-Gériatrie*, 13, 75, 185-192.

FERNANDEZ, L., DE HARO, E. (2014). Le dessin de l'arbre en psychogérontologie. In: L. FERNANDEZ, *Le test de l'arbre. Un dessin pour comprendre et interpréter.* Paris : Éditions In Press, Concept-psy, 3e édition revue et augmentée, 169-182.

FERNANDEZ, L. (2014). *Le test de l'arbre. Un dessin pour comprendre et interpréter.* Paris : Éditions In Press, Concept psy, 3e édition.

FREUD, S. (1895). *L'esquisse pour une psychologie scientifique.* In *La naissance de la psychanalyse, lettres à W. Fliess.* Paris : PUF, 1956.

FREUD, S. (1920). *Au-delà du principe de plaisir.* Paris : Payot, 2010.

FROMAGE, B. (2006). Pour une psychologie du bout de la vie. *Pratiques Psychologiques*, 12, 255-260.

FROMAGE, B. (2011). *L'épreuve des trois arbres.* Paris : In Press, collection psycho.

GATIGNOL, P., AUBERT-GARAÏALDE, O., ROUSSEAU, T. (2011). Perception des émotions dans la maladie d'Alzheimer. *Annals of Physical and Rehabilitation Medicine*, 54S, e245-e250.

GRANATO, P., GODEFROY, O., VAN GANSBERGHE, J.P., BRUYER, R. (2009). Trouble de la reconnaissance des émotions faciales dans la forme légère de la maladie d'Alzheimer. *La revue de gériatrie*, 34, 853-859.

GROSS, J.-J. (1998). The Emerging Field of Emotion Regulation: An Integrative Review, *Review of General Psychology*, 2, 3, 271-299.

HARGRAVE, R.H., MADDOCK, R.J., STONE, V. (2002). Impaired recognition of facial expression of emotion in Alzheimer's disease. *J Neuropsychiatry Clin Neurosci*, 14, 64-71.

HAZIF-THOMAS, C., BOUCHE, C., THOMAS, P. (2007). Plaisir, personnalité et maladie d'Alzheimer. *Neurologie-Psychiatrie-Gériatrie*, 39, 13-20.

LAVENU, I., PASQUIER, F. (2005). Perception of emotion on faces in frontotemporal dementia and Alzheimer's disease: A longitudinal study. *Dement Geriatr Cogn Disord*, 19, 37-41.

LERUEZ, S., ANNWEILLER, C., ETCHARRY-BOUYX, F. VERNY, C., BEAUCHET, O., MILEA, D. (2012). Les troubles visuels au cours de la maladie d'Alzheimer. *Journal français d'ophtalmologie*, 35, 308-311.

MERLEAU-PONTY, M. (1945). *Phénoménologie de la perception*. Paris : Gallimard.

PEDINIELLI, J.L., FERNANDEZ, L. (2011). *L'observation clinique et l'étude de cas*. Paris : Armand Colin, collection 128, 2ᵉ édition.

PEPERSACK, T. (2004). L'altération des fonctions sensorielles et de l'appétit est-elle une fatalité chez le sujet âgé ? *Nutrition clinique et métabolisme*, 18, 189–197.

REA, C., CARON, R. (2011). Le rapport au monde dans la maladie d'Alzheimer. Pour une lecture plurielle. *Annales Médico-Psychologiques* 169, 26-30.

RELIER, J.P. (1996). Importance de la sensorialité fœtale dans l'établissement d'un échange mère-enfant pendant la grossesse. *Arch Pediatr*, 3, 274-282.

ROUSSILLON, R. (2008). *Le transitionnel, le sexuel et la réflexivité*. Paris : Dunod.

SCHIARATURA, L.T. (2008). La communication non verbale dans la maladie d'Alzheimer. *Psychol NeuroPsychatr Vieil*, 3, 183-188.

SELLAL, F, MUSACCHIO M. (2008). Créativité artistique et démence, dans Synthèse. *Psychol Neuropsychiatr*, 6, 65.

WELMAN, A.J. (1968). Brain tumor and the Tree Test. *Disease of Nervous System*, 29, 9, 593-598.

ACCIDENT VASCULAIRE CÉRÉBRAL, DÉPRESSION POST ACCIDENT VASCULAIRE CÉRÉBRAL ET COPING

1. **Les accidents vasculaires cérébraux (AVC)**
2. **La dépression post-AVC**
3. **AVC, dépression et coping**
4. **Cas clinique**
Bibliographie

1. Les accidents vasculaires cérébraux

Les accidents vasculaires cérébraux (AVC) sont la principale cause de décès avec les accidents cardiaques. Ils représentent la troisième cause de mortalité et la première de handicap acquis dans les pays occidentaux. Les AVC augmentent avec l'âge : 78 % des AVC surviennent après 75 ans. Si les deux tiers des sujets âgés survivent à un AVC, la moitié conserve des séquelles graves. La mortalité est de 20 % à un mois, le risque de récidive de 30 % à cinq ans. Il s'agit d'accidents ischémiques cérébraux (interruptions du flux sanguin dans les artères cérébrales engendrant un ramollissement des tissus) pour 80 % d'entre eux ou d'accidents hémorragiques (rupture liée à une malformation du vaisseau appelé anévrisme) dans 20 % des cas ou consécutifs à des lésions directes de l'artère carotide ou vertébrale à la suite d'un choc, de malformations artérielles ou d'anomalies au niveau des propriétés de coagulation du sang (Frénisy et al., 2005 ; Calmels et al., 2005). La symptomatologie varie selon le territoire artériel concerné. Les facteurs de risque sont multiples : hypertension artérielle, diabète, cholestérol, tabac, etc.
Les AVC sont une urgence médicale, où les prises en charge diagnostique et thérapeutique doivent être menées conjointement. De la précocité du diagnostic positif et étiologique dépendent l'optimisation des soins et l'amélioration du pronostic.

2. La dépression post-AVC

La dépression post-AVC est le trouble affectif le plus communément associé aux AVC. Elle touche 30 à 50 % des patients hémiplégiques dans les deux ans suivant l'AVC, avec un retentissement physique et social majeur. Les études sur les symptômes dépressifs post-AVC chez les sujets âgés rapportent une prévalence allant de 11 à 50 % et principalement au début de la phase de réadaptation, dans 8 à 67 % des cas. La grande variabilité de la fréquence de la dépression post-AVC entre les études peut s'expliquer principalement par la diversité des méthodes utilisées pour objectiver la dépression, certaines études utilisant la recherche de symptômes dépressifs et d'autres utilisant des critères plus stricts du DSM comme ceux de la dépression majeure (Pariel-Madjlessi et al., 2005). Par ailleurs, les critères diagnostiques du DSM-IV pour la dépression après un AVC (dépression liée à une maladie organique) sont superposables aux critères de la dépression dite endogène ou fonctionnelle (sans lésion cérébrale).

Les patients victimes d'un AVC et présentant une dépression post-AVC sont caractérisés par des altérations des fonctions cognitives et des capacités attentionnelles sévères, de plus grandes fluctuations de l'humeur, un ralentissement psychomoteur plus important (autonomie diminuée), une anxiété plus marquée et davantage de symptômes somatiques et végétatifs (Carota, 2005). Ils font l'expérience d'un événement traumatique qui mine leur intégrité corporelle et mentale, leur autonomie et leur estime personnelle ainsi que leur vie familiale, sociale et professionnelle en perturbant leurs habitudes et qualité de vie.

La famille, lorsqu'elle est présente autour du patient, interprète mal le lien entre l'AVC et la dépression. Les entretiens engagés avec la famille mettent souvent en cause la prise en charge du patient au sein de l'équipe en sous-valorisant encore plus le patient.

Les conséquences sociales sont majeures avec un repli sur soi, une perte de l'élan vital et une impossibilité de communication avec autrui rendant la moindre tentative de dialogue avec le patient douloureuse et sans intérêt.

La dépression post-AVC du sujet âgé survient dans les suites d'un ou de plusieurs AVC. Les séquelles d'une hémiplégie et le degré et la pénibilité du handicap expliquent une dépression réactionnelle, mais en dehors de ces difficultés le patient est exposé à la dépression (Pinoit et al, 2006). La corrélation entre la sévérité du handicap et le développement d'une dépression est souvent « *le résultat de mécanismes psychologiques (réaction affective d'autant plus importante que le déficit est sévère) ou biologiques (une lésion plus étendue a plus de probabilité de perturber les régions cérébrales impliquées dans le traitement des états affectifs)* » (Carota, 2005).

Bien que la pathogenèse de la dépression post-AVC reste un sujet de débat, il existe un consensus sur le fait qu'une dépression non traitée a un impact négatif sur la récupération fonctionnelle, quel que soit l'âge du patient. La dépression doit donc être traitée précocement.

Des études (Pariel-Madjlessi et al., 2005) ont également montré que :
— Le taux d'entrée en institution est plus élevé chez les patients qui font une dépression post-AVC par rapport à un groupe ayant eu un AVC non compliqué de dépression.
— La survie des patients ayant une dépression post-AVC est significativement réduite par rapport aux patients victimes d'AVC sans dépression associée.

3. AVC, dépression et coping

Les stratégies de coping utilisées par les patients victimes d'un AVC signalées par les études sont le coping centré sur le problème (prioritairement) et sur l'émotion (Donnellan et al., 2006). Ces stratégies ont un impact sur la qualité de vie des patients victimes d'un AVC (Darlington et al., 2007). Par exemple, l'acceptation de changements de vie, l'engagement dans de nouveaux rôles et activités, et la présence de soutien social semblent être des facteurs clés dans l'ajustement post-AVC (Ch'ng, French et Mclean, 2008).

Finset et Andersson (2000) ont montré que des patients présentant des troubles dépressifs après un AVC, font preuve de stratégies d'ajustement caractérisées par le désengagement mental, le retrait et utilisent davantage un coping centré sur l'évitement et sur les émotions négatives. Ces patients peuvent également présenter une perte de volonté, de l'anxiété, une perte d'initiative, une indifférence affective ainsi qu'une apathie. Un faible soutien social peut également être responsable de la dépression post-AVC (Liang et al., 2007). La recherche ou la présence de soutien social est un facteur modérateur de l'humeur dépressive (Magnum, 2005) alors que l'état fonctionnel (handicap généré par l'AVC) peut être un facteur aggravant (King et al., 2002).

4. Cas clinique

Monsieur N. est un patient âgé de 73 ans avec des antécédents psychiatriques (anxio-dépressifs) et médicaux (hypertension, céphalées fréquentes par exemple), victime d'un AVC et d'une dépression post-AVC.

Dans des cas comme celui de monsieur N., le fait de proposer un examen diagnostique dans un centre hospitalier spécialisé présente plusieurs avantages. Il est possible de rencontrer le patient pendant une durée suffisante pour réaliser un bilan psychologique. Ce bilan donne une bonne indication sur les capacités ou limites psychiques d'un patient à élaborer ses conflits psychiques, à pouvoir ou non y faire face. L'analyse et l'interprétation du bilan permettront de mieux comprendre ce qui caractérise la problématique médicale et psychopathologique du patient. Cette information est extrêmement importante pour mettre en place un suivi thérapeutique, envisager parfois des mesures de protection des biens, des demandes de mise sous tutelle, une mise en place de relais avec le champ social et familial...

L'un des buts majeurs du bilan psychologique auprès de la personne âgée est de contribuer, grâce à différents tests proposés, au dépistage des maladies dégénératives, vasculaires ou autres, susceptibles de rendre compte des troubles physiques, psychiques et neurologiques dont souffre la personne âgée. Le bilan psychologique répond souvent à une demande médicale ou soignante qui peut être pressante (souci d'expertise urgent). Il appartient donc au psychologue de considérer cette demande en n'éludant pas la nécessaire démarche de compréhension globale de la personne âgée qui ne doit pas être réduite à ses déficits, à ses plaintes et à ses symptômes, mais qui doit être soutenue dans ses efficiences (autonomie, identité, possibilités créatrices) offrant des capacités compensatoires indéniables.

Le dessin de l'arbre, lorsqu'il est utilisé au cours du bilan psychologique d'une personne âgée, apporte au psychologue une compréhension psychologique liée à l'évaluation des ressources toujours mobilisables et exploitables (du côté de l'affectif, de l'intelligence, de la pensée et du social) et des difficultés rencontrées relevant du domaine de la psychopathologie (mise en évidence de diverses altérations du fonctionnement psychique, mais également des fragilités, des dysfonctionnements ou des traumatismes). Autant d'éléments que le dessin de l'arbre de la personne âgée peut sensiblement éclairer (Fernandez et al., 2009).

Éléments d'anamnèse

Monsieur N. est marié et père de plusieurs enfants. Né dans un autre pays européen, il est arrivé en France dans les années 70. Ancien municipal, il est à la retraite depuis sept ans. Du côté de sa santé, il évoque des hémorroïdes qui nécessitent une coloscopie de contrôle *« qui le stresse »*.

Récemment, en revenant d'un baptême, après avoir mangé au restaurant, il est pris dans la nuit d'une forte douleur à la tête et se plaint de ne plus sentir son bras gauche (hémiplégie gauche brutale). Il est conduit par le SAMU aux urgences au milieu de la nuit. Le scanner cérébral réalisé en urgence révèle un volumineux hématome intra-parenchymateux profond droit avec un effet de masse sur le ventricule latéral droit. Il est alors hospitalisé dans un service de neurologie. Au cours de son hospitalisation, l'évolution est marquée par un état d'agitation psychomotrice en raison du sevrage de benzodiazépines et de l'atteinte de l'hémisphère droit. Il est transféré dans un centre spécialisé, pour une rééducation fonctionnelle et une réadaptation d'une hémiplégie gauche survenue lors d'un AVC hémorragique.

Quinze jours après son AVC, l'état général du patient est satisfaisant.

Parmi les antécédents médicaux, on relève que monsieur N. présente une hypertension artérielle, des céphalalgies fréquentes, un adénome de la prostate, des hémorroïdes chroniques et un syndrome anxio-dépressif.

Sur le plan trophique, l'état cutané est satisfaisant.

Sur le plan de la déglutition, le réflexe nauséeux est présent. Le patient boit de l'eau gélifiée. Le test à l'eau gazeuse a été concluant. Le patient n'a présenté aucun trouble. L'alimentation est en texture moulinée.

Sur le plan vésicosphinctérien, le patient est porteur d'une sonde urinaire.

Sur le plan neurologique, on remarque un ptosis de l'œil gauche.

Sur le plan cognitif, la mémoire, l'orientation temporo-spatiale et les fonctions exécutives sont préservées. Au test papier-crayon, il semble exister une héminégligence gauche.

Il ne présente pas de paralysie faciale, de la communication, de la compréhension ou de l'expression (absence de dysarthrie, de troubles du langage, de l'écrit). Il peut se servir de sa main droite.

Sur le plan moteur, la motricité volontaire est absente tant au membre supérieur (incapacité de préhension) qu'au membre inférieur gauche. Il existe une hypertonie musculaire estimée à 2 sur l'échelle d'Aschworth. De plus, les réflexes ostéotendineux sont vifs et diffusés. Il existe un clonus de la rotule épuisable. La sensibilité profonde au sens de position du gros orteil est perturbée. De surcroît, on constate une hypoesthésie superficielle à gauche ainsi qu'une pallesthésie de la malléole gauche.

Sur le plan fonctionnel, l'équilibre assis est impossible. Le patient est totalement dépendant. Il ne peut pas se mouvoir, il a des difficultés à s'habiller seul et à assurer son hygiène corporelle.

Sur le plan orthopédique, les amplitudes de l'épaule ainsi que des autres articulations sont dans les limites de la normale. La mobilité articulaire des membres inférieurs est correcte.

Premiers entretiens

Au moment de son AVC hémorragique, monsieur N. est très inquiet. Il ne comprend pas ce qui lui arrive. Il se souvient que sa femme, à sa demande, a appelé le SAMU et qu'elle lui a dit que l'ambulance allait arriver. Puis il s'est retrouvé à l'hôpital, dans un état de confusion qui lui a fait perdre tout repère dans le temps et l'espace. Il se voit dans un bâtiment couché devant une grande fenêtre. Il crie et demande à ses proches *« mais pourquoi je suis dans un château ? »*. Un de ses fils resté à son chevet lui explique qu'il est dans un hôpital. Il est inquiet, car il touche son bras et sa jambe gauche, mais ne les sent pas. Très angoissé, il crie à plusieurs reprises dans la nuit, se croyant seul et abandonné par ses proches et le personnel soignant. Rassuré par les propos des infirmières et de sa famille, il finit par s'endormir. Il dira à la psychologue au moment du premier entretien : « *J'ai cru que j'étais dans un truc abandonné alors que j'étais à l'hôpital* ». À l'annonce du diagnostic, il pleure. Il ne comprend pas pourquoi « *il a fait un AVC* ». Alors, il s'interroge, il est persuadé que le produit qu'il a bu pour l'examen de coloscopie est responsable de son AVC. *J'ai bu deux litres de ce truc-là et c'est ça qui a causé ce qui m'est arrivé, qui m'a cassé la tête. Après, je ne sais pas, je ne suis pas médecin, mais pour moi, c'est ce truc-là, ce produit que j'ai bu. Car c'est le soir même que ma tête a éclaté. Je l'ai bu une demi-heure avant* (silence, il se met à pleurer). « *Ma vie est finie, je fais tout pour… mais c'est très difficile, je ne sais pas si je vais m'en sortir* ».

Le patient veut qu'on lui explique ce qui s'est passé, pourquoi du jour au lendemain, il se retrouve « *paralysé du côté gauche* ». Il a le sentiment qu'il a perdu le contrôle de son existence. Il est très inquiet et déprimé. Dans ce contexte, il va bénéficier d'une prise en charge psychologique en centre de rééducation fonctionnelle qui s'intégrera à la prise en charge thérapeutique globale.

Présentation du cadre thérapeutique et bilan psychologique

La rencontre avec la psychologue permet à monsieur N. de raconter ce qui s'est passé (l'histoire de la survenue de l'AVC), d'exprimer ce qu'il a ressenti (peur, inquiétude, angoisse, incompréhension) et de manifester sa détresse émotionnelle (tristesse, pleurs, idées suicidaires notamment).

Dans ce contexte, un bilan psychologique est réalisé, comprenant une échelle de dépression (CES-D - Führer, Rouillon, 1989) pour évaluer les troubles dépressifs en phase aiguë de l'AVC ; une échelle de coping (WCC - Cousson et al., 1996) pour évaluer les diverses stratégies de coping mises en œuvre face à une situation stressante, une épreuve projective comme le dessin de l'arbre pour retracer et réactualiser un vécu, une part de ce que le sujet est et de ce qu'il peut donner à voir.

Administration et résultats au questionnaire de dépression (CES-D)

À l'échelle de dépression, monsieur N. obtient un score de 35 (la note seuil pour les hommes est de 17) témoignant d'une dépression sévère. Il s'est mis à pleurer à l'item « *je me suis senti déprimé* ».

Administration et résultats au questionnaire de coping (WCC)

Au questionnaire de coping, monsieur N. obtient un score maximum de 36 sur 40 à la dimension coping centrée sur l'émotion, un score de 36 sur 40 à la dimension coping centré sur le problème et un score de 26 sur 32 à la dimension recherche de soutien social.

Administration et résultats au dessin de l'arbre

L'analyse des tracés du dessin de l'arbre apporte des informations complémentaires qui font écho aux entretiens réalisés et aux échelles administrées.

Le dessin de l'arbre de monsieur N. présente des tracés indiquant des tendances dépressives (absence de feuillage, branche descendante à droite, symétrie angulaire des branches en tronc, arbre petit) et des symptômes caractéristiques d'une dépression (*tristesse, chagrin* – tronc deux traits et branches un trait ; *humeur dépressive* – branches courtes, feuillage largeur 1 ; *sentiment de dévalorisation* – feuillage largeur 1, branches non connectées au tronc). Il décrit son arbre comme triste (*« Mais normalement un olivier, ce n'est pas triste, c'est un arbre que j'aime bien. Mais celui-ci est triste »*), petit (*« celui-là il est petit, pas très grand »*), à la croissance difficile (*« peut-être difficile »*), passif (*« les oliviers, les miens en tout cas, sont passifs »*). Dans son arbre, *« il y a des branches qui commencent à mourir, il y a une partie morte »*). Ce commentaire renvoie à sa propre situation, il n'a plus de motricité de son bras et de sa jambe gauches. L'équilibre assis est impossible. Comme si une partie de son corps était effectivement morte à cause de la perte de la mobilité (déficience motrice).

Monsieur N. devenu dépendant se sent bloqué, coincé dans un environnement ressenti comme inquiétant (tronc fermé à la base, tronc plus grand que le feuillage) et perçu comme triste et malheureux (branches courtes). Il fuit le réel désagréable (branches un trait, tronc deux traits et branches un trait — *coping centré sur l'émotion : fuite/évitement*) en essayant de le transformer (branches un trait – *coping centré sur l'émotion : prise de distance/minimisation des menaces*).

Il manifeste le désir de savoir ce qui s'est passé (racines plus petites que le tronc — *coping centré sur le problème : acceptation de la confrontation*) et il est impatient de récupérer rapidement (fruits [olives] dans la frondaison – *coping centré sur le problème : résolution du problème*). Son humeur oscille entre l'espoir (arbre dessiné : olivier, *« arbre de l'avenir, parce que l'olive c'est bon pour la santé »*) et le pessimisme ou la tristesse (feuillage largeur 1).

Il a besoin de soutien et recherche des appuis auprès de sa famille (racines) pour faire face à la situation, car il est conscient d'être dépendant de son entourage (tronc incliné à droite – *recherche de soutien social*).

Diagnostic

Le bilan psychologique de monsieur N. atteste de la dépression, de stratégies de coping centrées sur l'émotion et sur le problème ainsi que sur la recherche de soutien social.

Dépression

Monsieur N. présente de nombreux symptômes caractéristiques d'une dépression selon les critères du DSM IV.

On retrouve :

- l'humeur dépressive : *« je me suis senti triste »*, j'ai eu des crises de larmes »*, « j'ai eu l'impression que je ne pouvais pas sortir du cafard [...] »* ;

- la perte d'appétit : *« je n'ai pas eu envie de manger, j'ai manqué d'appétit »* ;

- les troubles du sommeil : *« mon sommeil n'a pas été bon »* ;

- les difficultés de concentration : *« j'ai eu du mal à me concentrer sur ce que je faisais »* ;

- le sentiment de dévalorisation : *« je n'ai pas eu le sentiment d'être aussi bien que les autres »*, *« j'ai pensé que ma vie était un échec »* ;

- la perte d'intérêt ou de plaisir dans les activités : *« j'ai eu l'impression que toute action me demandait un effort »*.

Ces symptômes, décrits dans le discours du patient, sont retrouvés et confirmés par le score à l'échelle de dépression (CES-D) et des éléments patents de dépression sont également relevés au dessin de l'arbre.

La problématique dépressive demande à être prise en charge par la mise en place d'un travail en psychothérapie. Un rendez-vous est également prévu avec un psychiatre afin d'envisager une prise en charge médicamenteuse de la dépression. Le traitement par antidépresseur est capable d'améliorer les symptômes dépressifs et est associé à une meilleure récupération fonctionnelle. Aussi, il est très important de dépister de façon systématique la dépression au début de la phase de rééducation d'un AVC et d'entreprendre un traitement adapté si ce diagnostic est posé. Une meilleure détection de la dépression post-AVC et son traitement pourraient améliorer le pronostic de cette maladie chronique et invalidante.

Coping

Monsieur N. utilise trois types de stratégies de coping face au stress engendré par l'AVC pour maîtriser, tolérer ou diminuer l'impact de celui-ci sur son bien-être physique ou psychologique :

- *le coping centré sur l'émotion* : prise de distance ou minimisation des menaces (*« j'ai espéré qu'un miracle se produirait »*) ; fuite/évitement (*« j'ai essayé de tout oublier »*) ; réévaluation positive (*« j'ai souhaité pouvoir changer d'attitude »*) ; auto-accusation *(« je me suis culpabilisé »)* ; recherche de soutien social (*« j'ai accepté la sympathie et la compréhension de quelqu'un »*) ; maîtrise de soi (*« je me suis senti mal de ne pouvoir éviter le problème »*).

Le coping orienté vers l'émotion correspond aux tentatives de monsieur N. pour réguler les tensions émotionnelles induites par la situation.

- Le *coping centré sur le problème* : résolution du problème (*« j'ai essayé de ne pas agir de manière précipitée ou de suivre la première idée »*) ; esprit combatif *(« je me suis battu pour ce que je voulais »)* ou acceptation de la confrontation *(« j'ai pris les choses une par une »)*.

- Dans le coping orienté sur le problème, les stratégies utilisées par monsieur N. visent à réduire les exigences de la situation et/ou augmenter ses propres ressources pour y faire face.

- *La recherche de soutien social* : *« j'ai parlé à quelqu'un de ce que je ressentais »* ; *« j'ai sollicité l'aide d'un professionnel et j'ai fait ce que l'on m'a conseillé »* ; *« j'ai essayé de ne pas m'isoler »*, etc.

Monsieur N. est demandeur de soutien social (soutien des professionnels, du réseau familial et amical).

Perspectives thérapeutiques

La rééducation du patient après AVC est une composante essentielle du traitement. Tout patient victime d'un AVC doit pouvoir en bénéficier à des degrés différents selon son état. L'objectif est de l'aider à recouvrer le mieux possible les fonctions altérées par la lésion cérébrale et un niveau d'autonomie le plus proche possible du niveau antérieur à l'AVC. Le risque majeur est celui de la dépendance. Un patient qui ne retrouve pas la marche, confiné dans un fauteuil voire au lit, est confronté aux risques de l'immobilisation et du désespoir. Le processus de rééducation doit être conduit par des équipes spécialisées en médecine physique et de réadaptation dont le rôle pour les AVC sévères est déterminant.

Tous les professionnels de la rééducation basent leur action sur des évaluations régulières spécialisées qui ponctuent le parcours du patient en rééducation, la justifiant, la réorientant et en évaluant les résultats (*cf.* tableau).

Les professionnels de la rééducation après un AVC (Yelnik et al., 2008 ; Daviet et al., 2002).

Médecin	Infirmiers et aides-soignants	Kinésithérapeute	Ergothérapeute	Orthophoniste
Il assure le dépistage et le traitement des complications, la définition avec l'équipe des objectifs à atteindre, la prescription et l'intervention des différents thérapeutes concernés. Au-delà de la phase active de rééducation, il suit le patient en consultations régulières pour adapter le traitement et la rééducation à son état et aux nouvelles technologies.	Ils ont une place importante dans le guidage et l'apprentissage des nouvelles fonctions, l'aide et la rééducation des troubles de la déglutition ou des troubles vésico-sphinctériens, ou encore parfois les soins de trachéotomie, de gastrostomie.	Il agit par rééducation passive ou active sur l'ensemble de la motricité, de l'éveil de celle-ci à son guidage et au contrôle des mouvements anormaux. Il a un rôle essentiel dans la prévention des complications de la spasticité et l'acquisition de l'autonomie.	Il contribue à la rééducation de la préhension par des activités manuelles, mais aussi à la rééducation des troubles neuropsychologiques ; il travaille à l'autonomisation et à la réadaptation à domicile, voire professionnelle.	Il rééduque les troubles du langage et plus largement de la communication, les troubles de la mémoire, les troubles visuo-spatiaux, ainsi parfois que les troubles de la déglutition.

Psychologue	Neuropsychologue	Psychomotricien	Ortho-prothésiste	Assistant social
Il a un rôle, insuffisamment développé, de soutien et d'aide du patient et de sa famille, voire des équipes. Il peut instituer une psychothérapie de soutien dont l'objectif est d'améliorer l'acceptation des déficiences et incapacités afin d'augmenter les participations du patient aux situations de sa vie courante et de préserver une certaine qualité de vie.	Il contribue à guider et à effectuer la rééducation des troubles des fonctions supérieures.	Il peut utilement intervenir dans les soins aux patients lourdement handicapés.	Souvent extérieur aux équipes, il peut intervenir ponctuelle ment.	Il a un rôle essentiel chaque fois que le risque de séquelles existe : conseils et démarches pour les aides sociales, financières et humaines, orientation professionnelle.

Pour conclure

Avec ce cas clinique, nous voudrions insister sur l'intérêt du dessin de l'arbre pour mener des investigations cliniques et des recherches auprès d'une personne âgée, quels que soient la problématique psychopathologique et l'âge du sujet.

Le dessin de l'arbre donne à la personne âgée un espace psychique extrêmement riche, dans une quête de représentation qui passera progressivement du dessin (image) au mot (vécu). Il est, en effet, le lieu de l'affinement des processus de symbolisation. Il est aussi un moyen de communication investi par la personne âgée qui en fait un précieux outil de transfert. Il apparaît comme expression libre de la personne âgée dans le processus transférentiel.

Le dessin de l'arbre est également au service d'autres méthodes (entretiens, par exemple) et utilisé dans un souci de complémentarité. En effet, si les caractéristiques des méthodes projectives permettent d'accéder à des aspects du fonctionnement psychique que l'on ne peut saisir par d'autres méthodes, elles ne permettent cependant pas d'accéder à l'histoire du sujet. Ainsi, l'association entre deux méthodes, entretiens et projectifs par exemple paraît nécessaire lorsque l'on vise une certaine complétude des données cliniques. Cette complétude passe par l'appréciation de l'éventail des modalités de fonctionnement de la personne âgée.

Le fonctionnement psychique d'un sujet dans son unité et dans sa complexité nécessite une mise en perspective de différents outils à disposition du psychologue. De nombreux travaux ont montré en effet l'étroite intrication des registres psychoaffectifs et cognitifs du fonctionnement psychique. Dans ce contexte, se priver d'une approche croisée et complémentaire de ces deux registres conduit à isoler de manière arbitraire des pans de la vie psychique.

Bibliographie

CALMELS, P., DEFAY, C., YVANES-THOMAS, M., LAPORTE S., FAYOLLE-MINON, I., BETHOUX, F., BLANCHON, M.A., GONTHIER, R. (2005). L'âge très élevé constitue-t-il un facteur pronostique du devenir après un accident vasculaire cérébral ? *Annales de réadaptation et de médecine physique*, 48, 675-681.

CH'NG, A.M. FRENCH, D., MCLEAN, N. (2008). Coping with the challenges of recovery from stroke. *Journal of Health Psychology*, 13, 1136-1146.

COUSSON, F., BRUCHON-SCHWEITZER, M., QUINTARD, B., NUISSIER, J., RASCLE, N. (1996). Analyse multidimensionnelle d'une échelle de coping : validation française de la Ways of Coping Checklist. *Psychologie française*, 41, 2, 155-64.

DARLINGTON, A.S., DIPPEL, F., RIBBERS, G.M., VAN BALEN, R., PASSCHIER, J., BUSSCHBACH, J. (2007). Coping strategies as Determinants of quality of life in stroke patients: A longitudinal study. *Cerebrovascular Diseases*, 23, 401-407.

DAVIET, J.C, DUDOGNON, P.J., SALLE, J.Y., MUNOZ, M., LISSANDRE, J.P., REBEYROTTE I., BORIE, M.J. (2002). Rééducation des accidents vasculaires cérébraux. Bilan et prise en charge. *EMC (Elsevier Masson SAS), Kinésithérapie-Médecine physique-Réadaptation*, 26-455-A-10, 24 p.

DONNELLAN, C., HEVEY, D., HICKEY, A., O'NEILL, D. (2006). Defining and quantifing coping strategies after stroke: a review. *Journal of Neurology, Neurosurgery & Psychiatry*, 77, 1208-1218.

FERNANDEZ, L., FROMAGE, B., MAUREL-CAÏTUCOLI, M. (2010). Contributions du dessin de l'arbre en psychogérontologie : évaluation et accompagnement. *Neurologie-Psychiatrie-Gériatrie*, 10, 77-84.

FINSET, A., ANDERSSON, S. (2000). Coping strategies in patients with acquired brain injury: relationships between coping, apathy, depression and lesion location. *Brain Injury*. 14, 887-905.

FRÉNISY, M.C., MINOT, D., SOUTENET, M., AMIOT, N. (2005). Accidents vasculaires cérébraux : approche psychopathologique et approche neuropsychologique. À propos d'un cas : MJ. *Annales Médico-Psychologiques*, 136, 65-72.

FÜHRER, R., ROUILLON, F. (1989). La version française de l'échelle CES-D. *Psychiatre et Psychobiologie*, 4, 163-166.

KING, R. B., SHADE-ZELDOW, Y., CARLSON, C. E., FELDMAN, J.L., PHILIP, M. (2002). Adaptation to stroke: A longitudinal study of depressive symptoms, physical health, and coping process. *Topics in Stroke Rehabilitation*. Special issue: Stress and coping after stroke, 9,1, 46-66.

LIANG, C.P., SUN, H.P., ZHAO, B.H., LU, P.Y. (2007). A study on the relationship between post-stroke depression, coping style, and social sustain. *Chinese Journal of Clinical Psychology*, 15, 76-77.

PARIEL-MADJLESSI, S., POUILLON, M., ROBCIS, I., SEBBAN, C., FREMONT, P., BELMIN J. (2005). La dépression : une complication méconnue de l'accident vasculaire cérébral chez les sujets âgés. *Psychol NeuroPsychiatr Vieil*, 3, 5-13.

PINOIT, J.M., BEJOT, Y., ROUAUD, O., BENATRU, I, OSSEBY, G.V., BONIN, B., GISSELMANN, A., GIROUD, M. (2006). Dépression après un accident vasculaire cérébral, un handicap supplémentaire. *La Presse Médicale*, 35, 12, 1789-1793.

YELNIK, A.P., BONAN, L.V., SIMON, O., GELLEZ-LEMAN, M.C. (2008). Rééducation après accident vasculaire cérébral. *EMC (Elsevier Masson SAS), Neurologie*, 17-046-U-10, 15 p.

Dessin d'arbre de monsieur N., 73 ans

ACCIDENT VASCULAIRE CÉRÉBRAL ET TROUBLES ÉMOTIONNELS

1. Accident vasculaire cérébral et reconnaissance des émotions
2. Dessin de l'arbre, émotions et troubles émotionnels
3. Cas clinique

En France, les accidents vasculaires cérébraux (AVC) sont la principale cause de décès avec les accidents cardiaques. Il s'agit d'accidents ischémiques cérébraux pour 80 % d'entre eux ou d'accidents hémorragiques dans 20 % des cas ou consécutifs à des lésions directes de l'artère carotide ou vertébrale à la suite d'un choc, de malformations artérielles ou d'anomalies au niveau des propriétés de coagulation du sang (Frénisy etal, 2005 ; Calmels et al., 2005). La symptomatologie varie selon le territoire artériel concerné. Les facteurs de risque sont multiples : hypertension artérielle, diabète, cholestérol, tabac, etc.

Les AVC sont une urgence médicale, où les prises en charge diagnostique et thérapeutique doivent être menées conjointement. De la précocité du diagnostic positif et étiologique dépendent l'optimisation de la prise en charge et l'amélioration du pronostic (Calmels et al., 2005).

1. Accident vasculaire cérébral et reconnaissance des émotions

L'interprétation des informations émotionnelles est essentielle pour les interactions sociales quotidiennes. Les capacités de détection des émotions, l'attribution des états mentaux et des intentions d'autrui et les capacités d'empathie lorsqu'il s'agit de partager des sentiments émotionnels passent par la reconnaissance des émotions (Krolak-Salmon, 2006). Celle-ci se fonde sur la gestuelle, la posture, les expressions du visage et de la voix (Russel, 2003).
Certaines lésions comme des AVC peuvent conduire à un déficit de reconnaissance des émotions à travers les visages. Ce type de déficit s'associe à des modifications psychocomportementales (désinvestissement social, mauvaises interprétations des codes sociaux, réactions émotionnelles inadaptées, troubles du comportement – irritabilité, agressivité, labilité émotionnelle ou indifférence affective). Il est aussi responsable de troubles de la mémoire, du langage et des fonctions exécutives (Snowden, 2003). Les lésions cérébrales peuvent être d'installation soudaine ou lente. Elles apparaissent en quelques heures en cas d'AVC.
Les travaux concernant le traitement émotionnel dans une population cérébro-lésée sont peu nombreux. Du Boullay et al. (2013) ont mis en évidence une baisse des performances chez des patients avec AVC pour les émotions négatives. Ceux-ci

sont plus lents que des sujets-témoins en modalités auditive et visuelle. Ils ont plus de difficultés à reconnaître les émotions à cause d'un déclin global des fonctions cognitives ou d'un déficit attentionnel. Les difficultés observées semblent résulter de la perturbation de certaines émotions. Les résultats de la reconnaissance des émotions varient en fonction du degré du déficit.2.

2. Dessin de l'arbre, émotions et troubles émotionnels

Les travaux sur le dessin de l'arbre, les AVC et les émotions ou les troubles émotionnels sont rares (Fernandez et al., 2011, Fernandez, 2014). Ils ont permis d'identifier des constellations de tracés concernant les émotions de base : joie, tristesse, peur, colère, dégoût, surprise et les troubles émotionnels (blocage de la charge émotionnelle ; répression, contrôle des émotions ; développement psychologique et émotionnel ralenti ; décharge ou labilité émotionnelle ; confusion des émotions).

Ces tracés sont des indicateurs émotionnels utiles permettant au psychologue d'avoir accès au vécu émotionnel des personnes ayant des difficultés avec la parole et l'expression des émotions (Pedinielli, Fernandez, 2011).

3. Cas clinique : monsieur O., 62 ans

Motif de l'hospitalisation

Monsieur O., 62 ans, est hospitalisé depuis deux jours dans une unité neurovasculaire à la suite d'un AVC ischémique sylvien gauche qui s'est déclaré par une paralysie faciale droite, un engourdissement du membre supérieur droit, des difficultés à parler et des troubles de la vision. Grâce à une hospitalisation rapide et une prise en charge des symptômes liés à l'AVC par thrombolyse (pendant les premières heures), les effets des lésions vasculaires ont diminué et disparu. Monsieur O. ne garde aucune séquelle.

Procédure, évaluations et résultats

Le consentement pour participer à cette étude exploratoire est recueilli par validation d'un formulaire type auprès de monsieur O. Les outils proposés (entretien, test de reconnaissance des émotions faciales [TREF] (Gaudelus et al., 2015) et dessin de l'arbre (Fernandez, 2014) ont été administrés en parallèle des consultations médicales.

Entretien non directif	Le Test de Reconnaissance des Émotions Faciales [TREF]	Dessin de l'arbre
Consigne de l'entretien non directif : *« Pouvez-vous me raconter quels sont les problèmes de santé qui vous ont amenés à être hospitalisé et comment vous avez réagi ? »*	permet d'évaluer la capacité d'une personne à reconnaître six émotions universelles [la tristesse, la colère, le mépris, la peur, la joie, le dégoût], présentées sur neuf intensités d'expression différentes, allant de 20 % à 100 %. 54 photographies en couleurs de six visages différents, trois hommes et trois femmes, et représentant différentes classes d'âge de 20 à 60 ans sont présentées sous forme de diapositives, pendant une durée maximale de 10 secondes sur un ordinateur, mais le temps de réponse n'est pas limité. Chaque émotion est représentée par neuf photographies et quatre visages différents. Il permet ainsi de calculer et d'analyser, au niveau individuel et de groupe : – les scores de reconnaissance pour chaque émotion — les seuils de détection qui correspondent à l'intensité à partir de laquelle les sujets détectent l'émotion de façon certaine. Un score est dit déficitaire s'il est à deux écarts-types par rapport à la moyenne du groupe contrôle.	Le choix d'utiliser le dessin de l'arbre [épreuve de dessin projectif à consignes] repose sur une double exigence : – proposer une tâche suffisamment standardisée autorisant la reproductibilité de la situation, qui s'appuie sur un matériel clairement identifiable. – permettre aux émotions ou aux troubles émotionnels de se déployer grâce à l'ouverture de la situation par une consigne. Consignes : 1) *« Dessinez un arbre qui ne soit pas un sapin »* sur une feuille A4 présentée de champ. Une fois le dessin réalisé, on demande : 2) Supposons que cet arbre exprime une émotion, de quelle émotion s'agit-il ? [nommer les 6 émotions]. 3) Qu'est-ce qui vous donne l'impression que cet arbre est… ? [reprendre l'émotion formulée].

<u>Tableau I</u> : **Les outils d'évaluation**

<u>L'entretien</u> réalisé avec monsieur O. plusieurs jours après l'hospitalisation offre un discours centré sur une pensée concrète laissant de côté les aspects affectifs et émotionnels.

Monsieur O. reste centré sur :

- la description des symptômes liés à l'AVC : *« le matin, j'ai eu des fourmis dans le bras et puis au niveau du visage et une gêne sur le côté »*.
- la recherche d'information sur l'AVC : *« avant d'aller au docteur, j'ai regardé les symptômes sur internet et là c'était marqué symptômes AVC »*.
- la dédramatisation et la rationalisation : *« je me suis dit que je m'en tirais et bien et voilà quoi que ça aurait pu être pire »*.

<u>Le TREF</u> indique que monsieur O. présente :

- *un déficit global de reconnaissance faciale des émotions* [53,7 % contre 71,6 % pour le groupe contrôle — GC]. Les émotions les plus reconnues sont : la joie [100 % y compris pour le GC], la tristesse [64,7 % contre 66,7 % pour le GC] et la peur [66,6 % contre 88,3 % pour le GC]. Les émotions moins reconnues sont le dégoût [44,4 % contre 66,6 % pour le GC], la colère [44,4 % contre 77,7 % pour le GC]. Le mépris n'est pas reconnu par monsieur O. [0 % contre 59,2 % pour le GC].
- *un déficit au niveau de la détection des émotions*. Il rencontre des difficultés pour détecter le dégoût [70 % contre 50 % pour le GC] et la colère [85 % contre 39,1 % pour le GC]. Le seuil de détection de la peur de monsieur O. est de 50 % contre 36,6 % pour le GC. Quelle que soit l'intensité de l'expression sur le visage, il ne détecte pas le mépris [0 % contre 57,5 % pour le GC].

<u>Le dessin de l'arbre</u> : monsieur O. dessine rapidement au feutre marron « *un arbre mort qui n'a plus rien* » symbolisant « *la tristesse* ».

Les émotions majoritairement représentées par les tracés du dessin de l'arbre sont les émotions négatives : la colère [et l'agressivité] ; la peur [avec l'inhibition, le sentiment de panique, voire l'anxiété] et la tristesse [avec le chagrin, la déception et le découragement].

Les troubles émotionnels mis en évidence par les tracés du dessin de l'arbre indiquent un contrôle des émotions [blocage de la charge émotionnelle]. Monsieur O. veut éviter le débordement émotionnel.

Émotions négatives	Émotions positives	Troubles émotionnels et affectifs
COLÈRE : – Racines d'un trait pointues – Contour du tronc et des branches à traits brisés, morcelés – Branches montantes – Arbre au centre de la page – Arbre reposant sur des pointes – Traits spasmodiques et acérés dans les branches **PEUR :** - Branches à un trait [bout des branches] - Racines de deux traits - Rectifications mal faites dans le tronc et les racines – Base du tronc ressemblant par sa structure à la racine – Tronc ou arbre légèrement incliné à gauche - Traits morcelés bordant le tronc – Branche isolée sur le tronc à droite **TRISTESSE :** - Tronc et branches d'un et deux traits [bout des branches] - Traits acérés dans le tronc - Branches tristes, exposées au vent	**JOIE :** - Lignes détachées – Branches montantes et descendantes courbées	– Branches fermées – Tronc ou arbre incliné à gauche – Traits morcelés bordant le tronc

<u>**Tableau II**</u> **: principaux tracés de l'arbre de monsieur O.**
[émotions et troubles émotionnels]

Dessin de l'arbre de monsieur O., 62 ans
(il est dessiné au feutre marron)

Discussion

Monsieur O. a des difficultés à reconnaître certaines émotions négatives [mépris, dégoût et colère] au TREF. Ces résultats vont dans le sens des travaux de la littérature indiquant que lors d'un AVC, le déficit de reconnaissance des émotions résulte de la perturbation de certaines émotions, émotions négatives notamment (Fernandez, 2014). Les émotions les plus altérées sont le dégoût, la peur et la colère chez les patients présentant un AVC (McDonald et al., 2009 ; Williams, Wood, 2010). Les traitements administrés permettent au patient du fait de la plasticité cérébrale de compenser certaines déficiences et de s'adapter. Les situations spontanées de reconnaissance des émotions permettraient de compenser l'infléchissement de la reconnaissance de certaines émotions [c'est sans doute le cas pour monsieur O., pour la reconnaissance des émotions négatives de tristesse et de peur et de l'émotion positive de joie] (Du Boullay et al., 2013).

Le dessin de l'arbre [« *arbre mort* »] permet de mettre en évidence des émotions négatives [colère et agressivité ; peur, anxiété, inhibition ; tristesse, déception et découragement] montrant que le fonctionnement psychique de monsieur O. est marqué de désordres qui révèlent une fragilité anxio-dépressive, des troubles affectifs [désinvestissement et indifférence affective] et des troubles du comportement [agressivité et irritabilité notamment] consécutifs l'AVC (De Jouvencel, 2007). Pinoit et al. (2006) signalent que, dans 30 à 50 % des cas, une dépression post-AVC peut être observée dès les premiers jours en unité neurovasculaire grâce à des échelles validées et une expertise médicale. Pour Aben et al. (2002) et Frenisy et al. (2005), les traits de personnalité, les troubles comportementaux et affectifs sont des facteurs de risque importants dans la survenue d'une dépression post-AVC.

Conclusion

Les résultats montrent qu'il existe un déficit global de reconnaissance faciale des émotions et un déficit au niveau de la détection des émotions. Certains auteurs suggèrent que ces déficits émotionnels sont à mettre en relation avec la dépression, complication fréquente des AVC (Aben et al., 2002, Pinoit et al., 2006, Frenisy et al., 2005) et avec l'alexithymie chez certains sujets souffrants de maladies (Lecours et al., 2009). L'alexithymie se développerait suite à l'angoisse suscitée par une maladie somatique grave ou par un traumatisme physique ou psychologique important [alexithymie secondaire ou état] (Jouanne et al., 2005).
Pour ces raisons, l'emploi d'autres échelles aurait été souhaitable (par exemple, une échelle de dépression Montgomery-Asberg (1979) ; une échelle d'alexithymie (TAS-20 - Loas et al., 1996). Ces échelles permettraient de mieux discuter le rapport entre les évaluations quantitatives du TREF et l'évaluation qualitative fournie par le dessin de l'arbre. Elles permettraient également de tenir compte de l'impact des troubles thymiques et alexithymiques sur la qualité de vie ou l'investissement dans la prise en charge. La réalisation d'entretiens complémentaires permettrait également d'obtenir des informations sur les conséquences individuelles, familiales et sociales de l'AVC (Goossens, Wiart, 2005). Il serait également utile de rendre plus systématique l'observation du vécu et du récit de soi des patients après l'AVC. Les psychologues cliniciens s'intéressent aux registres somatiques, comportementaux et psychiques des effets de l'AVC en ne négligeant pas l'aspect lésionnel. Ainsi, une difficulté majeure post-AVC serait plus compréhensible à la lumière des possibilités proposées et une prévention tenant compte de l'intrication des différents symptômes cliniques serait donc envisageable.

Bibliographie

ABEN, I., DUMOLLET, J., MOUSBERG, E., VORHEY, F., WOJCIECHOWSKI, F., HOMIG, A. (2002). Personality and vulnerability to depression in stroke patients. Prospective follow-up study. *Stroke*, 33, 2391-2395.
CALMELS, P., DEFAY, C., YVANES-THOMAS, M., LAPORTE, S., FAYOLLE-MINON, I., BETHOUX, F., BLANCHON, M.A., GONTHIER, R. (2005). L'âge très élevé constitue-t-il un facteur

pronostique du devenir après un accident vasculaire cérébral ? *Annales de réadaptation et de médecine physique*, 48, 675-681.

DE JOUVENCEL, M., HAMONET, C., MAGALHAES, T. (2007). Psychologie-Subjectivité-Accident vasculaire cérébral (AVC). La subjectivité : la dimension à ne pas oublier dans la réadaptation de l'hémiplégique. *J Réadapt Méd*, 27-4, 128-132.

DU BOULLAY, V., PLAZA, M., CAPELLE, L., CHABY, L. (2013). Identification des émotions chez des patients atteints de gliomes de bas grade versus accidents vasculaires cérébraux. *Revue neurologique*, 169, 249-257.

FERNANDEZ, L., FINKELSTEIN-ROSSI, J., BINET, S., SECQ, D., PLOTON, L. (2011). Accident vasculaire cérébral, dépression post accident vasculaire cérébral et stratégies de coping chez un sujet âgé : apport du test de l'arbre. In J. FINKELSTEIN-ROSSI et L. FERNANDEZ, *Techniques projectives : 12 cas cliniques*. Paris : In Press, Concept psy, 221-240.

FERNANDEZ, L. (2014). Le test de l'arbre. Un dessin pour comprendre et interpréter. Paris : Editions In Press, Concept psy, 3ᵉ édition.

FRENISY, M.C., MINOT, D., SOUTENET, M., AMIOT, N. (2005). Accidents vasculaires cérébraux : approche psychopathologique et approche neuropsychologique. À propos d'un cas : MJ. *Annales Médico-Psychologiques,* 136, 65-72.

GAUDELUS, B., VIRGILE, J., PEYROUX, E., LELEU, A., BAUDOUIN, J.Y., FRANCK, N. (2015). Mesure du déficit de reconnaissance des émotions faciales dans la schizophrénie. Le Test de Reconnaissance des Emotions Faciales (TREF). *L'Encéphale,* 41, 3, 251-259.

GOOSSENS, D., WIART, L. (2005). Dépression et accidents vasculaires cérébraux. *EMC-Neurologie*, 2, 157-162.

JOUANNE, C., EDEL, Y., CARTON, S. (2005). Déficits émotionnels chez des patients polytoxicomanes. *Annales Médico Psychologiques*, 163, 625-630.

KROLAK-SALMON, P., HENAFF, M.A., BERTRAND, O, VIGHETTO, A., MAUGUIERE, F. (2006). Les visages et leurs émotions : partie II : la reconnaissance des expressions faciales. *Revue neurologique*, 162, 1047-1058.

LECOURS, S., ROBERT, G., DESRUISSEAUX, F. (2009). Alexithymie et élaboration verbale de l'affect chez des adultes souffrant d'une pathologie respiratoire. *Revue européenne de psychologie appliquée*, 59, 187-195.

LOAS, G., OTMANI, O., FREMAUX, D. (1996). Étude de la validité externe, de la fidélité et détermination des notes seuils des échelles d'alexithymie de Toronto TAS et TAS-20 chez un groupe de malades alcooliques. *L'Encéphale,* 22, 1, 35-40.

MC DONALD, S., BORNHOFEN, C., HUNT, C. (2009). Addressing deficits in emotion recognition after severe traumatic brain injury: the role of focused attention and mimicry. *Neuropsychol Rehabil*, 19, 321-339.

MONTGOMERY, S.A., ASBERG, M. (1979). A new depression scale designed to be sensitive to change. *Br J Psychiatry*, 134, 382-389.

PEDINIELLI, J.L., FERNANDEZ, L. (2011). *L'observation clinique et l'étude de cas*. Paris : Armand Colin, collection 128, 2ᵉ édition.

PINOIT, J.M., BEJOT, Y., ROUAUD, O., BENATRU, I., OSSEBY, G.V., BONIN, B., GISSELMANN, A., GIROUD, M. (2006). Dépression après un accident vasculaire cérébral, un handicap supplémentaire. *Presse Med*, 35, 1789-1793.

RUSSEL, J.A. (2003). Core affect and the psychological construction of emotion. *Psychol Rev*, 110, 145-172.

SNOWDEN, J.S., GIBBONS, Z.C, BLACKSHAW, A., DOUBLEDAY, E., THOMPSON, J., CRAUFURD, D. et al. (2003). Social cognition in frontotemporal dementia and Hutington's disease. *Neuropsychologia*, 41, 688-701.

WILLIAMS, C., WOOD, R.L. (2010). Impairment in the recognition of emotion across different media following traumatic brain injury. *J Clin Exp Neuropsychol*, 32, 113-122.

TROUBLES ANXIEUX ET DÉPRESSIFS ET MALADIE D'ALZHEIMER

> **1. Troubles anxieux et dépressifs**
> **2. Troubles anxieux et dépressifs dans la maladie d'Alzheimer**
> **3. Tests projectifs (SAT, dessin de l'arbre) et troubles anxio-dépressifs chez des sujets âgés atteints de la maladie d'Alzheimer**
> **4. Cas clinique 1**
> **5. Cas clinique 2**
> **Bibliographie**

La maladie d'Alzheimer (MA) est aujourd'hui considérée comme une pathologie dégénérative pour laquelle il est nécessaire de tenir compte de la sévérité de la maladie et des troubles psychologiques et comportementaux pour adapter la prise en charge médicamenteuse et non médicamenteuse (Arbus, 2003).

L'anxiété et la dépression font partie des troubles psycho-comportementaux rencontrés dans la MA. Elles provoquent chez l'individu de l'épuisement, de la dépendance l'inscrivant dans une situation de crises personnelles, familiales pouvant entraîner son institutionnalisation (Arbus, 2004, Perrot et al., 2014). Une prise en charge adaptée de la dépression et de l'anxiété chez des patients souffrant d'une pathologie démentielle permet d'améliorer la qualité de vie (Dérouesné, 1996).

1. Troubles anxieux et dépressifs

Les travaux concernant les troubles anxieux des sujets âgés indiquent des taux de prévalence plus faibles que dans la population générale, mais la fréquence du trouble anxieux généralisé et de l'agoraphobie est néanmoins élevée (Hazif-Thomas, Thomas, 1999).
La dépression et l'anxiété de la personne âgée restent un ennemi acharné du bien-être des personnes âgées et de leur qualité de vie. Parce qu'elle est souvent sous-diagnostiquée, sous-estimée et sous-traitée, les patients et leurs proches peuvent ne pas être conscients de la présence d'une dépression. Les symptômes sont souvent regardés comme des stigmates normaux de l'avancée en âge et l'anticipation au troisième et quatrième âge s'oriente encore trop souvent vers des actes désespérés, ce dont témoigne largement la trop grande fréquence du suicide des hommes âgés (Delage, 2009).
La sémiologie des états anxieux est souvent dominée par des symptômes et des plaintes somatiques et certaines thématiques semblent concerner plus spécialement les sujets âgés : peur de la mort et de la maladie, phobies dans les

déplacements du fait de la peur de tomber et des agressions, angoisse à réaliser les actes de la vie quotidienne, source de désapprentissage et donc de dépendance, à l'ennui.

La dépression chez la personne âgée est volontiers masquée, sans tristesse exprimée, de sémiologie pauvre (Pelissolo, 2006). Ses conséquences sont lourdes, tant au plan relationnel entre les générations qu'au plan humain : repli sur soi, perte de la pratique des actes de la vie quotidienne, dépendance ajoutée, souffrance non exprimée qui peuvent conduire au suicide.

Les troubles de l'humeur s'accompagnent d'anxiété et d'une angoisse surtout matinale qui contrastent avec les peurs vespérales de la démence. La tristesse n'est pas toujours apparente derrière les traits figés, la douleur morale est rarement exprimée. Les habiletés cognitives sont altérées, mais on note davantage de plaintes subjectives (sensation de baisse intellectuelle, impression de perte de mémoire), une atteinte objectivée par les tests psychométriques (Leger, 1999).

2. Troubles anxieux et dépressifs dans la maladie d'Alzheimer

La dépression et l'anxiété sont en effet fréquentes dans la maladie d'Alzheimer (MA). Certaines études récentes ont montré que dans les années de suivi des dépressions ou de l'anxiété, près de la moitié évoluait vers une authentique démence (Pelissolo, 2006).

Selon les dernières enquêtes réalisées en France, les femmes âgées institutionnalisées sont deux fois plus touchées par l'anxiété et la dépression que les hommes âgés institutionnalisés (Donnio, 2005). En effet, 33 % des résidents en EHPAD souffriraient de dépression (Drees, ministère de la Santé, 2006). Pourtant, le fait d'être triste ou pessimiste ne doit pas être considéré comme normal lorsque l'on est âgé.

De plus, on estime que 12 % des Français ont souffert de troubles anxieux au cours de leur vie (ministère de la Santé, 2006). Par ailleurs, 31 % des résidents en EHPAD souffriraient de troubles anxieux (Drees, ministère de la Santé, 2006).

Les personnes âgées atteintes de la MA et présentant une symptomatologie anxieuse et dépressive se caractérisent par la confusion, avec la perte des repères spatio-temporels ainsi que des troubles tels que l'aphasie ou l'agnosie (Ribes, 2009).

La dépression et l'anxiété avec troubles cognitifs posent le problème de l'intrication des démences et de la symptomatologie anxio-dépressive.

Cliniquement, les liens entre la démence et la dépression sont bien établis : pseudo-démence dépressive, dépression évoluant à plus ou moins brève échéance vers une démence, démence s'accompagnant de dépression, démence pseudo-dépressive (Perrot et al., 2014 ; Pancrazi, Metais, 2005 ; Van Reekum et al., 1999).

La dépression est fréquemment observée dans la démence de type Alzheimer (Jaafari et al., 2008 ; Passard et al., 2001). Le diagnostic d'une dépression dans un tableau démentiel est difficile à poser (Arbus, 2003 ; Perrot et al., 2001, Landreville et al., 2005). La symptomatologie dépressive dite végétative (ralentissement, asthénie, perte de poids, insomnie) est peu spécifique de la dépression. Les manifestations psychiques (douleur morale, tristesse, anhédonie, aboulie) sont difficiles à évaluer chez les patients souffrant de troubles cognitifs sévères (Pancrazi, Metais, 2005 ; Lazarus et al., 1987).

Forsell et al. (1993) distinguent les déments dépressifs avec des troubles de l'humeur (tristesse, idées de mort, culpabilité et trouble de l'appétit) et ceux avec les troubles de la motivation (perte des intérêts, asthénie, troubles de la concentration et de la psychomotricité). D'après ces auteurs, les déments sévères ont moins de troubles de l'humeur et plus de troubles de la motivation que les déments légers. En outre, les symptômes psychiques, dont l'expression dépend de la qualité du langage oral, seraient plus fréquemment retrouvés pour les déments légers. Ainsi, le degré de démence pourrait jouer un rôle modulateur sur l'expression de la dépression (Ballard et al., 1993).

Plusieurs types de liens peuvent expliquer les associations entre démence et dépression : celles-ci peuvent être liées au hasard ou à un facteur de vulnérabilité commun ; la maladie dépressive peut également être un trouble secondaire à la démence, lié soit à des facteurs neurodégénératifs, soit à la prise de conscience des troubles cognitifs par le patient (Emery, Thomas, 1992).

Les formes masquées de la dépression peuvent être responsables d'une inhibition et des troubles de l'attention donnant l'apparence d'une détérioration intellectuelle et aggravant un tableau démentiel (Jaafari et al, 2008).

Arbus [3] rapporte qu'il existe de nombreux facteurs de risque favorisant l'apparition de la dépression chez les sujets âgés atteints de MA :

- *la démence de type Alzheimer elle-même* : les sujets avec une démence présentent un risque plus élevé à manifester des symptômes dépressifs que les sujets non déments.
- *les antécédents* : a) des personnes âgées avec des antécédents de dépression ont plus de chance de présenter des symptômes dépressifs au cours de la maladie que des personnes âgées sans antécédents. b) les antécédents familiaux et personnels peuvent également favoriser le développement de la dépression.
- *appartenir au sexe féminin* : les femmes développeraient plus de dépression au cours de l'évolution de la démence que les hommes.
- *l'apparition prématurée de la maladie démentielle.*
- *la prise de conscience des troubles cognitifs et de leurs conséquences, ainsi que les modifications des relations avec l'entourage* sont susceptibles de précipiter l'apparition de symptômes dépressifs chez le sujet âgé Alzheimer (Landreville et al., 2005).

Lauderdale et Sheikh (2003) et Hybels et Blazer (2003) montrent que les troubles anxieux semblent plus fréquents chez le sujet âgé que chez le sujet jeune (10 à

15 % versus 8 %). Ritchie et al. (2004), utilisant les critères DSM-IV pour une population de sujets de plus de 65 ans non institutionnalisés retrouvent une prévalence sur la vie de 30 % de troubles anxieux (Frémont, Epain, 2005).

Plus la MA progresse, plus la souffrance psychique sera accompagnée d'anxiété associée, le plus souvent, à la dépression (Le Strat, 2007). Celle-ci varie en fonction de la personnalité du sujet âgé et peut prendre différentes formes en fonction de l'évolution de la maladie et de l'intensité des déficits cognitifs : tics obsessionnels, préoccupations hypocondriaques, conduites agressives, conduites d'évitement phobiques, agitation, errance, attaques de panique, etc. Elle peut émerger avant l'apparition des signes cognitifs ; dans ce cas-là, le sujet âgé, qui a conscience de ce déclin, se retrouve dans l'incapacité à verbaliser ses troubles. Lorsque le sujet âgé ne parvient plus à trouver des réponses appropriées pour communiquer, exprimer ses ressentis et s'adapter à son environnement et prend conscience des pertes cognitives, il va ressentir de l'anxiété (Pancrazi, Metais, 2005, Le Strat, 2007). L'anxiété est aussi renforcée par l'incompréhension et les réactions négatives de l'entourage (Dérouesné, Selmès, 2005). Par ailleurs, pour Agüera-Ortiz et Osorio (2011), l'existence d'une anxiété chez les patients avec un déficit cognitif léger peut exercer un rôle précipitant dans la conversion en démence.

3. Tests projectifs (SAT, dessin de l'arbre) et troubles anxio-dépressifs chez des sujets âgés atteints de la maladie d'Alzheimer

Les techniques projectives les plus utilisées auprès des personnes âgées sont le Rorschach et le T.A.T. (Test d'Aperception Thématique). Elles ont été utilisées dans la clinique des pathologies cérébrales (démences) et du vieillissement normal (féminité) et psychopathologique (dépression et névrose) (Verdon, 2012). Rares sont les études qui ont été conduites avec d'autres outils.

Stock et Kantner (1980) affirment que le SAT est un bon outil pour déterminer si un sujet âgé est ou non déficient émotionnellement et cognitivement. De plus, la passation du SAT permet à des sujets âgés qui sont plus ou moins fragilisés par la maladie, le déclin cognitif et parfois même la mise en institution, d'évoquer plus facilement leurs diverses préoccupations à travers la présentation des différentes planches, par le biais de déplacements et d'identifications. Ainsi, les sujets âgés atteints de la MA peuvent aborder verbalement, grâce à ce support étayant, diverses thématiques (relations familiales, interactions sociales, préoccupations de nature économique, solitude, abandon, institutionnalisation, rapport au corps vieillissant (douleurs physiques, maladies par exemple), à l'alimentation, au temps qui passe, aux différences de générations) qui ne sont pas aisément exprimables lors d'entretiens.

Pour Stock et Kantner (1980) et Péruchon [2002], l'élaboration des histoires des personnes âgées atteintes de déficiences cognitives et émotionnelles est souvent caractérisée par des difficultés concernant l'appréhension des contenus des planches, des histoires brèves et courtes, avec l'évocation de thèmes comme l'affiliation, les limitations physiques et la dépendance. Leur discours est souvent marqué par des répétitions, des dédifférenciations, des instabilités au niveau de l'identité. L'épreuve de réalité est mise à mal et les défenses psychiques ne sont pas mentalisées. Les conflits ne sont pas exprimés.

Pour Lindzey et Newburg (1954), Phares (1961) et Sherwood, Potasch (1988), l'anxiété se manifeste dans la manière de traiter et d'aborder les contenus des planches (rejet ou refus des planches assortis de commentaires négatifs) et de construire ou d'organiser les histoires (hésitations, imprécisions : *« je ne suis pas sûr »*, *« Je ne sais pas »* ; refus de dire ou incapacité à continuer l'histoire : *« je ne sais pas ce qui vient après »* et brièveté ou longueur des histoires). Elle s'exprime à travers des spécificités discursives (interjections : *« mon Dieu !, qu'est-ce que ? »* ; questions : *« est-ce le genre d'histoire que vous voulez ? »* ; commentaires : *« je ne serai jamais en mesure d'obtenir quoi que ce soit de cela »* ; déclarations non directement liées à l'histoire ; blocages ou pauses : « (*« je ne peux pas aller plus loin, je suis coincé »*, contradictions ; renversement des histoires contées). Des personnages sont mis de côté, dans le but d'éviter tout contact avec des éléments menaçants. Les situations, les rapports entre les personnages sont laissés en suspens. Les conflits ne sont pas résolus (« *et il ne lui pardonne à cause de ça et ils continuent à se quereller »*). L'histoire n'a pas de fin ou se limite à la simple description physique des objets ou des personnes sur la planche (invariance sur le niveau de description de l'objet ou des personnes). On note également des auto-identifications aux personnages (le narrateur admet ouvertement que l'un des personnages lui ressemble ou agit comme lui). Il indique que tout ou partie de l'histoire est pris de sa propre vie. Les sujets âgés évoquent des états émotionnels (peur, inquiétudes à propos de l'avenir : *« les choses ne semblent pas favorables pour l'avenir »* ; *« je crains que la situation empire pour ces personnes »*). Ces états émotionnels peuvent venir témoigner de conflits intra et interpersonnels. Ils rapportent des situations dramatiques (« *quand tout à coup un rocher est tombé lui et il est mort »*) ; des pertes (*épouse, mère, ami(e)s ou emplois*) ; des accidents (*« ma maison a brûlé »*), des blessures (*« et puis il est tombé et cassé la jambe »*) ; des menaces (tendance à élaborer des histoires en relation avec des thèmes portant sur la menace ressentie) ; des traumatismes et des agressions, etc. Des séquences de souvenirs suivies d'un souhait peuvent être également exprimées. Le narrateur ou l'un des personnages évoque le passé et exprime un désir ou un souhait (« *le vieil homme se souvient de sa femme avec tendresse. Il souhaiterait qu'elle soit encore en vie »*). L'évocation de souvenirs peut provoquer des troubles de l'humeur et des émotions. Les contenus sexuels ou agressifs sont réprimés. L'expression des sentiments et des émotions ou de l'attente tout au long de l'histoire ne varie pas (par exemple, histoires sombres à tonalité émotionnelle négatives).

Pour Valentine et Robin (1950), la dépression peut se manifester au SAT par l'élaboration d'histoires uniquement basées sur des émotions négatives et la présence de contenus dépressifs lors de l'élaboration du discours. Elle s'exprime également par un manque d'imagination, l'évitement du conflit, le déni de la perte et des restrictions spatio-temporelles concernant les descriptions des planches. Au cours de leur étude, les auteurs montrent que les sujets dépressifs ont tendance à se mettre davantage en retrait et à être beaucoup moins imaginatifs dans la construction de leurs histoires.

Emmanuelli, Pheulpin et Bruguière (2005) ont construit une échelle d'évaluation du degré de la dépressivité. Cette échelle prend en considération le degré de la position dépressive à savoir :

- l'évocation de l'absence ou de la perte à travers les planches, avec la présence d'un objet réparateur ou substitutif à l'objet perdu, d'un objet qui garde un caractère partiel et ne peut être représenté dans son intégrité.
- le sentiment de déperdition narcissique modérée et la banalisation avec atteinte légère et massive, d'ordre physique et psychique, sans lien direct avec l'absence ou la perte d'un objet.
- et le déni du manque et de l'atteinte.

Au cours de la passation de cette échelle, la dépressivité peut être indiquée par trois principaux items :

- Item 1 : la disponibilité du sujet à ressentir l'affect dépressif et à le verbaliser ; la possibilité de fantasmer une représentation de perte et de l'évoquer à travers les planches ; la possibilité de faire le lien entre cet affect dépressif et la représentation de la perte.
- Item 2 : l'investissement du sujet de la réalité interne et son articulation avec le monde externe à travers l'imaginaire et la mentalisation, ainsi que le recours à des objets sécurisants, face à l'angoisse dépressive que celui-ci peut ressentir.
- Item 3 : l'utilisation de divers processus défensifs ; la capacité de régression (émergence en processus primaires) et la souplesse des stratégies défensives (pas d'exclusivité des processus d'évitement du conflit).

Les travaux sur le dessin de l'arbre (DA), la MA, sujets âgés et troubles anxio-dépressifs sont rares. Ils sont développés actuellement par Fernandez (2014) et portent par exemple sur : maladie d'Alzheimer et symptomatologie anxio-dépressive en institution (De Haro et al., 2013) ; les contributions du DA en psychogérontologie (Fernandez et al., 2010 ; Fernandez, De Haro, 2014) ; accident vasculaire cérébral, dépression post accident vasculaire cérébral et stratégies de coping chez un sujet âgé (Fernandez et al., 2011) ; l'image du corps chez la personne âgée amputée (Fernandez et al., 2012 ; Bonnet et al., 2014) ou incontinente (Fernandez et al., 2013) ; récits de vie et événement traumatique chez le sujet âgé (Fernandez et al., 2013).

Les principaux travaux sur le DA et la MA (De Vries, 1953 ; Grewel, 1953 ; Bour, 1961 ; Welman, 1968 ; Fernandez, De Haro, 2014) ont permis de mettre en évidence des tracés au DA spécifiques aux démences : racines à trait unique ; ligne de sol rarement présente ; tronc et branche à trait unique ; feuilles fréquemment représentées, couronne dans tous les sens qui se tronçonne, se décolle, se sépare du tronc qui lui-même s'infléchit, se raidit, se dissout ou disparaît complètement ; fruits moins souvent représentés ou représentés sont sous la forme de points ; traits fins, tremblés, discontinus ; arbre petit, extrêmement stéréotypé, généralement réduit à peu de traits avec présence de représentations graphiques d'immaturité (niveau mental de 4 à 5 ans) ; arbre dénudé, desséché avec un haut sommet ; structure et contours de l'arbre ébranlés ; absence de perspective ; dessin pauvre.

Les travaux de Fernandez sur le DA ont permis également d'identifier des tracés concernant les troubles anxio-dépressifs (tableau I).

<u>Tableau I</u> : principaux tracés d'anxiété et de dépression au dessin de l'arbre

	Anxiété	Dépression
Racines (R)	absence de R et de ligne de fond ; R à la bordure de la feuille comme support de l'arbre servant de S ou non ; rectifications mal faites et dans les R ; noircissement des R (R ombrées) ; R minces, entrant en contact très fin avec le S	- R à la bordure de la feuille comme support de l'arbre servant de sol ou non ; R mortes
Sol (S)	- S fait de quantité de petits traits ; S en zigzag	S descendant, ligne de S descendante + Pp bas - S oblique descendant, sol en pente descendante - traits acérés dans le S
Tronc (Tr) Base du tronc (bTr)	bTr rétréci à la base ; tous types de noircissements du Tr (intérieur du Tr (écorce) ou bords du Tr) ; cicatrice en Tr, entame, cicatrice à la bTr, bourrelets, boursouflures, bosses sur le Tr ; traits légers, morcelés, interrompus, rectifiés en Tr ; Tr un trait (de formes anguleuses) ; Tr fermé par un trait ; Tr nettement plus grand que le F ; Tr rétréci à la base ; Tr à diverses inclinaisons, mais sans variations de Pp ; Tr, arbre mort,	Tr à traits discontinus, fragiles, légers ; Tr, arbre mort ; symétrie angulaire en Tr, opposition des Br dans la Fr ou de part et d'autre du Tr, système de lignes qui s'opposent à droite et à gauche de la Fr, Br en opposition parallèles ; Tr deux traits et Br un trait ; Tr suspendu au-dessus du S ; Tr séparé du S par un trait ; Tr descendant ; traits acérés dans le Tr ; yeux sur le Tr à droite ; noircissement en petits détails en Tr ; traits légers dans le Tr
Branches (Br)	coordination des Br dysharmonieuses ; formes contournées des Br ; Br mortes (ou cassées) ; suraccentuation des Br à droite ; extrémité des Br enveloppée de boules en forme de nuage ; Br et Tr à traits brisés ; Br horizontales	Br tombant à terre ou tombées ; tombantes, descendantes courbées, plongée descendante des Br sur l'horizontale ; yeux sur une Br à droite ; Br courtes raccourcies, mornes, tristes, exposées au vent
Feuillage (F), Frondaison (Fr) Couronne (C)	gribouillage autour des Br, C en gribouillis, Fr en gribouillis, aux lignes confuses, embrouillées ; Fr fermée, en boule (sans relief) : contour de la C tremblé ; F débordant à gauche (touchant le bord gauche du papier) ; nombreux petits traits ou traits qui s'entrechoquent dans la Fr ; tous types de noircissement du F (intérieur du F ou bords du F) ; Fr fermée, en boule (sans relief) ; F débordant à droite ; symétrie rectiligne ou angulaire en F	absence de Fr ; F lourd, tombant, tombé, retombant à la façon d'un sac, en grande partie obscurcie ; F radiolé et tombant, C radiolée ; C ombrées, hachurées, noircies ; symétrie angulaire en F ; C large (3-4) et aplatie ; noircissement lasso ou détails de la C ; membrane qui recouvre la Fr ; F vers la gauche, retombant à gauche (cime du Tr + Br vers la gauche) ; petits bouquets sans ronds
Position dans la page (Pp)	Pp centre, arbre au centre ; Pp centre gauche	Pp haut ; Pp bas ; Pp gauche pure
Autres		saule-pleureur ; arbre petit Br sans feuilles à traits uniques ; arbre vu d'en haut ; arbre-maison ; paysage ébauché ou complexe ; pieu servant de tuteur à l'arbre

Ces tracés sont des indicateurs utiles permettant au psychologue d'avoir accès au vécu psychique des personnes âgées souffrant d'anxiété et de dépression (De Haro et al., 2013).

	SAT (Bellak et Abrams, 2000)	**Dessin de l'arbre (DA)**
Public	Personnes âgées	Enfants, adolescents, adultes, personnes âgées
Indications	Exploration des facteurs dynamiques de la personnalité du sujet (comment le sujet ressent son entourage et se situe par rapport à celui-ci)	
Points forts	Ils permettent : - de mettre en relation sa propre réalité interne avec la réalité externe présente sur les différentes images ambiguës par le biais de projection et d'identification (pour le SAT). - de repérer le fonctionnement psychique ainsi que les conduites défensives de la personne âgée (à travers l'évaluation des réponses pour le SAT et la cotation des tracés pour le DA). - de recueillir des informations sur les compétences, les ressources et la personnalité du sujet âgé. - de savoir par exemple si le sujet âgé présente des états pathologiques (dépression, anxiété, risques suicidaires, etc.) et de comprendre le sens de ces états en fonction du contexte dans lequel ils se manifestent. - d'aborder verbalement une expérience émotionnelle actuelle souvent retenue ou déniée.	
Matériel	16 planches mettant en scène des personnages (plus ou moins marquée par le temps) qui reflètent les situations et les problématiques auxquelles les personnes âgées sont confrontées dans la vie quotidienne. Les planches prennent en compte l'environnement du sujet âgé à travers des thèmes de : solitude, maladie, sentiment d'inutilité, perte d'estime de soi, relations avec les petits-enfants, d'interactions avec les pairs.	Une feuille de papier blanc de format A4. Stylos ou feutres de couleur peuvent être utilisés. La feuille est présentée au sujet de champ (portrait). Mais on ne fait aucune remarque si celui-ci la tourne dans le sens de la largeur (paysage).
Consigne	Le sujet est invité à raconter une histoire à partir des planches.	*« Dessinez un arbre, n'importe lequel, comme vous voulez, mais pas un sapin ».*

<u>Tableau II</u> : présentation du SAT et du dessin de l'arbre

4. Cas clinique 1

Éléments d'anamnèse

Madame Z., 99 ans est veuve. Elle était institutrice dans le primaire. Elle a rencontré son mari (lui-même enseignant) lors d'une fête et ils se sont mariés un an après. Elle a toujours entretenu de bonnes relations avec son mari. Le couple s'entendait bien y compris dans les moments difficiles de leur vie. Ils ont eu deux filles toutes deux décédées, l'une d'un cancer du sein et l'autre à la suite d'un suicide.

La mère était directrice d'école et « *très dure au point de vue éducatif* ». Le père était très gentil avec elle. Il était « *plus humain* » que sa mère. Ils allaient se promener tous les deux tous les dimanches matins pour prendre un peu l'air.

Fille unique, elle a beaucoup souffert de la solitude. C'est pour cette raison qu'elle a souhaité avoir des enfants.

Avant d'arriver en unités de soins protégés, elle habitait dans un petit appartement et bénéficiait d'aides à domicile. Après une chute à son domicile et une hospitalisation, le retour à domicile était devenu impossible.

Madame Z. a toujours aimé voyager et se passionne pour les activités musicales (piano, chant). Pendant de nombreuses années, elle a suivi des cours de chant à l'École Normale. Elle apprécie aussi le dessin.

La MA (stade modéré) est diagnostiquée suite à un scanner cérébral en 2010 qui a également révélé une atrophie temporale majeure.

Madame Z. est valide, marche avec une canne, mais ne déambule pas durant la journée. Elle a besoin d'assistance pour accomplir de nombreuses tâches quotidiennes (toilette, habillage, parfois la prise des repas, etc.). Elle passe de longs moments seule dans sa chambre et communique peu avec les résidents et le personnel soignant, car elle a besoin de bouger, de se sentir utile et écoutée et aussi de s'occuper.

Elle présente :
- *un déclin accru de ses facultés cognitives et fonctionnelles* (troubles attentionnels et sensoriels notamment) ;
- *des déficits mnésiques* (pertes de mémoire) ;
- *des difficultés d'adaptation* (communique très peu avec les autres résidants ou le personnel soignant) ;
- *des troubles émotionnels* (dépression, anxiété) ;
- *des troubles du sommeil* (insomnies chroniques traitées par Zoldipem [Stilnox], un comprimé pelliculé et sécable de 10 milligrammes au coucher).

Elle est également traitée pour :
- *des troubles nutritionnels* entraînant une carence vitaminique - vitamine D avec du Zimad, 2 ml le matin en solution buvable) ;
- une constipation (avec du Forlax, poudre pour solution buvable, un sachet-dose de 10 grammes le matin) ;
- *des douleurs lombaires et dorsales* (par Doliprane 500 mg, de deux à six gélules par jour selon ses besoins).

Il est important de noter que madame Z a été suivie par un psychiatre pour dépression durant dix ans, suite aux décès successifs de ces deux filles.

Les entretiens

La MA étant à un stade modéré, de fait, madame Z. n'est pas en mesure de faire une demande de suivi psychologique. La demande se manifeste de manière implicite sous la forme d'un isolement et d'un comportement agressif.

Lors du premier entretien, madame Z. exprime un sentiment de solitude et d'abandon lié à son institutionnalisation en unité de vie protégée : « *je pensais pas me retrouver ici un jour, je me sens si seule [...] je ne savais pas qu'on pouvait avoir un psychologue, ça peut faire du bien* ».

Les rencontres avec la psychologue se sont échelonnées sur huit semaines. La première entrevue a permis de recueillir des informations sur l'histoire de vie et sur les loisirs de madame Z. Les rencontres suivantes ont permis de travailler avec des outils de médiations (photolangage, ateliers sensoriels [autour de l'odorat et du toucher], atelier d'art-thérapie) qui ont mis en évidence un certain nombre de difficultés et de besoins que madame Z. n'exprimait pas par la parole (les décès successifs de ses filles, sa relation de couple, les relations qu'elle avait avec ses parents, etc.). Un bilan psychologique a également été effectué. La restitution à la personne âgée a permis de recueillir le ressenti de la patiente.

Les entretiens réalisés ont permis de mettre en évidence des difficultés rencontrées au niveau de :

- *l'acceptation de la dépendance et de la maladie d'Alzheimer :* madame Z. a toujours été une femme active, avec un fort tempérament et décisionnaire dans sa vie quotidienne. L'annonce de la maladie a changé la perception de soi et des autres : « *je ne suis plus la même depuis. On ne me regarde plus de la même manière. On me parle comme si j'étais un enfant* ». Elle s'est tout de suite sentie prise dans un engrenage cognitif où les déficiences ont été très rapidement présentes, ce qui ne lui a pas laissé le temps d'accepter la maladie.

- *l'acceptation de l'institutionnalisation et de son entrée en unité de vie protégée :* Madame Z. vit son institutionnalisation comme une perte de sa liberté : « *ici, nous sommes en prison. On nous prive de nos biens, de notre maison, de notre espace. On n'est pas chez nous. On est enfermé avec des gens qu'on ne connaît pas* ». Elle pense qu'elle a été piégée, que son entourage ne l'a pas assez préparé à cette entrée.

- *la prise en charge et du manque d'informations :* Les premiers jours au sein de l'unité de soins protégée ont été difficiles. Madame Z. se sentait oppressée et souhaitait quitter l'institution. Elle était agressive envers elle-même (elle se griffait, se cognait la tête). Elle déambulait, éteignait les lumières des chambres et des couloirs. Elle refusait tout acte de soins et repoussait tout geste affectueux. La prise en charge a été compliquée au moment de son institutionnalisation et madame Z. se plaignait d'un manque d'informations de la part de la résidence : « *je ne comprends pas pourquoi la direction n'est toujours pas venue se présenter à moi. C'est quand même fou de payer un endroit et de ne pas rencontrer la personne qui tient la maison. On ne me dit rien, on me laisse là, seule. On a peur de moi ? »*. Elle s'est cependant sentie rassurée de la présence des infirmiers et des cadres de santé au bout de deux semaines, une fois que la direction a préparé un goûter à son honneur.

Les besoins de la personne âgée au niveau de/d' :
-       *de la préservation au maximum de son autonomie :* madame Z. revendique son autonomie avec une présence ponctuelle en cas de chute *: « je voudrais faire ce que je veux, quand j'en ai envie. Je sais que c'est plus difficile qu'avant, mais les dames en blanche sont là pour m'aider, pas pour faire à ma place »*. Permettre à madame Z. de reprendre possession d'elle-même, de sa dimension psychique, émotionnelle, et affective lui assure une valorisation d'elle-même et une diminution de ses troubles anxieux et dépressifs. Il s'agit de restaurer son identité, ses assises intérieures, et son sentiment de sécurité de base.
-       *de créer du lien social au sein de l'unité de vie protégée :* « *les personnes qui dorment là, ce sont des fous, des dingues. Je suis différente, enfin je me sens différente. Vous trouvez pas ? Je veux pas dire que je me sens supérieure, mais j'arriverai pas à parler avec eux. Ils crachent, se plaignent, ne savent plus manger. Je préfère être seule dans ma chambre. Mais c'est plus une vie. »*. Grâce aux activités groupales (ateliers mémoire notamment), madame Z. a réussi à entamer des relations sociales avec les résidents de l'unité. Elle reste néanmoins réservée et discrète.
-       *d'avoir une fin de vie sereine et d'être pleinement écoutée.*
« Je veux qu'on soit prêt de moi. J'ai pas toujours été très gentille dans ma vie et aujourd'hui j'en paye les conséquences. Je me sens tellement seule, abandonnée de tous. J'aimerai une oreille attentive, une présence seulement. Pas besoin de parler, ni de se regarder, juste être là ensemble jusqu'à la fin ».

La rencontre avec la psychologue permet à madame Z. d'exprimer ce qu'elle ressent face aux conséquences de l'institutionnalisation et de l'entrée en unité de vie protégée. Elle verbalise également les difficultés qu'elle rencontre face à la dépendance physique et psychique des autres résidents, qui la ramènent à sa propre dépendance.

Dans ce contexte, un bilan psychologique est réalisé comprenant :
    - *un entretien clinique semi-directif* qui se centre sur l'histoire de vie, le vécu de l'institutionnalisation et sur les difficultés d'adaptation ;
    - *un test d'évaluation des fonctions cognitives et de la capacité mnésique* (MMS, Folstein, 1975) ;
    - *une échelle d'anxiété et de dépression* (HAD, Zigmund et Snaith, 1983) ;
    - *une épreuve projective le test du test des sept histoires* (SHiPA, Bouisson, 2006) validée et utilisée pour repérer les ressources et les stratégies adaptatives de la personne âgée pour faire face aux situations de rupture et de changement dans

son environnement quotidien. Le SHiPA permet également d'étudier la vulnérabilité perçue chez la personne âgée.

- *le dessin de l'arbre* (Fernandez, 2014 ; Fernandez et al., 2010 ; Fernandez et al., 2013) permettant de situer le sujet dans sa globalité, son vécu, ses conflits, ses traumas, ses capacités de stabilité et d'enracinement et ses aspirations. Il est utilisé pour révéler certaines caractéristiques psychologiques, des événements susceptibles d'avoir marqué le sujet. Le dessin de l'arbre donne à la personne âgée un espace psychique extrêmement riche, dans une quête de représentation qui passera progressivement du dessin (image) au mot (vécu). Il s'agit d'un moyen de communication investi par la personne âgée qui en fait un outil de transfert.

Le test d'évaluation des fonctions cognitives (MMSE)

Madame Z. répond aux consignes de manière très scolaire, presque automatisée (surtout concernant l'apprentissage et le calcul mental). En fonction de son âge et de son niveau socioculturel, l'évaluation globale cognitive met en évidence un score qui la situe dans une démence modérée (score total =23 sur 30). Le déficit cognitif est centré principalement sur l'orientation spatio-temporelle et les praxies constructives, sans trouble de l'écriture.

Orientation temporelle	Orientation spatiale	Apprentissage	Attention et calcul	Rappel	Langage	Praxies constructives
3/5	2/5	3/3	5/5	3/3	7/8	0/1

L'échelle d'anxiété et de dépression (HAD)

Le score total de madame Z. est de 23 sur 42. Les scores totaux par variables sont les suivants : anxiété : 12 sur 21 et dépression 11 sur 21. Elle présente une symptomatologie anxio-dépressive entretenue par :

- les soucis de la vie quotidienne, notamment la mésentente familiale ;

- la prise de conscience des troubles cognitifs au quotidien, et la perte de mémoire (« *j'ai envie de vivre longtemps, mais je me rends compte que je dégringole au point de vue esprit* »).

	Score Total	Score Anxiété	Score Dépression
Madame Z	23 (sur 42)	12 (sur 21)	11 (sur 21)

Le SHiPA

Le SHiPA (sept histoires pour personnes âgées) est une technique projective validée, qui a été conçue pour compléter les épreuves projectives traditionnelles ou pour les relayer là où elles n'étaient plus possibles, notamment chez les sujets les plus âgés et les plus fatigables. Ce test est composé de sept courtes histoires, dont il n'est proposé que le début et que les sujets doivent terminer comme ils le souhaitent. La passation du SHiPA ne réclame qu'une quinzaine de minutes en moyenne (elle excède rarement les 20 minutes). Il est construit autour de thèmes courants de la vie quotidienne (l'isolement, la dépendance, la chute, les conflits intergénérationnels, la nostalgie du passé...).

<u>Histoires 1 à 4 : le sentiment de contrôle (C4)</u>
Le sentiment de contrôle correspond à la perception qu'un sujet peut avoir d'être toujours acteur de sa vie et de ses choix, même sur un nombre limité de tâches ou, au contraire, d'être dépendant d'autrui jusque dans les moindres événements de sa vie quotidienne. Il a été montré qu'entre l'âge adulte et celui de la vieillesse, le sentiment de contrôle tend à passer peu à peu de l'interne vers l'externe, et qu'au sein des institutions notamment, il existe un lien entre une atténuation des symptômes de la dépression et le fait de se sentir responsable de petites tâches dans la vie de tous les jours. Cette dimension, au niveau du SHiPA, est liée de façon significative à l'anxiété et à la dépression (Bouisson, 2003).

Madame Z. est toujours celle qui décide et qui fait dans les histoires. Elle ne reste pas passive devant les situations à problème et ne se laisse pas déstabiliser. Elle contrôle la situation et met de la distance dans l'histoire et ne s'y identifie pas. Elle trouve un compromis à la peur et l'angoisse : le repos. Madame Z. contrôle la situation en mettant en avant le lien familial. Elle décide clairement dans les histoires, elle prend position et a un objectif précis : « *agrandir leur maison pour recevoir leurs enfants et leurs petits-enfants* », « *elle va aller chercher sa petite-fille* », « *ils n'iront pas en maison de retraite* ».
Elle contrôle souvent la situation de manière interne. Elle aborde le sujet du vieillissement et de la solitude comme pouvant être une difficulté : « *avec l'âge, on a de plus en plus de difficultés tout seul* ». Selon elle, la solitude est la résultante de la vieillesse.
Dans l'ensemble, on peut constater que madame Z. a un niveau de sentiment de contrôle qui révèle une autonomie certaine et un intérêt vif pour autrui.

<u>Histoires 1 à 7 (D3, D2, D1) : la distance à l'histoire</u>

La distance à l'histoire consiste à savoir si un sujet âgé peut « garder le contrôle » de l'histoire, s'il conserve une capacité à se décentrer et à analyser la situation de façon objective ou s'il montre des difficultés à rester à distance, « indépendant du champ ». Ce facteur est un indicateur possible de vulnérabilité psychologique. En effet, une distance à l'histoire diminuée, qui est surtout le fait des femmes les plus âgées, serait le signe d'un fonctionnement cognitif altéré et serait également liée avec un niveau d'anxiété élevé.

Lorsque madame Z. s'engage dans chaque histoire, elle donne son point de vue et son opinion et est très attentive à employer les mots qu'elle souhaite. Sinon, elle arrive à se distancer de l'histoire même si quelquefois elle s'y identifie et fait référence à son vécu personnel, notamment en abordant le sujet des enfants. Elle ne s'identifie pas dans les histoires et met une certaine distance même si elle évoque la dépendance et la baisse des facultés chez les personnes âgées : « *ils se sentent diminués, mais peuvent rester chez eux* ».

Elle verbalise à plusieurs reprises le fait que chacun doit rester à sa place dans l'ordre générationnel : « *ce n'est pas aux enfants de prendre cette décision* », « *ça n'a rien d'étonnant parce qu'on voudrait toujours que les enfants soient avec nous et nos idées* ».

Madame Z. ne fait aucune référence aux figures d'attachement de son enfance et aux souvenirs, ni à son statut professionnel. Elle évoque les changements dans la vie : « *la vie est assez changeante et différente de ce que l'on attend d'elle* ». Quand madame Z. s'implique dans une histoire, elle garde néanmoins une certaine distance.

Histoires 5 à 7 (D1, D3) : la relation à autrui

Madame Z. apprécie l'intérêt pour autrui. Le sujet âgé est-il toujours dans la recherche de l'autre ou marque-t-il, au contraire, un retrait, avec une fuite d'autrui ? La prise en compte du rapport à autrui, chez le sujet âgé et particulièrement chez le sujet très âgé, est susceptible d'apporter de nombreuses informations sur son être au monde, sur la qualité de ses figures d'attachement et sur le soutien qu'elles peuvent lui apporter. Le grand âge, tout particulièrement, constitue une plus grande difficulté dans le rapport à l'autre. Insensiblement, le sujet âgé a tendance à « lâcher prise », à perdre ainsi de ses compétences sociales et à redouter un monde ressenti comme d'autant plus hostile que ses moyens pour y faire face s'étiolent par défaut d'exercice. Un score élevé pour ce facteur reflète l'autonomie, l'ouverture, un intérêt toujours vif pour la famille, l'environnement, les amis. Il s'agit surtout de sujets ne présentant pas de déficits cognitifs.

Encore une fois, c'est clairement elle qui fait et qui décide. La personnalité autoritaire et rigide, mais aussi pédagogique, ressort dans la relation à autrui. En effet, elle est décisionnaire et gère les situations en autonomie, et nous nous apercevons que la plupart du temps, c'est elle qui est actrice de ses choix, de ses prises de décision et de ses opinions. Madame Z. semble encore capable de donner un sens à sa vie malgré les difficultés qu'elle rencontre et qu'elle a rencontrées dans son parcours de vie. En effet, elle a l'impression d'être forte si elle est décisionnaire dans sa vie, c'est un moyen pour elle de se protéger des situations difficiles.

Elle conserve encore une ouverture d'esprit et une affirmation de soi. Son rapport à l'autre est bien présent. De manière générale, au travers des résultats du SHiPA et des données recueillies, madame Z. semble avoir une bonne sociabilité. Elle semble capable de mettre en place des moyens de défenses adaptatives et a des ressources nécessaires face aux difficultés.

Histoire Dimension	Contrôle C	Relation à autrui A	Distance à l'histoire D
1	4		3
2	4		3
3	4		3
4	4		1
5		1	2
6		1	2
7		3	3
TOTAL	16/16	5/9	17/21

Le dessin de l'arbre

Nous avons proposé à madame Z. le dessin de l'arbre avec la consigne suivante : « *Dessinez un arbre qui ne soit pas un sapin* ».

Son arbre est situé dans la moitié supérieure gauche de la feuille dans la zone des nostalgies, du passé, ce qui dénote chez elle un fort attachement au passé et des difficultés pour s'en détacher à cause d'une passivité qui a tendance à la freiner.

Avec le dessin du platane, madame Z. indique qu'elle est une personne robuste, forte moralement et physiquement, ayant la maîtrise de soi. La sagesse et l'hospitalité sont les traits qui caractérisent la personnalité de madame Z. Elle aime garder les pieds sur terre malgré une immaturité, une puérilité et une régression, qui sont révélées par le dessin d'un jeune arbre. Son arbre ressemble « *à quelqu'un qui souffle ses bougies d'anniversaire* ». Encore une fois, madame Z. est tournée vers le passé, sûrement au moment de l'anniversaire d'une de ses filles, en famille, durant un moment heureux et paisible. Cela indique une façon de revendiquer un souhait intime et profond et la difficulté de se dégager de ses souvenirs. Elle dit être une personne active, très courageuse dans l'effort et qui ne tombe pas malade. Il s'agit là de ce qu'elle souhaiterait être, car son dessin d'arbre indique qu'elle est plutôt passive.

Son arbre est vivant, mais « *toutes les feuilles qui tombent sont mortes* » révèlent à la fois une dépression certaine, un manque de concentration, une attention faible nuancée par une certaine sensibilité et délicatesse. La croissance difficile de son arbre ainsi que « *le tronc abîmé par beaucoup de personnes* » sont le reflet de madame Z. En effet, elle a perdu ses deux filles, l'une d'un cancer, la seconde d'un suicide. Elle intériorise beaucoup ses émotions et n'évoque jamais ses souffrances liées à des événements douloureux, à part dans la médiation du photolangage ou du dessin. Madame Z. a subi plusieurs traumatismes au cours de sa vie. Ces événements douloureux sont complètement inhibés par madame Z.

Les principaux éléments d'analyse au dessin de l'arbre concernent :

La sphère affective

Madame Z est une personne très sensible qui présente des difficultés pour gérer ses émotions, ses sensations et extérioriser ses sentiments. Elle est très inhibée, introvertie et timide. Elle manque de confiance en elle et éprouve un sentiment d'insécurité, d'infériorité et d'insuffisance. Les sentiments exprimés sont souvent le reflet d'une immaturité et d'une puérilité affective.
Elle reste sur la défensive de façon tendue et crispée. Cette méfiance affective est en lien avec la dépendance de son lieu de vie. Malgré un effort pour conserver une stabilité, son équilibre reste fragile, elle est souvent nerveuse, anxieuse, voire dépressive, et manifeste quelquefois, de l'agressivité, calmée par le soutien et les appuis dont elle bénéficie au sein de l'unité de soins protégée.

La sphère intellectuelle

Madame Z. a du mal à mettre en pratique ses capacités de réflexion, d'intellectualisation et d'organisation. En effet, elle présente des difficultés pour rassembler ses idées objectivement. Ce léger retard malgré une mise en évidence de ses capacités cognitives peut s'expliquer par la MA. De plus, madame Z. manque de sens constructif et a tendance à schématiser. Elle met également en doute son intelligence et est peu assurée de sa propre valeur. Elle se laisse aller à la rêverie et à l'imagination, sorte de compromis pour éviter les conflits et les idées préoccupantes. Madame Z. était institutrice, elle évoque souvent ses souvenirs de classe avec les enfants. Il est très difficile pour elle, aujourd'hui, d'accepter ce déclin cognitif et la perte mnésique.
Il ressort également une désadaptation et une adaptation difficile malgré des intérêts divers pour la culture, l'art, la création, la musique et la poésie.

La sphère sociale

Deux tendances contradictoires sont présentes chez madame Z. :

- *une tendance à l'isolement et au repli sur soi* (elle s'isole fréquemment dans sa chambre au cours de la journée) qui la prive de possibilités d'échanges et de communication. Elle a l'impression d'être séparée du monde et privée de contacts, de manquer de liberté d'action.
- *une tendance à vouloir être remarquée*, à affirmer sa personnalité et à entretenir des relations avec l'environnement et les autres résidents malgré les déceptions ressenties du côté de la sphère sociale.

Diagnostic

Pour madame Z., le diagnostic de MA est posé (stade modéré). Madame Z. présente également une symptomatologie anxieuse et dépressive certaine, mais conserve son autonomie et l'intérêt pour autrui. Cette symptomatologie semble réactionnelle à l'institutionnalisation, mais surtout aux conséquences de ce placement : la rupture de sa vie de femme indépendante, le départ de son domicile et le développement de ses troubles cognitifs. Un certain nombre de signes cliniques attestent de cette symptomatologie (tristesse, anxiété, dévalorisation, pessimisme quant à son futur, etc.).

La problématique de madame Z. concerne la non-acceptation de l'institutionnalisation et les difficultés d'intégration au sein de l'unité de vie protégée. Elle craint également de ne plus pouvoir se reconnaître et de perdre le contrôle d'elle-même. Les consultations psychologiques lui ont permis de prendre conscience petit à petit de ses troubles cognitifs et de son ralentissement psychique. L'enjeu, pour elle, étant d'arriver à concilier la maladie tout en conservant son caractère et sa personnalité.

Pour conclure

Le travail entrepris avec madame Z. l'amène à s'interroger sur le lien éventuel entre la symptomatologie anxieuse et dépressive et la MA au moment de son institutionnalisation en unité de vie protégée. En encadrant madame Z. par des consultations psychologiques successives et personnalisées, elle a pu ressentir les aspects bénéfiques de cette prise en charge.

La création et le maintien du lien avec la psychologue la renvoient directement à l'intérêt qu'elle portait envers autrui avant son institutionnalisation. Par l'utilisation de médiations thérapeutiques ainsi que de différents tests utilisés lors des consultations psychologiques, madame Z. se confronte directement à son autonomie et à ses pertes. Mais les rencontres avec la psychologue la rassurent et lui offrent la possibilité de se rendre compte de ses ressources encore disponibles (ouverture d'esprit, affirmation de soi) et de les préserver. Le cadre contenant offerts par des repères spatio-temporels et une architecture protectrice et sécuritaire (l'unité de vie protégée) lui permet de pallier à ses faiblesses et de s'adapter en cherchant à la fois une prise de contact et un soutien relationnel. Elle peut ainsi mettre en place des moyens de défense adaptés et faire appel à ces ressources afin de faire face aux difficultés.

L'entrée en institution, pour la personne âgée, symbolise la rupture avec un mode de vie antérieur. Toute organisation de vie est bousculée (nouveau lieu de vie, prise de repas collectifs ; confrontation avec d'autres personnes âgées déficitaires ; administration de médicaments, etc.). Ces changements sont source d'anxiété et de dépression. Pour ces raisons, les équipes rassemblées autour des personnes âgées doivent apporter une écoute attentive et empathique à l'expression du résident et de son entourage afin de l'aider à verbaliser le deuil de cette vie d'avant, mais aussi cette succession de pertes dont il va devoir réaliser liée au ralentissement physique et cognitif.

Il est également nécessaire de stimuler la personne âgée pour lui permettre de maintenir dans la mesure du possible son autonomie. Elle devient ainsi co-actrice de son adaptation et de sa socialisation.

Cas clinique 1 : SHiPA de madame Z., 99 ans

1. En voulant changer une ampoule chez elle, où elle vit seule, madame M., 77 ans, est tombée du tabouret où elle était montée. Elle ne peut plus se relever, ni même appeler parce que ça s'est passé dans sa cave. Il est midi et sa belle-fille ne doit venir la voir que dans la soirée. Que peut faire madame M. en attendant ?

« Se reposer. Comme elle ne peut rien faire d'autre, autant qu'elle dorme. Elle sera reposée physiquement. » **(C=4) (D=3)**

2. Madame et monsieur C. viennent de fêter leurs 50 ans de mariage, entourés de toute leur famille. Ils ne se sont jamais quittés. Les enfants de madame et monsieur C. sont pourtant très inquiets, parce qu'ils trouvent que leur mère « perd la tête ». Ils voudraient la mettre en maison de retraite. Monsieur C. n'est pas d'accord. Il pense que ça ne les regarde pas. Que va-t-il se passer ?

« Ils n'iront pas en maison de retraite. Ce n'est pas aux enfants de prendre cette décision. Ils se sentent diminués, mais peuvent rester chez eux ». **(C=4) (D=3)**

3. Monsieur et madame B. ont 80 ans tous les deux. Ils viennent de recevoir une forte somme d'argent. Ils avaient une petite retraite et, là, ils peuvent imaginer de faire absolu - ment tout ce qu'ils veulent : voyager, s'acheter une nouvelle voiture, agrandir leur maison. Que vont-ils décider ?

« Agrandir leur maison pour recevoir leurs enfants et leurs petits enfants ». **(C=4) (D=3)**

4. Alors qu'elle se prépare, comme tous les vendredis, à partir au cimetière pour changer les fleurs sur la tombe de son mari, madame A. reçoit un coup de fil de son fils. Il n'a pas le temps d'aller prendre sa fille à l'école et il souhaiterait que madame A. aille la chercher tout de suite. Madame A. adore sa petite-fille, mais elle aimerait bien avoir aussi un peu plus de tranquillité.

« Elle va aller chercher sa petite fille. Moi j'aime beaucoup les tout petits. Ça me donne une supériorité et j'aime leur apprendre des choses qu'ils ne savent pas ». **(C=4) (D=1)**

5. Mademoiselle K. a 83 ans. Elle est célibataire. Elle n'aime pas les fêtes de famille et encore moins les fêtes de son club senior. Ce qu'elle préfère, c'est rester seule chez elle à regarder ses photos de classe, du temps où elle était institutrice, ou les photos de ses parents. Elle se rappelle son père, sa mère, tous les bons moments de son passé.

« Elle a raison parce que la vie est assez changeante et différente de ce que l'on attend d'elle. Mais avec l'âge, on a de plus en plus de difficultés tout seuls ». **(A=1) (D=2)**

6. Monsieur H. n'a plus de famille et tous ses proches sont morts. Lui est en bonne santé, pour 86 ans, mais il s'ennuie. Il n'aime pas sortir parce qu'il trouve que le monde d'aujourd'hui « est pourri » et que « les jeunes ont totalement perdu le respect des anciens ». Tout a trop changé, selon lui.

« C'est exact parce qu'en prenant de l'âge on se rend compte de ces différences de générations. On était beaucoup plus sévères avec les enfants et même avec les voisins ou la famille ». **(A=1) (D=2)**

7. Madame K. a 81 ans et monsieur D. a 78 ans. Tous les deux sont veufs. Ils se connaissent depuis deux ans et se rencontrent en cachette. Ils souhaiteraient bien se marier, mais ne savent pas comment le dire à leurs enfants.

« Ça n'a pas rien d'étonnant parce qu'on voudrait toujours que les enfants soient avec nous et nos idées. Les enfants ne seront pas forcément d'accord dans cette décision. Mais ceux qui veulent se marier ont raison, ils seront plus tout seuls à affronter leurs difficultés ». **(A=3) (D= 3)**

**Dessin de l'arbre de madame Z., 99 ans
(il est dessiné au feutre rouge)**

Cas clinique 2

Éléments d'anamnèse

Madame T., 82 ans, est veuve. Elle est de taille moyenne, mince, féminine et coquette « *je ne fais pas mon âge, car je fais de la gym* ». Elle est habillée avec beaucoup de goût et d'élégance. Elle s'est mariée à 24 ans et n'a jamais travaillé. Son mari avait une très bonne situation. Ils ont eu trois enfants : deux garçons et une fille.

L'évolution de la MA est progressive. Madame T. présente des troubles du langage oral qui sont dominés par le manque de mots qui affecte généralement l'expression spontanée, les tâches de fluidité verbale et de dénomination. Elle a aussi des troubles de la mémoire et quelques difficultés de concentration. Elle ne présente pas de troubles végétatifs et fonctionnels ni de troubles praxiques.

Madame T continue à vivre seule dans sa villa située à proximité d'un de ses enfants. Une aide-ménagère vient chez elle deux fois par semaine. Elle semble bien entourée par ses enfants qui prennent en charge les papiers administratifs, l'argent et le traitement médical. Cependant, elle se plaint beaucoup de la solitude.

Elle vient en centre de jours trois journées par semaine. C'est dans ce cadre que nous la rencontrons. Elle y vient « *pour s'occuper* (entraînement de la mémoire) *et ne pas rester seule* ».

Elle conserve également une activité gymnastique deux fois par semaine. Elle fait du jardinage, de la couture et des promenades. Elle ne conduit plus.

2.2. Le SAT

Suite à la passation des différentes planches, madame T. a construit des histoires proches des thèmes évoqués par celles-ci (tableau 2). Elle rentre directement dans les histoires le plus souvent avec des interjections qui soulignent son anxiété. Mais le travail d'élaboration des histoires est laborieux. Les histoires ne sont pas toujours terminées (pl 11,15) ou se finissent abruptement (« *voilà et voilà* » : pl 2, 3, 10, 11, 14), car la production de l'histoire est difficile du fait des troubles de mémoire. L'accrochage au contenu manifeste des planches (énumérations des objets par exemple, pl 10,11 ; centration sur le chat, pl 11 ou descriptions physiques des personnages : pl 1, coupe de cheveux) a pour fonction d'évacuer l'anxiété ou toute émotion suscitées par le contenu de la planche.

Les pertes cognitives se manifestent par des troubles de la syntaxe, des associations par consonance ou contiguïté, des coq-à-l'âne et le flou phraséologique du discours. On note des difficultés à trouver des mots ; des oublis de mots ou trous de mémoire ; des hésitations ; des imprécisions et des blocages cognitifs et langagiers.

Le nombre important de précautions verbales (« *peut-être* ») qu'elle utilise montre sa prudence. L'attachement aux détails indique un souci de bien faire, mais est aussi le signe d'une insuffisance des capacités de synthèse.

Elle essaie de garder le contrôle de sa pensée en restant sur un discours descriptif proche du contenu manifeste des planches et lié au concret. Les commentaires soulignent son souci du quotidien et du concret autobiographique qui semble être ses seules références et sources de réassurance. Elle préfère parler de ce qu'elle connaît (son expérience passée), de ce qui la fait exister aujourd'hui et qui la réconforte comme aux planches 6, 13, 16, où il y a un changement brusque de direction dans le cours de l'histoire et la production de fantaisies personnelles et d'auto-identification (pl 3, 6, 10 par exemple).

Les conflits qui pourraient être source d'anxiété sont évités ou non résolus (pl 4,5, 10, 11, 14). Les personnages sont anonymes (pl 2, 3, 7, 9, 16), isolés (pl 4,5) et ne sont pas acteurs de conflits précis. Ils sont décrits de façon superficielle, pas toujours mis en scène (pl 2) et même laissés en suspens dans l'élaboration de l'histoire (pl 5, 10). Les relations ou les rapports entre les personnages ne sont jamais explicités (surtout aux planches où sont mis en scène un homme et une femme âgés — pl 4 ; des personnes jeunes et âgées : pl 9).

Au niveau du contenu des histoires, les différentes planches donnent la tonalité anxio-dépressive du fait de l'évocation : directe de l'anxiété et d'émotions négatives ; de regrets ; de pertes souvent déniées ou annulées et de situations dramatiques ; d'accidents, de blessures, de traumatismes et de maladies, mais incapacité à nommer la maladie.

Malgré la MA, madame T est tout à fait capable d'évoquer : des souvenirs heureux : (pl 9) ; des émotions positives (joie ; rires) ; des affects nuancés (pl 4 : « *affectueux* » ; pl 11 : « *agréable* ») ou des sentiments plus forts (pl 9 : « *amoureux* »). Elle fait aussi preuve d'imagination (pl 13 : « *j'en invente* » ; pl 12). Ces éléments viennent témoigner des ressources disponibles et encore mobilisables de madame T.

<u>Tableau III</u> : verbatim du SAT de madame T, 82 ans

Planches	Verbatim
1 1 min 91 mots	Je vois trois personnes, dont une âgée et une plus jeune, au milieu qui me fait l'effet d'être un petit garçon : c'est tout ce que je vois de spécial… Elles montrent certainement un mal qu'a le monsieur ou la dame parce que vu la coupe de cheveux je… c'est pas tellement clair ; mais je vois que ces deux personnes cherchent à la soulager celle-là… Une a les yeux un peu stressés, elle a pas un regard… celui-ci pareil et celle-là, ça doit être la grand-mère qui a un problème quelconque.
2 40 s 67 mots	Ah, là ! c'est un commerce, un commerce de… de… de… de… de… Allons voyons, là il doit y avoir les clients derrière et là il y a l'étalage de la charcuterie… Ils choisissent très certainement quelque chose dans le… kilo ou 30 francs le kilo ; ils ont les yeux, ils sont braqués là pour acheter quelque chose ici et peut-être même en haut. Voilà.
3 30 s 43 mots	Ah, ah, là ! on apprend à marcher au bébé (rires) ; j'en ai eu trois (rires), mais maintenant, Dieu merci ! ils ont dépassé l'âge, ils ont plus besoin de moi. Voilà, après qu'est-ce que vous voulez que je vous dise ?
4 1 min 5 s 95 mots	Ah ! ah… là, il y a la grand-mère et la petite fille qui téléphonent à son amoureux. Voilà, et là, oh non ! je dis son amoureux, son… père… C'est la mère du bébé ; je sais pas si c'est le père par exemple ; pour qu'il soit comme ça affectueux, euh… ça y ressemble, oui, ça y ressemble ; donc la mère téléphone à quelqu'un et là c'est la grand-mère. Elle surveille le bébé. Ah, la jeune maman, alors là c'est une colle, je ne sais pas (rires) je me demande comment répondre ?
5 1 min 10 s 97 mots	Oh ! là, c'est une réunion de famille, hein ; alors, là, y a certainement les belles-mères qui discutent entre elles, et puis y a la vieille paralysée qui est dans son fauteuil. Ces quatre personnes doivent être… comment dire ? Euh… un peu de la même famille, un beau-gen… un gendre ou un beau-frère ou comme ça sur ces personnes-là et là ça doit être le mari de la vieille. Elles discutent sur, euh… que les enfants s'entendent. Là, je pense que cette personne est très heureuse derrière cette fenêtre de voir le… paysage.
6 2 min 206 mots	Ah, ah, ah !… Ça, c'est un peu mon cas : la petite vieille qui (rires) téléphone. Et oui, et c'est que j'ai 82 ans alors vous comprenez que je ne me place plus dans les jeunes. Et bé, elle a pas l'air très heureuse de son coup de téléphone ou elle va téléphoner. On voit pas le… le téléphone est posé. Elle a du souci et… une histoire comme ça. Malade, étant malade de quelque chose… appeler le docteur ou… voilà, je pense que c'est ça. A cet âge-là, elle se… l'âge, l'âge. J'en ai un certain âge et je n'ai rien (rires). Je fais toujours de la gymnastique, alors vous savez, deux fois par semaine. J'ai mon prof de gymnastique et tout… alors mes copines me disent : « *mais toi, mais toi…* », mais toi, mais toi, venez en faire de la gymnastique (rires) ; il faut s'inscrire et voilà, c'est tout ce que je vois. Elle est triste cette personne quand même. Elle a quelque chose qui ne va pas. Elle voudrait téléphoner, mais elle sait peut-être, elle, mais elle sait pas peut-être faire les numéros. Elle est triste, c'est une personne qui n'est pas gaie.

7 1 min 20 s 119 mots	Déménageurs… Des gens qui déménagent. Alors… ceux qui sont derrière de la fenêtre ont l'air de regretter le départ de celle-là. Elle les regarde, vous voyez d'un air… Et celui-là aussi, ce monsieur qui est dans un fauteuil, là, fait l'effet d'avoir du regret à les voir partir. Avec des valises aussi importantes, c'est sans doute dans la montagne ou comme ça… pour avoir des choses chaudes et qui tiennent beaucoup plus de place que… Voilà… et là, je vois pas pourquoi y a ce titre « déménageurs ». Ah ! c'est peut être ces gens qui… on regarde ces gens partir pour regarder les déménageurs, ceux qui partent ; je ne sais pas… ce que je dis c'est peut-être…
8 1 min 35 s 159 mots	Ah là ! c'est là… c'est, c'est, voyons… la cuisinière qui renverse de la soupe ; et alors elle est contrariée et son… pas son client, mais… je sais pas comment dire là… je vois pas pourquoi ils ont mis ces paires de souliers là, près du pot-au-feu ; c'est pas indiqué… ou alors c'est la femme de ménage qui prépare le repas de ce monsieur. Elle renverse le plat de « je ne sais pas quoi » par exemple… un plat. Elle avait fait chauffer quelque chose. Parce qu'il est trop plein alors ça a glissé ; elle est embêtée, elle est pas arrivée jusqu'à la table parce qu'elle ne la plus pour servir le monsieur. Ben, il a pas l'air d'être content hein, il… il est un peu… comment dire, euh… contrarié ; il a une figure contrariée, de voir cette personne renverser son repas. Je sais pas, je dis ça, c'est peut-être… (rires).
9 45 s 77 mots	Ah ça ! c'est sur un banc du… « Jardin des plantes » parce que… ça, on le voit très souvent dans les jardins des personnes âgées assises qui lisent le journal. Et ceux-là qui se fréquentent, c'est les jeunes (rires). Voilà, c'est tout. Les personnes sur le banc n'ont pas de rapport avec les jeunes ; ils les regardent, mais c'est tout, y a pas… et voilà. Et ceux-là sont jeunes et ils sont amoureux (rires).
10 1 min 35 s 172 mots	Ah là !, c'est un malade ; c'est un malade avec tous les remèdes, la cuillère, les lunettes, ah, non, je mets les lunettes alors que c'est la cuillère ; je sais pas exactement, c'est une cuillère ; alors c'est le monsieur qui est malade, qui se chauffe puisqu'il a le chauffage qui marche. Ah, non, il a aéré son chauffage ; il avait trop chaud sans doute. Après, euh… il a sa couverture. Il ferait l'effet d'être dans une clinique ; il me semble que c'est froid comme ça avec les lits. À chaque fois que j'ai accouché, j'étais en clinique alors ça me rappelle ça (rires). Je touche du bois parce que les maladies importantes ou comme ça je ne les ai pas connues (rires) avec les deux frères ; enfin malheureusement, j'en ai un qui a été tué à la guerre, mais autrement… une histoire comme ça dans ma vie, je ne l'ai jamais eue, ni mes parents, ni mes beaux-parents rien… Alors je suis mauvaise (rires). Et voilà.
11 1 min 20 s 123 mots	Ah là ! … ça, c'est dans une station de ski quand même, sans doute puisqu'ils ont des… c'est pas des skis, c'est des… allons je ne me rappelle plus… des chaussures de… des patins à glace, qui sont dans la rue puisque le chat dort à l'intérieur. Le monsieur cherche un emploi sans doute, puisqu'il lit les offres d'emplois avec un petit café sans doute et alors là-haut… le monsieur qui passe, qu'est-ce qu'il a sur le dos ? Je reconnais pas ça… Ah ! il monte dans une voiture… ; et là, y a un tableau de la maison qui soit être agréable puisqu'il y a le chat sur son coussin, des fleurs, le tableau d'une cousine (rires) j'en ajoute. Voilà.
12 35 s 57 mots	Ah ! Mon Dieu ! ça, c'est… ça c'est une pauvre vieille qui a perdu ses enfants, sans doute ; alors elle pleure. Elle était mariée quand même puisqu'elle a une alliance… Les yeux fermés et les enfants sont malheureux avec elle ; ils la regardent pleurer quand même. C'est tout ce que je vois.

13 27 s 51 mots	Alors là ! C'est un déménagement, l'oiseau, les valises, le déménageur et peut être le voisin qui regrette la voisine qui déménage, hein ? (rires), j'en invente. Et dans l'information… mais non, elle descend de l'avion, elle arrive et mon Dieu, c'est à peu près tout ce que je vois. Voilà.
14 1 min 107 mots	Ah ! Voyons ; bon là c'est… c'est… c'est… c'est la salle de bain où l'on cherche les romaines pour s'astiquer, se nettoyer et tout ça, voilà… choses que l'on a parce que les savons sont sur l'évier, hein, la baignoire est là. Ils ont été mettre l'eau au-dessus de la baignoire, mais on le met le plus bas normalement. Les w.c. ont l'air propres, entretenus (rires). Le monsieur, il range des… allons, il range des choses… peut être le produit pour se bro… laver les dents parce que je vois qu'il a le verre pour se rincer la bouche et là, il range. Voilà.
15 50 s 71 mots	Ah ! c'est une scè… une danse, c'est un dancing, c'est un dancing euh… Il y a quand même les personnes un peu plus âgées qui regrettent peut être de ne pas danser parce que je vois qu'il fait de drôles d'yeux. Il la regarde, mais ça a pas l'air, ça a pas l'air… Là, c'est des jeunes et là des moins jeunes. C'est tout ce que je vois.
16 25 s 44 mots	Elle était en train de lire un roman sans doute. Et le lendemain matin, vers 8 h, 7 h, 8 h allez ! Alors cette dame, elle a posé ses lunettes. Elle se repose donc. C'est l'après-midi. Elle est pas couchée, elle fait la sieste.

Tableau IV : Éléments d'analyse au SAT de madame T, 82 ans

Caractéristiques cliniques	Réponses aux planches
Troubles de mémoire	pl 1, 3, 12, 13 : « *c'est tout ce que je vois* » ; « *après qu'est-ce que vous voulez que je vous dise* ».
Difficultés à trouver des mots	pl 8, 9, 11, 12, 14, 15
Oublis de mots ou trous de mémoire	pl 2 : le mot « *charcuterie* » ne lui vient pas tout de suite ; pl 14 : « *c'est… c'est… c'est… c'est la salle de bain* ».
Imprécisions et blocages cognitifs et langagiers	pl 4, 5, 7, 8, 10, 11, 17, 18 : « *je ne sais pas* », « *je ne vois pas* » ; « *c'est pas tellement clair* » ; « *là, vous me posez une colle !* », « *je reconnais pas ça* » ; « *je ne sais pas comment dire là* » ; « *je me demande comment répondre* ».
Anxiété	pl 1 à 15 : « *ah !* » ; « *ah là !* » ; « *ah ah là !* » ; « *ah ça !* » ; « *alors là !* » ; « *hou là !* » ; « *Ah mon Dieu ! Mon Dieu !* », etc. » ; pl 6 : « *elle se fait du souci* » ; pl 1 : « *yeux stressés* ».
Émotions négatives	pl 6 : « *elle a pas l'air très heureuse* » ; « *elle est triste* » ; « *elle est pas très gaie* » ; pl 8 : « *il a pas l'air d'être content* », « *contrarié* », « *elle est embêtée* » ; pl 12 : « *elle pleure* », « *les enfants sont malheureux* »).
Émotions positives	joie (pl 5 : « *personne très heureuse* ») ; rires (pl 3, 4, 6, 8, 11, 14).
Regrets	pl 7 : « *avoir du regret* » ; pl 15 : « *des personnes âgées qui regrettent* ») et de souvenirs malheureux : pl 12.
Pertes	pl 6 : liées à l'âge ; pl 12 : perte des enfants, du mari ; pl 7 : « *le départ de celle-là* ; pl 13 : « *voisine qui déménage* » souvent déniées ou annulées comme à la pl 13 : la voisine descend en fait de l'avion.
Situations dramatiques	pl 10 : « *j'en ai un qui a été tué à la guerre* ».
Accidents, blessures, traumatismes	pl 5 : « *la vieille paralysée qui est dans son fauteuil* ».
Maladies	pl 1 : « *mal* » ; pl 6 : « *malade* » ; pl 10 : « *un malade* ».

Le dessin de l'arbre

L'arbre dessiné par madame T comporte des tracés retrouvés chez des personnes atteintes de démences. L'anxiété et la dépression au DA se manifestent au côté d'autres troubles que nous présentons ici pour permettre au lecteur d'avoir une meilleure compréhension des problématiques psychopathologiques, mais également des besoins, des désirs et des ressources de la personne âgée.

Les caractéristiques du DA (tableau III) attestent de*s fragilités physiques* : manque d'appui, de tonus musculaire, de tension, de résistance et des *déficits cognitifs et des troubles comportementaux et affectifs* : par exemple, des *troubles cognitifs :* oublis, distractions, irréflexion, don de discernement insuffisant ; inhibition intellectuelle ; déambulations : vagabonder, errer. Mais également des *troubles psychiques* : épisodes de dépression (tristesse) et d'anxiété, inquiétudes, peurs, appréhension de l'avenir ; inhibition, retrait, repli sur soi ou désintérêt, introversion ; isolement ; non-expression des affects et contrôle des émotions. On observe encore des *troubles comportementaux* : instabilité ; tendance au passage à l'acte, compulsion ; colère sans raison, sautes d'humeur, excitabilité, impulsivité ; impatience ; des régressions. Elles mettent encore en évidence des *troubles affectifs* et *de l'estime de soi* : sentiments d'insuffisance et d'infériorité. On trouve aussi un fort attachement au passé et à l'enfance empreinte d'immaturité et de puérilité.

Les spécificités du DA de madame T mettent également en lumière des *difficultés environnementales* : sources de satisfactions insuffisantes dans l'environnement du fait de sa dépendance et des pressions probables du milieu ambiant. Elle a aussi l'impression d'être privée de contacts et d'être contrainte de s'accrocher à ce qu'elle a ou qui lui reste en vue de se protéger face à un monde inquiétant.

Les particularités du DA de madame T permettent notamment de mettre en évidence : *ses besoins :* besoins d'un idéal, de morale, d'un but ; d'activité ; de contacts ; de développer des moyens d'adaptation, des méthodes et des règles personnelles plus affinés. Mais également *ses désirs :* désir de se sentir en accord avec l'entourage, de se sentir accueillie, comprise par son milieu ; d'une stabilité personnelle ; de satisfactions émotionnelles spontanées ; de réaliser ses envies et de s'imposer.

Les propriétés du DA de madame T nous permettent particulièrement de pointer *ses ressources :* imagination et vivacité. Mais également capacité d'adaptation et de sociabilité, de réflexion (feuillage/branches hauteur 2). Et enfin, préservation de sa féminité (délicatesse, douceur, élégance, sensibilité).

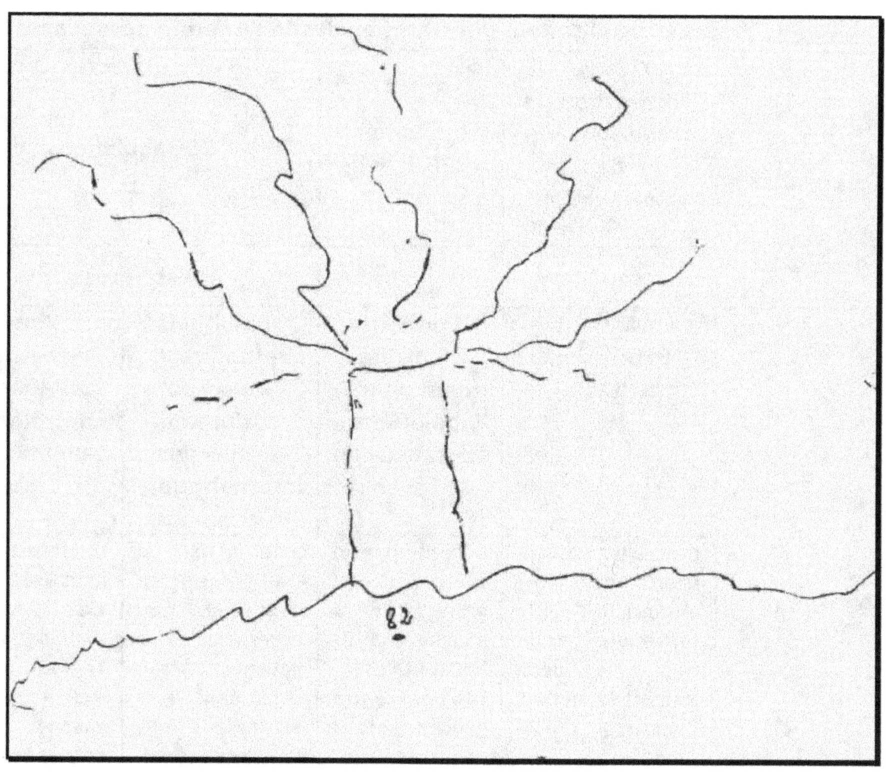

Dessin de l'arbre de madame T, 82 ans
(hauteur : 10,5 cm ; largeur : 12 cm)

Tableau V : Tracés et significations des tracés au dessin de l'arbre de madame T

Troubles cognitifs	Oublis, distractions, irréflexion, don de discernement insuffisant	Inhibition intellectuelle	Déambulations	
	Br courbées	Br un trait mince	Br courbées	
Troubles psychiques	Épisodes de dépression (tristesse)	Épisodes d'anxiété (dont peurs, inquiétudes, appréhension de l'avenir)	Inhibition, retrait, repli sur soi ou désintérêt, introversion, intériorisation, régressions	Non-expression des affects, contrôle des émotions
	trait léger dans le tr et/ou dans le F ; absence de F ; Tr séparé du S par un trait ; Tr deux traits et Br un trait	tr fermé par un trait ; Tr ou arbre incliné à gauche ; Br horizontales ; position centre gauche dans la page	S fermé par un trait tr fermé en haut ; Tr ou arbre incliné à gauche ; trait léger dans le tr et/ou dans le F ; Br un trait, mince ; Br horizontales ; Pp centre gauche	tr fermé en haut (sans ou avec peu de ramifications) ; Tr ou arbre incliné à gauche ; Br déformées
Troubles comportementaux	Instabilité	Tendance au passage à l'acte, compulsion	Colère sans raison, sautes d'humeur, excitabilité, impulsivité	Impatience
	Tr ou arbre incliné à gauche ; Br courbées	Tr ou arbre incliné à gauche	Br montantes	Tr court avec une large C
Troubles affectifs	Sentiments d'insuffisance et d'infériorité	Fort attachement au passé et à l'enfance	Immaturité et de puérilité	
	Absence de R et de ligne de fond ; Br horizontales ; Br non connectées au tr ; Pp bas ; trait léger dans le Tr et/ou dans le F	Tr ou arbre incliné à gauche) Br un trait ; Br courbées ; Pp centre gauche	Br un trait ; Tr deux traits et Br un trait	

Difficultés environnementales	Sources de satisfactions dans l'environnement liées à la dépendance	Pressions probables du milieu ambiant	Recherche de protection et de contacts	
	Br un trait non connectées au Tr ; arbre hauteur 2	Br horizontales	S fermé par un trait ; Br tournées vers l'extérieur plutôt que vers l'intérieur ; Tr séparé du S par un trait	
Fragilités physiques	Manque d'appui, de tonus musculaire, de tension, de résistance			
	trait léger dans le tr et/ou dans le F			
Besoins	d'un idéal, de morale, d'un but	d'activités	de développer des moyens d'adaptation, des méthodes et des règles personnelles plus affinés	
	S divers	Br tournées vers l'extérieur plutôt que vers l'intérieur	S divers ; absence de F	
Désirs	Se sentir en accord avec l'entourage, se sentir accueillie, comprise par son milieu	Stabilité personnelle	Satisfactions émotionnelles spontanées	Réaliser ses envies et s'imposer
	S divers	S divers	arbre incliné à gauche	Br à un trait ; Br montantes.
Ressources	Imagination	Vivacité	Capacité d'adaptation et de sociabilité (notamment autodiscipline)	Préservation de sa féminité (délicatesse, douceur, élégance, sensibilité)
	Br un trait ; accentuation de la dimension supérieure (C) ; F ou Br plus grand(es) que le Tr	Br ou F montant ; Br tournées vers l'extérieur ; S montant	Tr deux traits ; Tr ou arbre incliné à gauche ; Br arrondies et déformées	Br arrondis ou courbées ; trait léger dans le tr et/ou dans le F

Légende des abréviations : R (racines) ; S (sol) ; tr (tronc) ; Br (branche) ; F (feuillage) ; C (couronne) ; Pp (position dans la page).

Conclusion

Le SAT permet d'appréhender en finesse, du fait de la diversité des thèmes et des scènes, des problématiques qui dépassent la seule question des processus cognitifs (atteintes des processus de pensée). Il nous renvoie comme nous avons pu le voir avec le cas clinique de madame T à l'intrication des causalités biologique, psychique et sociale. Les thématiques somatiques et sociales liées au fait de vieillir et à la maladie n'ont d'intérêt que lorsqu'elles sont réinterrogées eu égard à la réalité interne de chacun, son histoire et son actualité aux prises avec le travail du vieillir et de la maladie (Verdon, 2012).

Le DA permet à l'aide de constellations cliniques de tracés (par exemple, démences et troubles anxio-dépressifs) et quand il est doublé par la parole (histoire de l'arbre) d'évoquer des problématiques psychopathologiques et somatiques, des dynamiques affectives, l'impact d'événements de vie, les relations avec l'environnement interpersonnel. Et même si certains arbres de sujets très âgés ou atteints de la MA dessinés avec application et satisfaction, apparaissent comme des non-arbres, le recours au récit et la présence du psychologue lors du dessin sont alors importants et permettent de moduler voire d'inverser l'impression de déficit et de déstructuration pouvant parfois apparaître (Fernandez, De Haro, 2014). Le DA vient enrichir, chaque fois que le besoin s'en fait sentir, notre connaissance sur le vécu de la personne âgée qui dessine (Verdon, 2012).

Le SAT et le DA sont deux techniques particulièrement utiles pour des personnes âgées atteintes de la MA ayant des difficultés de verbalisation pour des raisons cognitives ou psychologiques et où l'entretien clinique est rendu impossible. Ils permettent de mettre en évidence des difficultés rencontrées relevant du domaine de la psychopathologie (diverses altérations du fonctionnement psychique, mais également des fragilités, des dysfonctionnements ou des traumatismes). Ils recherchent ce qui peut encore s'exprimer d'une vie subjective et ce qui résiste à l'avancement de la dégénération ou de la dissolution pathologique (ressources toujours mobilisables et exploitables du côté de l'affectif, de l'intelligence, de la personnalité, de la pensée et du social. Ils permettent grâce au matériel clinique recueilli et à son analyse de repérer des besoins (affectifs, relationnels, corporels, par exemple) et d'entendre des désirs (d'être compris par l'entourage par exemple).
Malgré la perte des expressions cognitives et de la déstructuration personnelle, il reste encore souvent par exemple une capacité de communiquer les émotions, les sentiments. Les DA, tout comme les histoires du SAT de ces patients, font ressortir successivement l'anxiété, la perplexité, puis la tristesse et témoignent d'une intention créatrice indéniable. Ils portent à l'expression, au seuil de la parole, un pathos, un souffrir autrement inexprimable. Le SAT et le DA se caractérisent par leur complémentarité (analyses cliniques croisées) et sont d'excellents outils médiateurs dans la relation thérapeutique avec des personnes âgées inhibées, peu habituées au processus introspectif ou résistantes au changement.

Les techniques projectives sont largement utilisées par les psychologues cliniciens de par le monde, de manière variée en référence à des théories différentes (psychanalyse freudienne, psychologie du moi, phénoménologie, psychologie cognitive). Ces techniques sont très appréciées pour leurs apports au diagnostic psychologique, à la compréhension du fonctionnement psychique, à l'évaluation des changements évolutifs qu'ils soient liés au développement et au vieillissement ou qu'ils soient induits par des interventions thérapeutiques. Elles constituent un champ de recherche très actif, tant sur le plan de la recherche fondamentale que sur le plan de leurs applications (Andronikof, 2008).

Bibliographie

AGÜERA-ORTIZ, L., OSORIO, R.M. (2011). Liens entre la pathologie névrotico-anxieuse et la survenue d'une démence ultérieure. *Neurol Psychiatr Gériatr*, 11, 146-50.

ANDRONIKOF, A. (2008). Le Rorschach et les techniques projectives. *EMC (Elsevier Masson SAS, Paris), Psychiatrie*, 37-150-A-10.

ARBUS, C, ANDRIEU, S, AMOUYAL-BARKATE, K, NOURHASHEMI, F, SCHMITT, L, VELLAS, B, REALE.FR. (2003). Symptômes dépressifs dans la maladie d'Alzheimer : résultats préliminaires de l'étude Reale.fr. *rev de méd interne*, 24, 325-332.

ARBUS, C. (2004). La dépression dans la maladie d'Alzheimer. *Neurol Psychiatr Gériatr*, 4, 23, 34-39.

BALLARD, C.G., CASSIDY, G., BANNISTER, C., MOHAN, R.N.C. (1993). Prevalence, symptom profile and aetiology of depression in dementia sufferers. *J Aff Disorders*, 29, 1-6.

BELLAK, L, ABRAMS, D.M.(2000). *TAT, CAT y SAT. Uso clínico*. Mexico : Editorial El Manual Moderno.

BONNET, A, FERNANDEZ, L, SAGNE, A., LENGLET, M. (2014). Atteinte corporelle, altération fonctionnelle et altération de l'image du corps chez la personne âgée amputée. Le cas de Mme B., 85 ans. In M. POUSSIN, A. GALIANO, *Psychologie clinique du handicap : 13 études de cas*. Paris : Éditions In Press, Concept psy, 309-340.

BOUISSON, J. (2006). Utilisation des « Sept histoires pour personnes âgées » (Shipa) : une analyse centrée sur la personne. *Psychologie NeuroPsychiatrie-Vieillissement*, 4, 4, 1-11.

BOUISSON, J. (2003). Étude des stratégies de vieillissement. *Psychologie clinique et projective*, 1, 9, 457-474.

BOUR, P. (1961). Utilisation nouvelle du test de l'arbre dans un service d'adultes. *An. méd. Psy*, 2,3, 529-534.

DE HARO, E., FERNANDEZ, L., SAGNE, A., FINKELSTEIN-ROSSI, J. (2013). Maladie d'Alzheimer et symptomatologie anxio-dépressive en institution In L. FERNANDEZ, A. SAGNE, *Psychologie clinique du vieillissement : 15 études de cas*. Paris : Éditions In Press; 263-85.

DELAGE, M, LEJEUNE, A. (2009). *La résilience de la personne âgée, un concept novateur pour prendre en soin la dépendance et la maladie d'Alzheimer*. Marseille : SOLAL.

DEROUESNE, C. (1996). Démences et dépressions. *Neuro-Psy*, 11, 9, 365-72.

DEROUESNE, C., SELMES, J. (2005). *La maladie d'Alzheimer : Comportement et humeur*. Paris : John Libbey Eurotext.

DE VRIES, W.H.M. (1953). Tree-drawings by dementia patients. *Anthropology & Medicine* 2, 26-34.

DONNIO, I. (2008). L'entrée en établissement d'hébergement pour personnes âgées dépendantes. *Gérontologie et Société*, 112, 73-92.

EMERY, O.V., THOMAS, E.O. (1992). Update on the dementia spectrum of depression. *Am J Psychiat*, 149, 305-317.

EMMANUELLI, M., PHEULPIN, M.C., BRUGUIERE, P. (2005). Un destin des affects dans la dépression : l'émoussement affectif. Élaboration d'une méthodologie de recherche à partir des épreuves projectives. *Bulletin de psychologie*, 58,476, 195-205.

FERNANDEZ, L., FINKELSTEIN-ROSSI, J., FROMAGE, B, SAGNE, A, MERMA CHOQUEHUANCA, R.K. (2010). Récits de vie et dessins d'arbre : une reconstruction subjective de l'événement traumatique chez une personne âgée », *Neurologie-Psychiatrie-Gériatrie*, 13, 76, 185-192.

FERNANDEZ, L, FROMAGE, B, MAUREL-CAÏTUCOLI, M. (2010). Contributions du dessin de l'arbre en psychogérontologie : évaluation et accompagnement. *Neurol Psychiatr Gériatr*, 10, 77-84.

FERNANDEZ, L., FINKELSTEIN-ROSSI, J., BINET, S., SECQ, D., PLOTON, L. (2011). Accident vasculaire cérébral, dépression post accident vasculaire cérébral et stratégies de coping chez un sujet âgé : apport du test de l'arbre. In J. FINKELSTEIN-ROSSI, L. FERNANDEZ, *Techniques projectives : 12 cas cliniques*. Paris : Éditions In Press, Concept psy, 221-240.

FERNANDEZ, L., FINKELSTEIN-ROSSI, J., LENGLET, M., PORTALIER, S., MERMA CHOQUEHUANCA, R.K. (2012). Amputation du membre inférieur et image du corps chez une personne âgée hospitalisée en unité de cure médicale : Mr B, 61 ans. In L. FERNANDEZ, J. GAUCHER, *Psychologie clinique de la santé : 12 études de cas*. Paris : Éditions In Press, Concept psy, 145-164.

FERNANDEZ, L., FINKELSTEIN-ROSSI, J., FROMAGE, B., MERMA CHOQUEHUANCA, R.K. (2013). Récits de vie et dessins d'arbre : une reconstruction de l'événement traumatique chez une personne âgée. *Neurol Psychiatr Gériatr*, 13,78, 185-192.

FERNANDEZ, L., LAMBERT-THUILLET, K., FINKELSTEIN-ROSSI, J., GAUCHER, J. (2013). Incontinence urinaire et image du corps chez une personne âgée : Madame M., 95 ans. In L. FERNANDEZ, A. SAGNE, *Psychologie clinique du vieillissement : 15 études de cas*. Paris : Éditions In Press, Concept psy, 247-262.

FERNANDEZ, L., DE HARO, E. (2014). Le dessin de l'arbre en psychogérontologie. In L. FERNANDEZ, *Le test de l'arbre. Un dessin pour comprendre et interpréter*. Paris : Éditions In Press, Concept-psy, 3ᵉ édition, 169-182.

FERNANDEZ, L. (2014). *Le test de l'arbre. Un dessin pour comprendre et interpréter*. Paris : Éditions In Press, collection concept psy, 3ᵉ édition.

FOLSTEIN, M.F., FOLSTEIN, S.E., MCHUGH, P.R. (1975). Mini-mental State: a practical method for grading the cognitive state of patients for the clinician. *Journal of Psychiatric Research*, 12, 189-198.

FORSELL, Y., JORM, A.F., FRATIGLIONI, L., GRUT, M., WINBLAD, B.(1993). Application of DSM-III-R criteria for major depressive episode to elderly subjects with and without dementia. *Am J Psychiat*, 150, 1199-202.

FREMONT, P., EPAIN, V. (2005). Actualité clinique des troubles anxieux du sujet âgé. *Neurol Psychiatr Gériatr*, 5, 30, 4-9.

GREWEL, F. (1953). Tree Drawings in dementia's. *Fol. Psychiat. Neurol. Neurochirurg. Neerl.*, 56, 305.

HYBELS, C.F., BLAZER, D.G. (2003). Epidemiology of late-life mental disorders. *Clin Geriatr Med*, 19, 663-696.

JAAFARI, N, SHAROV, I, LAFAY, N., DU BOISGUEHENEUC, F., BONNAUD, V., DUBUST, C., MEISSONNIER, F., TANDONNET L., BATES H., SENON J.L. (2008). L'ECT peut-elle être utilisée chez les patients souffrant d'une démence avec dépression ? Au sujet de trois cas suivis sur un an. *Neurol Psychiatr Gériatr*, 8, 42-48.

LANDREVILLE, P., ROUSSEAU, F., VEZINA, J., VOYER, P. (2005). *Symptômes comportementaux et psychologiques de la démence.* Paris : Edisem Inc.

LAUDERDALE, S.A., SHEIKH J.I. (2003). Anxiety disorders in older adults. *Clin Geriatr Med,* 19, 721-741.

LEGER, J.M. (1999). *Psychiatrie du sujet âgé.* Paris : Flammarion médecine-Science.

LE STRAT, N. (2007). Prise en charge psychologique de personnes âgées atteintes de la maladie d'Alzheimer en institution. *Neurol Psychiatr Gériatr,* 7, 41, 41-45.

LINDZEY, G., NEWBURG, A.S. (1954). Thematic Apperception Test: a tentative appraisal of some signs of anxiety. *J Consult Clin Psych,* 18,6, 389-395.

PELISSOLO, A. (2006). *Anxiété, dépression : Tome 2, des troubles anxieux à la dépression.* Paris : Phase 5.

PANCRAZI, M.P., METAIS, P. (2005). Maladie d'Alzheimer, diagnostic des troubles psychologiques et comportementaux. *Press Med,* 34, 661-666.

PASSARD, C., MANTELET, S., HERVY M.P., RIGAUD-MONNET A.S., HARDY, P. (2001). La dépression dans la démence de type Alzheimer et ses liens avec la conscience des troubles mnésiques. *An. méd. Psy,* 159, 605-11.

PERROT, C, LIGONNET, F, AUGUSTE, N., FABRE, F., GONTHIER, R. (2014). Traitement non médicamenteux de l'angoisse dans le cadre de syndromes démentiels : aspects psychiques de l'utilisation de la musique dans une unité de neuropsychogériatrie. *Neurol Psychiatr Gériatr,* 14,84, 334-342.

PÉRUCHON, M. (2002). La névrose dans le grand âge à l'appui d'épreuves projectives. *Cahiers de psychologie clinique,* 18, 45-56.

PHARES, E.J. (1961). TAT performance as a function of anxiety and coping-avoiding behavior. *J Consult Clin Psych,* 25,3, 257-259.

RIBES, G., SAGNE, A, GAUCHER, J. (2009). Mémoire générationnelle et identité. *Revue Gérontologie et société,* 3, 130, 145-153.

RITCHIE, K., ARTERO, S., BELUCHE, I., ANCELIN, M.L., MANN, A., DUPUY, A.M., et al. (2004). Prevalence of DSM-IV psychiatric disorder in the French elderly population. *Br J Psychiatr,* 184, 147-152.

SHERWOOD, J.V., POTASCH, H.M. (1988). Induced anxiety, defensive style, and performance on the TAT. *J Clin Psych,* 44,5, 817-820.

STOCK, N.A., KANTNER, J.E. (1980). Themes Elicited by the Senior Apperception test in Institutionalized Older Adults. *J Pers Assess,* 44,6, 600-602.

THOMAS, P., HAZIF-THOMAS, C. (2008). Les nouvelles approches de la dépression de la personne âgée. *Gérontologie et société,* 126, 141-155.

VALENTINE, M., ROBIN, A.A. (1950). Aspects of Thematic Apperception Testing: Depression. *The Brit J Psychiat,* 96, 435-447.

VAN REEKUM, R., SIMARD, M., CLARKE, D., BINNS, M.A., CONN, D. (1999). Late-life depression as a possible predictor of dementia. Cross sectional and short-term follow-up results. *Am Geriatr Psychiatry,* 7, 151-159.

VERDON, B. (2012). La pratique des épreuves projectives. In B. Verdon, *Cliniques du sujet âgé. Pratiques psychologiques.* Paris : Armand Colin, 89-100.

WELMAN, A.J. (1968). Brain tumor and the Tree Test. *Dis Nerv Syst,* 29,9, 593-598.

ZIGMOND AS., SNAITH RP. (1983). The Hospital Anxiety and Depressive Scale. *Acta Psychiatr Scand,* 67, 361-370.

CONCLUSION

La psychologie clinique du vieillissement occupe une place importante dans la pratique clinique du psychologue, mais aussi des autres soignants (médecins, infirmiers, auxiliaires de vie, etc.)

Les thématiques abordées dans cet ouvrage ne sont pas exhaustives, elles correspondent aux préoccupations d'enseignements et de recherches de l'auteure avec des outils qui lui sont propres, qu'elle emprunte ou qu'elle a développés et qu'elle utilise dans sa pratique clinique avec les personnes âgées.

Il est important aujourd'hui de comprendre comment une personne âgée fonctionne sur le plan individuel et collectif, mais aussi sur le plan psychologique, neurologique ou psychiatrique pour adapter les prises en charge sociales, médicales ou psychologiques.

Appréhender la personne âgée dans sa globalité et dans sa spécificité est essentiel à une prise en charge réussie.

LYDIA FERNANDEZ

LYDIA FERNANDEZ

À PROPOS DE L'AUTEUR

Lydia Fernandez est actuellement professeur des universités à Lyon 2 et membre du laboratoire L-VIS (EA 7428) à Lyon 1. Elle est également psychologue clinicienne et tabacologue. Elle enseigne la psychologie clinique, la psychopathologie et la psychologie de la santé à tous les âges de la vie. Ses recherches portent sur les addictions (tabagisme et alcoolisme, notamment), les émotions, l'image du corps et les tests projectifs de dessins (dessin de l'arbre, dessin de la personne, etc.) dont elle est une spécialiste reconnue. Elle a publié de très nombreux ouvrages théorico-cliniques et méthodologiques en France ou à l'étranger, ainsi que de nombreux articles scientifiques.

LYDIA FERNANDEZ

www.ingramcontent.com/pod-product-compliance
Lightning Source LLC
Chambersburg PA
CBHW081609250726
48657CB00009B/2512